BEN JAKOBER - YANNICK VU

INGRAMA S.A.
ARTEZ EDITIONS

BEN JAKOBER - YANNICK VU

Achille Bonito Oliva

Thanks/agradecimientos:
Basilio Baltasar
Miguel Cabanellas
Polly Devlin
Antonio Font
José García
Fernando Perianes
Marc Rizell

Catalogue design/diseño:
Barney Wan

Maquette/maqueta:
Studio B. Keaton

Research & documentation/
investigación y documentación: Xanthe Jeffries

Published by/publicado por: ingramasa (GRAFICAS GARCIA)
with/con: Artez Editions

Cover illustration/foto de la portada:
Torres de Humo, 1991

ISBN: 84-85932-17-X
D.L. P.M. - 1053-1996

INDEX

BEN JAKOBER - YANNICK VU

TRIALOGUE BETWEEN AN ART CRITIC AND THREE ARTISTS

A.B.O. - B.J. - Y.V. - J.V.

ACHILLE BONITO OLIVA

TRIALOGUE BETWEEN AN ART CRITIC AND THREE ARTISTS

A.B.O. - B.J. - Y.V. - J.V.

A.B.O. A book is always the space of cohabitation of the image with the word. In this particular case this book is a kind of space in which three artists live: Ben Jakober, Yannick Vu, and a third artist, the fruit of a spiritual, cultural, creative, marriage: Ben Jakober plus Yannick Vu. A cohabitation between «three artists», whose evident different personalities are in fact, also the interactivity between the differences. The first question to be asked, in the case of an artist's creation is the problem of the materials. In Ben Jakober's case we have an artist who is interested by the contemporaneousness of the materials - their modernity as it were; and the ways in which he can restore or deliver an archaic overtone or usage to this modernity. This restoration - I'd never call it antiquarian - is deep and balanced in its reconquest of an idea of history.
Yannick Vu on the contrary is not preoccupied by this quality of modernity, but by the expressive, spiritual quality of her images.
We can say that between Jakober and Vu there is another marriage between sculpture and painting, between western technological euphoria and equilibrium, indifference towards the materials and a need for art always to be like a reservoir in which ideas, lie and ferment, where they revert into themselves to create a concept, an idea, a reading of the world.
So Ben Jakober and Yannick Vu are two artists who come from separate, different backgrounds, and converge in a sort of Agora of common space in which the work of art merges into a unique form.
I would like to ask Ben Jakober the reason for his preference for sculpture.
Why do you prefer the third dimension?
B.J. For me the third dimension is more sensual and represents the world in a more realistic way without transposition. When one paints one transposes tridimensionality into bidimensionality. I prefer to leave things in their reality of three dimensions which I can touch, which I can look at on all sides. That's why I chose this way of working.
A.B.O. In Yannick it seems to me that there is a longing to displace the false third dimension of the world into a kind of balanced interior bi-dimension. Why did you start painting?
Y.V. Probably by a kind of mimetism because my father was a painter. Well really he was a sculptor who became a painter because of circumstances, since he could not get the materials he needed for his sculptures during the war. So naturally he turned towards painting and that's what I tried to imitate as soon as I could. Then I lived in a painter's

TRIÁLOGO ENTRE UN CRÍTICO Y TRES ARTISTAS

A.B.O. - B.J. - Y.V. - J.V.

A.B.O. Un libro es siempre el espacio de cohabitación de la imagen con la palabra. En este caso este libro es un espacio en el que habitan tres artistas: Ben Jakober, Yannick Vu, y el tercer artista que es el fruto de un matrimonio espiritual, cultural, creativo: Ben Jakober más Yannick Vu. Una cohabitación entre «tres artistas», cuyas evidentes y distintas personalidades son en realidad la interactividad de las diferencias. El primer problema que nos podemos plantear, en el caso de la creación de un artista es el problema de los materiales: en el caso de Ben Jakober tenemos un artista que se interesa inmediatamente por la modernidad de los materiales, con la finalidad de restituir a esta modernidad su uso arcaico, profundo, equilibrado incluso en su recuperación de la idea de la historia. Por otra parte tenemos a Yannick Vu que nunca se ha preocupado por la modernidad de los materiales, sino siempre e inmediatamente del nivel expresivo, espiritual de sus imágenes. Podemos decir que entre Jakober y Vu existe otro matrimonio en la escultura y en la pintura, necesidad del arte de ser siempre como un depósito dentro del que trabaja, fermenta, se mueve un concepto, una idea, una lectura del mundo.

Por consiguiente Ben Jakober y Yannick Vu son dos artistas que provienen de historias separadas, distintas y convergen en esta especie de ágora, de espacio común dentro del cual la obra, al final, se convierte en una forma única.

Quiero preguntar a Ben Jakober el por qué de su preferencia por la escultura.

¿Por qué prefieres la tercera dimensión?

B.J. Para mí la tercera dimensión es más sensual y representa el mundo de manera más real, sin transposición, porque cuando uno está pintando transpone lo que es tridimensional en bidimensional, así que prefiero dejar las cosas en su realidad, en tres dimensiones, que puedo tocar y mirar de todos los lados. Y eso es más bien la vía que he escogido.

A.B.O. ¡Yannick! En Yannick me parece que exista como una actitud de desplazar la falsa tri-dimensionalidad del mundo en una especie de bidimensión interior equilibrada. ¿Por qué sin embargo tú has empezado por la pintura?

Y.V. Probablemente por una suerte de mimetismo porque mi padre era pintor. Bueno, era realmente un escultor convertido en pintor por las circunstancias, porque durante la última guerra mundial no encontraba los materiales que necesitaba para sus esculturas, así, naturalmente se volcó hacia la pintura y es la razón por la cual intenté imitarle apenas pude. Luego he vivido en un mundo de pintor con Domenico Gnoli, en la dimensión cotidiana de la pintura. Para él sucedió al revés; empezó con la escultura bastante tarde e

world with Domenico Gnoli where painting was the daily dimension. For him it was the other way around. He tried sculpture quite late and made only a few pieces. I really discovered the third dimension when my father went back to sculpture at the age of seventy-eight around 1986 and did busts of the whole family. He painted all his life but sadly enough I have the impression that he was truly a sculptor.

A.B.O. About sculpture Ben. From the beginning I see that in your work you have had the maturity to cool the modernity of the materials, always referring yourself to an Antique idea of sculpture nearly to the point of moving towards an archaeological taste: helmets, the use of certain materials like stone. We know that the avant-garde, generally, as a concept is always towards the unbalance and the preference for the future over the past; never to assert art in the present, but like a kind of longing to project oneself into the future. For you on the contrary, sculpture has been the result of an urge to bring the present materials back to the past. What do you think of this concept of the avant-garde?

What was your relationship with the story of the XXth century's avant-garde?

B.J. I am rather anachronistic. Because I'm self taught, I followed things from afar, maybe they didn't influence me because my innocence protected me. Maybe it wasn't a question of choice - of rejecting one thing voluntarily, but rather to be driven by some sort of ingenuity...

A.B.O. One could say the strength of vitality?

B.J. Yes vitality; in fact these were gut feelings of what I had to do, because I couldn't do them any other way, I felt obliged to do them *«they came out rather like an egg coming out of a hen»*, I felt the need to produce that thing and nothing could stop me.

A.B.O. Do you remember (and then we will ask Yannick the same question) when did you make your first artistic work?

Can you make a short description of this moment, of this epiphany?

B.J. I started with what was called Land Art by building two dams in the mountains. I made them in Majorca with a one armed dynamiter. The concept was that the water line of the freshwater basin I had created would merge with the line of the horizon on the sea. This was the first experience I attempted.

A.B.O. What year was it?

B.J. That was in 1969. Then I left matters there for a bit. Meanwhile Yannick was painting. In fact I started making what one calls pieces, sculptures, in 1980 using polyurethane, a material the French sculptor Cesar had also used at about the same time to make his expansions. His, I think, were out of control, mine were controlled in the sense that I used the material with a particular end in sight, I knew exactly where I wanted to go. I called this series «Slop Art» because of its informality. Cortenova called it «Soffice Paese», Soft Land.

Thus this series which was a bit ironic, very impertinent - tongues which stuck out of polyurethane masks, clouds with arms jutting out making obscene gestures from all over the world, things more or less irreverent - this was the line of my earliest work.

hizo muy pocas. Realmente he descubierto la tercera dimensión cuando mi padre a la edad de setenta y ocho años volvió a la escultura haciendo las cabezas de toda la familia. Ha pintado toda su vida pero tristemente tengo la impresión de que era realmente escultor.

A.B.O. A propósito de la escultura, Ben, veo que en tu obra desde el principio, es decir desde siempre, has tenido la madurez de enfriar la modernidad de los materiales, refiriéndote siempre a una idea antigua de la escultura hasta casi el punto de moverte hacia un sabor arqueológico: los cascos, el uso de algunos materiales como la piedra. Sin embargo sabemos que la vanguardia, generalmente, como concepto es siempre el desequilibrio y la preferencia del futuro con respecto al pasado: no es nunca el afirmar el arte en el presente sino que es como una especie de deseo de proyección hacia el futuro. Sin embargo para ti el arte, en este caso la escultura, ha sido siempre el fruto de la pulsión de llevar el presente de los materiales al pasado. ¿Qué piensas tú de este concepto de la vanguardia? ¿Qué relación has tenido con la historia de las vanguardias del siglo XX?

B.J. Soy un poco anacrónico. Porque soy autodidacta y siguiendo las cosas de lejos, quizás no he sido tocado por ellas y pienso que a lo mejor he sido protegido por mi ignorancia. No se trataba de escoger, rechazar voluntariamente las cosas, sino ser empujado por una especie de ingenuidad.

A.B.O. Se puede decir la fuerza de la vitalidad...

B.J. Sí la vitalidad, de hecho eran las cosas viscerales que tenía que hacer, porque no podía hacerlo de otro modo, *«salía como un huevo sale de la gallina»*. Siento la necesidad de poner esa cosa - y nada me lo puede impedir.

A.B.O. Tú te acuerdas (y despúes pasaremos a ti Yannick con la doble pregunta) ¿cuándo has realizado tu primera obra de arte? ¿Me puedes hacer una descripción somera de ese momento, de esa epifanía?

B.J. He empezado con lo que se llama «Land Art» por la creación de pantanos en la montaña. Los he construido con un dinamitero manco en Mallorca. El concepto era el siguiente: la línea del agua del lago que había creado se confundía con la línea del horizonte en el mar. Eso fue la primera tentativa de una realización.

A.B.O. ¿En qué año fue?

B.J. Fue en 1969. Después he dejado las cosas así. Yannick pintaba. En efecto empecé a hacer lo que llaman piezas, esculturas en 1980 utilizando esta materia, el poliuretano, lo que el escultor César empleaba igualmente más o menos al mismo tiempo para hacer sus expansiones. Los suyos eran incontrolados, yo controlaba los míos es decir cogía este material con un fin preciso. Sabiendo exactamente donde quería ir. Llamaba esta serie «Slop Art» por su informalidad. Cortenova lo llamaba «Soffice Paese» (País Blando).

Así pues esta serie era un poco irónica, muy impertinente, lenguas que salían de máscaras de poliuretano, nubes con brazos haciendo toda clase de gestos más o menos irreverentes - es en esta línea que hice mis primeros trabajos.

A.B.O. Y tú, Yannick, ¿cuándo has realizado tu primer trabajo, seguramente bidimensional, dibujo o pintura y con qué espíritu lo has afrontado?

Y.V. Empecé por pura necesidad, cuando apenas podía hablar. Al principio sólo podía

A.B.O. So, Yannick when you realised your first work, certainly bidimensional, drawing or painting, in which spirit did you confront it ?

Y.V. I started by sheer necessity when I could hardly talk. At the beginning I could only draw the head's outline...

A.B.O. So you started in 1944.

Y.V. I could also draw the eyes but not the nose and the mouth, so I asked my brother to help me because it was very important for me to draw a complete head. In a way I was looking for a collaboration right from the beginning.

A.B.O. But when did you make your first work with an artistic intention?

Y.V. I really don't remember. I started to paint very early. I must have been four and already I was doing small exhibitions in the entrance of the apartment when my parents entertained. It seemed to me natural and necessary to paint and also to show my work.

A.B.O. Did you go to art school?

Y.V. No I didn't, we talked about it but my father was against academies. But I always painted... At fourteen I had acquired what one could call a certain skill.

A.B.O. Always?

Y.V. Always. I stopped painting later when I was with Domenico and I felt a sort of impossibility to progress in my own expression. But otherwise I always painted.

A.B.O. In a certain way Gnoli's personality, already structured, put you in the condition of perceiving a kind of dilettantism, to create in a free way?

Y.V. Absolutely, yes. In a natural way, I was fascinated by his world, his painting. I entered into it completely, I absorbed myself into it. What I also did was to participate in his work as an assistant...

A.B.O. Can you explain in which way?

Y.V. By working on his canvases; he was doing the lights, I was doing the shadows, I filled in.

A.B.O. You were like an assistant in the Renaissance workshop of an Italian artist.

Y.V. That's it! If you want I loved painting like that, it became a form of addiction, of dependency, but it removed the necessity of doing something personal, which would be of my own expression. It provoked such a paralysis that I couldn't do anything else but a replica, talk a language that had become mine but didn't belong to me. And the more I wanted to liberate myself, the more it was contrived, and that generated some kind of distress.

A.B.O. Ben, your sculpture always has an anthropomorphic character, it is always destined towards man: is it a prosthesis for man or is it always a sculpture which communicates, which works on communication in a space in which sculpture inhabits with man? Your sculpture is never monumental, it is always a sculpture inhabited by man's sensitivity; I would say that yours is a figurative sculpture, in the sense that it is always referring to an idea of humanisation of the materials.

B.J. I think that's absolutely justified. It's difficult to say why cavemen painted other men and animals on the walls...

A.B.O. Like the Lascaux caves?

dibujar el contorno de la cabeza...

A.B.O. Entonces has empezado en el 1944.

Y.V. Podía también dibujar los ojos pero no la nariz ni la boca, por eso debía pedir ayuda a mi hermano para que completase el dibujo, porque para mi era vital que la cara fuese completa. En algún modo ya estaba buscando un cierto tipo de colaboración desde el inicio.

A.B.O. ¿Pero cuándo has hecho tu primer trabajo con verdadera intencionalidad artística?

Y.V. No me acuerdo. Empecé a pintar muy temprano. Tenía cuatro años y ya hacía pequeñas exposiciones en la entrada de la casa cuando mis padres recibían. Me parecía natural pintar y también enseñar mi obra.

A.B.O. ¿Fuiste a la academia de Bellas Artes?

Y.V. No fui, hablamos de eso pero mi padre estaba en contra de las academias. Pero he pintado siempre... A los catorce años ya poseía lo que se podría llamar un cierto oficio.

A.B.O. ¿Siempre?

Y.V. Siempre. Dejé de pintar luego cuando estaba ya con Domenico y que sentí como una suerte de imposibilidad de progresar en mi propia expresión. Pero sino siempre he pintado.

A.B.O. De algún modo la personalidad de Gnoli, que era tan estructurada, te ponía en condiciones de sentir como una especie de «dilettantismo» impidiéndote crear de forma libre.

Y.V. Absolutamente. De un modo natural, me dejé fascinar por lo que se desprendía de su mundo, de su pintura. Me absorbí completamente en ella. Lo que hacía también era participar en su trabajo como ayudante.

A.B.O. ¿En qué sentido?, si me lo puedes explicar.

Y.V. Trabajaba sobre sus telas. El hacía las luces y yo las sombras, llenaba los dibujos.

A.B.O. Eras una especie de ayudante en el taller renacentista del artista italiano.

Y.V. Sí, es eso. Si quieres me gustaba pintar así, se había convertido en una forma de dependencia, pero me había quitado también la voluntad de hacer algo personal fruto de mi propia expresión. Provocaba en mi una especie de parálisis tal que no podía hacer otra cosa que una réplica, hablar un lenguaje que se había vuelto mío pero que no me pertenecía. Y cuanto más quería librarme, más lo que hacía era constreñido.

A.B.O. Ben, tu escultura tiene siempre un carácter antropomórfico, y está siempre destinada al hombre: o es una prótesis para el hombre o bien es una escultura que comunica, que trabaja sobre la comunicación de un espacio en el que habita tu escultura con el hombre. Tu escultura no es nunca monumental, es siempre una escultura habitada por la sensibilidad del hombre; yo diría que tu escultura es figurativa, en el sentido que se refiere siempre a una idea de humanización de los materiales.

B.J. Pienso que eso está totalmente justificado. Es difícil decir porque los hombres en las cavernas pintaban otros hombres y animales en los muros.

A.B.O. Como la caverna de Lascaux.

B.J. Sí. Es la representación que una vez más no está reflexionada sino que es visceral. Creo que es el ADN que nos programa y pienso también que los artistas que se alejan de

B.J. Yes - representation is once again not thought out but rather a gut reaction. I suppose that it's the ADN which programmes us like that, and I believe that the artists who reject that, those who really make abstract art, must overcome this and make a tremendous effort. I have probably remained in the line of things for which we were programmed.

A.B.O. You start to be a sculptor in the eighties, in a context of advanced technology. Underlining that you are a western sculptor who operates in a world where technology tends to dematerialise the object, we could say that you, instead, tend to do the opposite: tend to materialise the objects, to give plasticity to materials, nearly as if you were a man of the bronze age opposed to the man of the telematic era. If it is true, why?

B.J. In the beginning that was true because it was due if you like to the fact that I left the city, went to live on top of a mountain in Spain on this island of Majorca. Or perhaps also because at that time we didn't have high technology at our disposal. I made do with what I had, a sort of Arte Povera at my level. Gradually of course things changed...

A.B.O. You use polyurethane, which is an artificial material, while the Arte Povera uses natural material.

B.J. Yes that's true and it's not true - because polyurethane is available from the local building merchants and for instance Burri used plastic sheeting in his pictures which he then burned...

A.B.O. It's true, it's true... It's a mixture.

B.J. It's a mixture of things.

A.B.O. What is interesting is that this polyurethane becomes like domestic clothing, I would say intimate, familiar to a woman, no?

B.J. Yes.

A.B.O. So your use is an ironic usage, not a fetishist, aventuristic, hysterical use of the material: it is to bring back the material to an Antique space; what references have you with the past and the idea of history?

B.J. For me it's primordial. To visit the Greek islands, Delos for instance and see all those heads, bodies, organs which are strewn over the ground, these were the great adventures of my life. I was also able to visit Cambodia when it was still possible, the south of Mexico where I could enter the virgin forest and suddenly at dawn discover the ruins of this civilisation: all these experiences marked me profoundly and later influenced my work.

A.B.O. Yannick, when did you change from the assistant role to the one of protagonist?

Y.V. It is due to a coincidence, a rather strange anecdote. It happened because of an exhibition of Domenico's work organised by a gallery in Paris in 1978, eight years after Domenico's death. The gallery owner asked me to lend some paintings, which I did, because I felt at this time that it would be right to show his work. When I received the catalogue I saw that there was a painting of mine, which I painted at the very beginning of my relationship with Domenico when I wasn't yet influenced by him, which was called: *Portrait of a Man by Domenico Gnoli.* Right away I asked the gallery owner to withdraw the painting from the show and the catalogue. First he refused because he wouldn't believe that I had painted it, and I really had to insist that he take it out of the exhibition.

eso, los que hacen de verdad arte abstracto, deben superarlo y hacer un esfuerzo. Yo quizás me quedo en la línea para la cual he sido programado.

A.B.O. Tu empiezas a hacer escultura en los años '80, es decir en un contexto de tecnología avanzada. Subrayando que tú eres un artista occidental, que trabaja en un mundo donde la tecnología tiende a desmaterializar el objeto, podemos decir que tú, sin embargo, tiendes a hacer lo contrario: tiendes a materializar los objetos, tiendes a dar plasticidad a los materiales, casi como si fueses un hombre de la edad de bronce que se opone al hombre de la edad de la telemática.
Si esto es verdad, ¿por qué?

B.J. Al principio, es verdad dado que eso corresponde al hecho de que me fui de la ciudad, que fui a parar encima de una montaña en España, en esta isla de Mallorca. O a lo mejor porque en ese momento no disponía de altas tecnologías. Hice con lo que tenía una especie de Arte Povera a mi escala. Ahora con el tiempo las cosas han evolucionado.

A.B.O. Tú utilizas el poliuretano, que es un material artificial, mientras que el Arte Povera usa materiales naturales.

B.J. Sí, es verdad. Pero era un material que se vendía en los almacenes para la construcción. Burri también utilizaba los plásticos en sus cuadros que quemaba a continuación.

A.B.O. Es verdad, es verdad... es una mezcla.

B.J. Es una mezcla de cosas.

A.B.O. Lo que es interesante, es que este poliuretano se convierte luego en una especie de vestuario doméstico, diría íntimo, propio de la mujer, ¿no?

B.J. Sí.

A.B.O. Entonces, tu uso es un uso irónico, no es un uso fetichista, futurista, histérico, del material: es llevarlo a un espacio antiguo: ¿qué referencias tienes con el pasado y con la idea de la historia?

B.J. Para mi es primordial, siempre ha sido una experiencia mística muy profunda, pasearme en las islas griegas, en Delos por ejemplo a ver cabezas, cuerpos, órganos diseminados. Fue una gran experiencia ir a Camboya cuando era todavía posible, esos fueron grandes acontecimientos en mi vida, ir a México - en el sur estar en la selva y de golpe una madrugada descubrir las ruinas de estas civilizaciones. Eran para mí cosas que me han marcado profundamente. Tenía que influir después en mi trabajo.

A.B.O. Yannick, ¿cuándo has pasado de ser ayudante a ser protagonista?

Y.V. Se trata de un azar, de una anécdota bastante extraña. Ocurrió en ocasión de una exposición de Domenico organizada por un galerista de París en 1978, ocho años después de su muerte. Me había pedido prestarle algunos cuadros; lo hice porque entonces pensé que estaría bien que se viera su trabajo. Cuando recibí el catálogo me di cuenta de que uno de mis cuadros, de los que había pintado yo sola al principio de mi relación con Domenico cuando todavía no estaba influenciada por él, estaba reproducido con la mención *Retrato de Hombre por Domenico Gnoli*. Pedí entonces al galerista que tuviera la amabilidad de retirar el cuadro del catálogo y de la exposición. En primer lugar rehusó mi demanda porque no creía que lo había pintado y tuve que insistir muchísimo para que

I was a little piqued. He said to me afterwards rather sarcastically: «*If you can paint that well - because everybody said it was a masterpiece - I'll give you an exhibition!*». I was so upset that he didn't believe me that I went back to Majorca, and I painted, painted, painted during a whole year without interruption.

A.B.O. In what frame of mind did you do your first work?

Y.V. This incident which I just related, allowed me to understand that it was necessary for me to accept Domenico's influence. It was neither negative nor irreversible. It made me confident that my work could help me to get out of it, could liberate me without struggling, could operate a sort of recognition. I didn't have to forget, only to find myself again. And little by little I could overcome the loss of the world of his painting, with no particular effort.

A.B.O. Before Gnoli's death you had not exhibited but you had done something on your own.

Y.V. Yes I had already exhibited a painting in Paris at the «Salon de la Jeune Peinture» in 1962. I did this painting when I was barely twenty. I remember it because it was mandatory to be twenty one to be allowed to exhibit and they had to give me special dispensation. It represented a window through which one could see another window. It was a painting about discovery and solitude. A little sad.

A.B.O. That was before you met Gnoli?

Y.V. Yes, it was before.

A.B.O. But when you were with Gnoli, you did nothing?

Y.V. No, I did a series of paintings with tempera and sand on canvas because the trunk which contained my oil paints was lost and I took whatever came to hand. I did his portrait, I did the portraits of the hypertrophied babies around 1963-64. I painted for myself till 1965. I do not know if it's a coincidence, but after our marriage in 1965 I gradually stopped painting for myself.

A.B.O. We have talked about Ben's relationship with materials and I think that in your case one can talk about the relationship of your work with the cultural materials of Gnoli; what relationship did you have with the iconographic world of Gnoli?

Y.V. I think what influenced me in his work is a certain frontality, the focus on the subject. But, perhaps it was also something I already had in myself, because I was already painting the close up of a baby which dates from 1963. I also painted telephones, walls, radiators, corners, isolated figures right in the middle of the canvas. But it only reinforced my difficulty in expressing myself, because it was like redundancy; I was doing what I was thinking, but it looked as if it was inspired by his work. Therefore, it was much easier for me to lose myself in the drawings, the repetitions, and to do a Gnoli rather than a Yannick. It was simpler, because his world was mature, and mine just started, I was too young.

A.B.O. Ben, in your creative adventure, one element fascinates me, which is also a fundamental element in my critical poetics from the moment I started to work. For some connection I think about Malraux, an intellectual whom I estimate a lot, because he went

finalmente lo retirase. Así que en cierto modo me sentía un poco picada en algún sitio. También me dijo él en tono sarcástico: «*Si pintas tan bien - porque todo el mundo que ha visto el cuadro dijo que se trataba de una obra maestra - te doy enseguida una exposición*». Estaba tan enfadada de que no me creyera que volví a Mallorca y me puse a pintar, pintar, pintar, sin parar durante un año.

A.B.O. ¿Con qué espíritu has hecho tú sola tu primera obra?

Y.V. Ese incidente que acabo de contar, me ha permitido entender que me era necesario aceptar la influencia que Domenico había tenido en mi, pero que no era ni negativa, ni irreversible, y sobretodo que debía confiar en que mi trabajo podía ayudarme a desprenderme de esa influencia, liberarme de ella sin luchar, y al contrario de emprender una suerte de reconocimiento. No fue necesario olvidar, sólo volver a encontrarme. Poco a poco he renunciado al mundo de su pintura, sin esfuerzo particular.

A.B.O. Entonces, antes de la muerte de Gnoli tú nunca habías expuesto, pero tú misma ya habías hecho algo sola.

Y.V. Sí, ya había presentado un cuadro en París en el «Salon de la Jeune Peinture» en el año 1962. Ese cuadro lo hice cuando tenía veinte años, acababa de cumplirlos, me acuerdo de eso porque uno tenía que tener veintiún años para poder exponer y tuvieron que darme una dispensa. Representaba una ventana por la cual se veía otra ventana. Era un cuadro que hablaba de descubrimiento y también de soledad. Un poco triste.

A.B.O. ¿Eso ha sido antes de conocer a Gnoli?

Y.V. Sí, era antes de conocerle.

A.B.O. ¿Pero cuando estabas con Gnoli no hiciste nada?

Y.V. Sí, he hecho toda una serie de cuadros con temple y arena sobre tela y con acrílico porque el baúl que contenía mis colores al óleo se había extraviado durante un transporte y para pintar tuve que tomar lo que tenía a mano. Pinté el retrato de Domenico y al recuperar mis óleos todos los retratos de bebés hipertrofiados, en los años '63 - '64. He pintado por mi cuenta hasta el '65. No sé si es pura coincidencia pero después de casarnos en el '65, dejé de pintar.

A.B.O. Hemos hablado de la relación de Ben con los materiales y creo que en tu caso se puede hablar de la relación de tu trabajo con los materiales culturales de Gnoli: ¿cual fue tu relación con el mundo iconográfico de Gnoli?

Y.V. Pienso que lo que me ha influenciado en su trabajo es una cierta «frontalidad», el enfoque sobre el sujeto. Pero, puede ser algo que ya tenía en mi, porque ya pintaba así, si miras el primer retrato de bebé que se remonta al '63. El mundo iconográfico de Domenico ha reforzado mi dificultad para exprimirme, porque era como una redundancia; hacía lo que sentía, pero parecía inspirado por su trabajo. Era mucho más fácil perderme en los dibujos y en las repeticiones de sus cuadros, era más fácil hacer de «Gnoli» que hacer de «Yannick». Era más simple, si quieres, porque su mundo era maduro y el mío apenas empezaba, era demasiado joven.

A.B.O. Ben, de tu aventura creativa hay un elemento que me fascina, que es también un elemento fundamental en mi poética de crítico desde que he comenzado a trabajar: el

through a total life. I would like to know how much your nomadism affected your art, before you became an artist, and the idea of exploring the world. I think that you have been an explorer of life, and that's why I think about Malraux travelling around the world. Do you think that in your case there is an explorer identity? Can you talk about your nomadism?

B.J. Yes absolutely. Once I was sent to India and Pakistan by my father. I was hardly twenty years old, to do something for him. The trip should have taken me ten days.

A.B.O. Was it the first trip you ever did?

B.J. The first long voyage, yes, but I had already travelled in Europe. As I said I left on this journey, but instead of staying ten days I remained over six months. Each time I sold the return ticket to stay a little longer and when my father sent me a new one I sold it again.

A.B.O. Why did you stay?

B.J. Because I was fascinated by all that was happening, by all I could see. I crossed Pakistan, then to India - Calcutta, Madras, Pondicherry, Ceylon. I remained about six months discovering things I had never imagined. I had some extraordinary experiences. One day I was befriended by a man. This is not a spiritual experience but a physical one - he had travelled extensively in India, *«listen»*, he said *«you're a young man, I'll make you live an extraordinary experience if you have confidence in me»*. I was twenty and prepared to have confidence in one and all. He took me into the mountains and left me in a village of women - a village of Amazons. The husbands were elsewhere working. In this village there were only women. And they made me live an experience. They took care of me, covered me with unguents and oils, curds, they used me as a sexual object - all of them - night and day became a confusion. They had the capacity of preventing the man from ejaculating, they had some sort of special contractions which kept you from having an orgasm until they let you. I spent I don't know how many days in that village till my friend came to fetch me. For a young man of twenty that was quite impressive. After that I went to Pondicherry to the Ashram of Sri Aurobindo. I met the Frenchwoman whom they called La Mère. There it was the exact opposite. Total abstinence. No contact. *«Man is above all physical things»*. Therefore I had this counter experience in the same lapse of time. That's one of my first journeys.

A.B.O. We can say that Ben is a space explorer and on the contrary one can define you as a time explorer. I believe that Yannick has developed an interior nomadism, a nomadism that has to do with time rather than space; do you recognise yourself in an open definition of this type or not?

In which sense could you motivate it with your memories?

Y.V. When I was a child, my father used to talk to me about a dimension of time and things that didn't correspond at all to what we were living in the West. He always described the Viet Nam he had left in 1929, and I perceived it with an extraordinary depth, derived of experiences that I could never know, which almost came from another century. And with Domenico, whose father, an art historian also culturally belonged to a bygo-

nomadismo. Por algún motivo he pensado en Malraux, un intelectual a quien he estimado mucho, porque ha tenido una vida total. Quisiera saber qué peso ha tenido en tu arte tu nomadismo, el impulso de explorar el mundo. Creo que tú has sido un explorador de la vida, y es por ello que veo a Malraux viajando por el mundo. ¿Crees que tienes una identidad de explorador? ¿Me puedes hablar de tu nomadismo?

B.J. A los veinte años mi padre me envió a la India. El viaje tenía que durar diez días, pasar por Karachi en Pakistán primero....

A.B.O. ¿Es el primer viaje que has hecho?

B.J. Antes había viajado mucho por Europa, pero en lugar de quedarme diez días para hacer lo que me había encargado, quedé seis meses. Vendía mi billete de regreso para poder vivir un poco más y entonces cuando me enviaban otro lo vendía de nuevo.

A.B.O. ¿Por qué te quedaste?

B.J. Porque estaba fascinado por todo lo que allí pasaba, por todo lo que veía. Crucé Pakistán, viajé en la India, Calcuta, Madrás, Pondicherry. Y quedé seis meses para mirar cosas que no podía imaginar antes. Tuve experiencias increíbles. Un día encontré, eso no es una experiencia espiritual sino física - un hombre con el que había establecido amistad. Él había viajado mucho en la India, me dijo: *«escúchame - eres un joven, te voy a hacer vivir una experiencia extraordinaria si confías en mí».* Tenía veinte años y estaba dispuesto a confiar en cualquiera. Entonces me llevó a las montañas, a un pueblo de mujeres, de amazonas. Los maridos estaban siempre alejados trabajando. En este pueblo sólo había mujeres. Y fue así como me hicieron vivir una experiencia - me tomaron completamente en mano, me untaron de aceites, leches y pomadas, me utilizaron como un objeto sexual, unas y otras durante días que se confundían con las noches. Tenían la capacidad de impedir que el hombre eyaculara, tenían unas contracciones particulares que hacían que no podías llegar al orgasmo hasta que ellas lo decidieran. Y después de pasar no sé cuántos días ahí me vino a buscar otra vez el hombre. Para tener veinte años esa fue una cosa bastante extraña. Después fui a Ceilán y luego a Pondicherry en el Ashram de Sri Aurobindo. Allí encontré una francesa que llamaban La Mère. Con ella fue exactamente lo contrario. Ningún contacto. *«El hombre está por encima de todas esas cosas físicas».* Tuve esta doble experiencia en el mismo espacio de tiempo. Eso fue uno de mis primeros viajes.

A.B.O. Podemos decir que Ben era un explorador del espacio, por el contrario a Yannick se la puede definir como una exploradora de los tiempos. Creo que Yannick ha desarrollado un nomadismo interiorizado, un nomadismo que atañe más al tiempo que al espacio; ¿te reconoces en una definición abierta de este tipo o no?

Y.V. Cuando era niña mi padre me hablaba de una dimensión del tiempo y de las cosas que no correspondía en nada a lo que se vivía en Occidente. Me ha descrito siempre el Viet Nam tal como lo dejó en 1929 y yo lo veía con una densidad extraordinaria, hecha de experiencias que nunca podría conocer, que me llegaban casi de otro siglo. Y quizás también con Domenico cuyo padre pertenecía culturalmente también a una época acabada, he descubierto la gran cultura occidental. Pienso que eso me ha marcado, me ha impresionado,

ne era, I later discovered the great Western culture. I believe that it made a profound impression on me, this relation, so natural, with the past.

A.B.O. Let us say that yours has been a nomadism more cultural than geographic.

Y.V. Yes a kind of transmission of space through words, writing, memory, the desire always to come back to the beginning of things, a sort of wandering, an unlimited quest of a sense of history.

A.B.O. I realise something else from what you tell us; that for a normal Western artist there is always the problem of protagonism. For many years you have lived in a «position of laterality» rather than «frontality» and explicit protagonism. Why?

Y.V. Because of insecurity. It was much easier. I think that there is more suffering when one is alone and expresses oneself through a unique language. I think that it is an experiment that is necessarily more painful, maybe richer, but out of which one doesn't emerge without damage sometimes. Also there might be more to it in the sense that the oriental soul tends naturally towards a collective dimension, and that would explain my tendency to oscillate between the individualism and the collective.

A.B.O. Ben, what does it mean for you, the transfer of a form into a material: bronze, iron, metal, for example the transfer to a metallic structure, of a bone structure like the hand of a man?

B.J. Metal is the second stage if you like. In fact in this case I took the bones of an ox to make this giant hand, then after analysing Gray's Anatomy I added the other elements to complete the correct reading of a hand. In the last stage I transferred the bones to bronze to fix them, passing from disassociated elements to a coherent assembly which thus became permanent instead of remaining ephemeral.

A.B.O. So you have confronted the problem of fighting time through space.

B.J. Yes. Perishable material becomes dust if you leave it to the elements. One finds this phenomenon throughout all ages.

A.B.O. According to you what relation is there between your work and Duchamp's Ready Made?

B.J. The permission one gives oneself in certain cases to incorporate and to use elements which already exist. But mine are considerably modified, that is to say they cannot be left in their primitive state, they must be reworked, deformed if you will. It's like mayonnaise, I don't want to see the oil and the egg when it's finished. I want there to be a yellow substance which contains different elements which were used, mixed to give rise to something new - different.

A.B.O. Yannick, you instead start right away with another type of transfer: living creatures physiognomy, in the portrait, the self-portrait. What does the portrait mean to you?

Y.V. For me the most important part of the human body is the head. It is the essence of identity.

A.B.O. Why did you, whose sensitivy is in great measure oriental, realise figurative portraits when the figurative iconography is more typically occidental than oriental? Why this need of the figure?

esa relación tan natural con el pasado.

A.B.O. Digamos que el tuyo ha sido un nomadismo más cultural que geográfico.

Y.V. Sí, una suerte de transmisión del espacio a través de la palabra, los escritos, la memoria, el deseo de volver siempre al principio de las cosas, una especie de rumbo errante, una búsqueda ilimitada para dar un sentido a la historia.

A.B.O. Además me doy cuenta por tus relatos de otra cosa: que para un artista occidental normal existe siempre el problema del protagonismo, mientras que tú durante muchos años has asumido voluntariamente una «postura de lateralidad» más que de «frontalidad» y de protagonismo explícito, ¿por qué?

Y.V. Yo diría por falta de seguridad; era mucho más fácil. Pienso que hay sufrimiento cuando uno está solo y quiere exprimirse a través de un único lenguaje; encuentro que es una experiencia inevitablemente dolorosa, más enriquecedora quizás pero de la cual uno puede no salir ileso. Puede también que haya algo más que esto en el sentido de que el alma oriental tiende naturalmente hacia una dimensión colectiva y que lo mío sería oscilar entre el colectivo y el individual.

A.B.O. Ben, qué significa para ti la transferencia de una forma al bronce, al hierro, por ejemplo la transferencia de una estructura ósea de la mano de un hombre o de un animal.

B.J. El metal si quieres es la segunda etapa. En efecto en el caso presente tomé unos huesos de buey para crear esta mano gigante, añadiendo otros elementos para completar el dibujo que había sacado del Libro de Anatomía de Gray. Entonces solamente se hizo la transferencia del hueso al bronce para fijar el conjunto que si no quedaría efímero.

A.B.O. Por consiguiente tú has afrontado el problema de combatir el tiempo por medio del espacio.

B.J. Sí porque la materia es perecedera, y vuelve a ser polvo si la dejas. Se encuentra este fenómeno en todas las épocas.

A.B.O. En tu opinión, ¿qué relación hay entre tu obra y el Ready Made de Duchamp?

B.J. El permiso que uno se da a si mismo para incorporar en ciertos casos elementos existentes. Pero los míos están a pesar de todo considerablemente alterados, es decir no son dejados en el estado primitivo sino que están trabajados de nuevo, deformados hasta ser irreconocibles. Es como una mayonesa, no quiero que se vea ni el aceite ni el huevo, sólo una sustancia amarilla, la cual sé que contiene los diferentes elementos que he tomado, mezclando para dar lugar a una cosa nueva, diferente.

A.B.O. Yannick, tú sin embargo comienzas inmediatamente con otro tipo de transferencia: la fisonomía de seres vivos, el retrato, el autorretrato. ¿Qué significa para ti el retrato?

Y.V. Para mí la parte más importante del cuerpo es la cabeza. Es la identidad.

A.B.O. ¿Por qué, tú que tienes una sensibilidad en gran parte oriental, has hecho retratos figurativos cuando sin embargo la iconografía figurativa es más típicamente occidental que oriental? ¿A qué se debe tu necesidad de la figura?

Y.V. Depende de la dualidad de mi personalidad mitad oriental y mitad occidental. Además no diría que la figura esté ausente en la iconografía oriental.

A.B.O. ¿Por qué tu preferencia por las figuras infantiles?

Y.V. It depends on the duality of my personality which is half Eastern, half Western. In any case the figure is not absent from the oriental iconography.

A.B.O. Why this preference for the infantile figure?

Y.V. It is in direct relationship with a period of my life. I have done that kind of work during a time which perhaps corresponds to a cycle of maximum creativity - maternal as well - let us say between the age of twenty to thirty five. Then I moved on to something else.

B.J. No, but finally, the profound reason was that you were obsessed by babies.

Y.V. Yes, certainly. And to paint them was the only way I could say something which concerned me enormously and that I could express in no other way.

A.B.O. In your painting, it seems to me that there is an element of «fixity», which in my opinion corresponds even to a state of nearly melancholic contemplation; does this character exist or not?

Y.V. Yes, and I think that in my character there was more melancholy when I was younger; now I am more at peace with myself; it is the result of an introspection between the child that I was and I was not and the person I have become.

A.B.O. So while for Yannick the creative experience corresponds to an introspective value, in Ben's case it is always a work which exteriorises, about elaboration, dynamism, objectivation, of depersonalisation. This is a characteristic of Anglo-Saxon culture which likes privacy, which separates art from life. Do you identify with this?

B.J. Although I was born in Eastern Europe I was brought up in England, but in fact I started to really develop when I moved to France. I was thus able to undo this British education and make a sort of interior revolution against the notion which the Anglo-Saxons have of things and put myself into a Latin situation. And especially so when I started to work, particularly so as I was in the South. I absorbed the Mediterranean atmosphere, rebutting the constraints of the more rigid English system, although I hope I've retained a certain Anglo-Saxon sense of humour.

A.B.O. What has the introduction of writing in your sculpture meant for you?

B.J. Writing for me is a form of communication, not in the sense of lettrisme or something like that. There is for instance my version of the *Rosetta Stone* which integrates and tries to recover Antiquity in its modernity. It is a dictionary of computer language, carved in modern Arabic, English and Japanese. The project agreed upon with Jack Lang was for it to be buried in the concrete under I.M. Pei's pyramid. But Jack Lang left and his successor said: *«I cannot allow this - it would create a precedent»*, to which I replied; *«Monsieur le Ministre that, as an artist, is exactly what I am trying to do».*

A.B.O. I find that at a certain point there is an opposite process in your work: you tend to materialise abstract concept with heavy material whereas Yannick tends to dematerialise the physicality of man through portrait.

B.J. But isn't this complementarity precisely the object of our collaboration?

Y.V. One can differentiate between two forms of thoughts. The one which expresses itself through words, which is verbal, and the one which expresses itself through images. And

Y.V. Está en relación con un periodo de mi vida. Los he hecho durante un cierto tiempo que tal vez corresponde a la época máxima de creatividad también materna-biológica, digamos entre los veinte y los treinta y cinco años. Luego pasé a otras cosas.

B.J. Pero en fin, la razón profunda era que tu estabas obsesionada por los bebés.

Y.V. Sí es cierto. Era la única manera de decir algo que me concernía enormemente y que no podía expresar de otro modo.

A.B.O. En tu pintura, me parece que hay siempre un elemento de inmovilidad que a mi entender corresponde a una postura de contemplación melancólica; ¿existe este carácter o no?

Y.V. Sí, seguramente, pienso que había más melancolía en mi carácter cuando era más joven; ahora estoy más en paz conmigo misma; es el resultado de una introspección entre la niña que fui o que no fui y la persona que he llegado a ser.

A.B.O. Entonces, mientras en Yannick la experiencia creativa corresponde a un valor de introspección, en el caso de Ben es siempre un trabajo de exteriorización, de elaboración, de dinamismo, de objetivación, de «despersonalización», que es un carácter típico de la cultura anglosajona que busca la «privacy», es decir separa el arte de la vida. ¿Te identificas con esto?

B.J. Después de nacer en Europa oriental, fui criado en Inglaterra. Pero empecé a desarrollarme de verdad cuando vine a Francia. Entonces pude deshacerme de la educación inglesa y a reaccionar contra esta noción anglosajona y colocarme en una situación latina. Abracé la atmósfera mediterránea, rechazando los aprietos rígidos británicos aunque espero haber retenido un cierto sentido del humor anglosajón.

A.B.O. Qué ha significado en tu escultura la introducción de la escritura?

B.J. Trato la escritura como una forma de comunicación más bien que escritura en el sentido del letrismo o algo parecido. Aquí por ejemplo está mi versión de la *Piedra Roseta*, la cual integra la antigüedad en la modernidad, intenta recuperar mediante un glosario de términos de informática, en árabe moderno, inglés y pictogramas japoneses. El proyecto de entonces - Jack Lang estaba conforme - era enterrarla en la capa de hormigón bajo la pirámide de I.M. Pei. Pero Lang se fue y su sucesor me dijo que no podía permitirlo porque establecía un precedente. Y le contesté, *«señor Ministro en mi condición de artista eso es exactamente lo que estoy intentando hacer»*.

A.B.O. Me parece que a un cierto punto de vuestro trabajo hay un procedimiento opuesto: tú tiendes a concretar con materiales pesados un concepto abstracto, Yannick tiende a desmaterializar con los retratos la coporeidad del hombre.

B.J. Creo que sí. Pero esta complementariedad a lo mejor es exactamente el objeto de nuestra colaboración.

Y.V. Se puede hacer la diferencia entre dos formas de pensar, el pensamiento que se expresa con palabras, verbal, y el pensamiento que se expresa a través de las imágenes. Pienso que es este mucho más rápido que el pensamiento oral, que dominaba mi trabajo al principio. Es por eso que la noción de tiempo era a la vez congelada y honda, inmóvil, con un cierto espesor, como cuando hablas de inmovilidad y de un momento que parece extenderse en la duración que excluye cualquier forma de movimiento, fuera del lengua-

I think that it is the latter, much faster than the oral one that dominated my work at the beginning. That is why the notion of time was at once frozen and deep, immobile and thick - as when you talk about fixity and of a moment which seems to extend itself into a length of time that excludes any kind of movement - outside language, outside the possibility of relating the experience.

A.B.O. Ben at a certain point, you move to the greater dimension, get out of the chamber sculpture, of the small dimension and invade the exterior space practically recovering the memory of Land Art, of the work that defies the dimension of the great space of history, of the great public space. What caused that transition?

B.J. First of all I would like to say that, yes, we have done some monumental work but I think never anything that menaces people, always on a proper scale with man. The libraries are only two metres high. This helmet is lying on the ground and one can go inside it, go around it, it doesn't menace you, there are no sharp angles. But when we were asked to do a large sculpture for the first time we tackled the problem together. This was *Le Vase de Soissons* a commission for a property at Maucreux by a lake in France, which was first shown in Majorca before being shipped there. This sculpture is not menacing either, it was four metres high - about double human size and one could pass in between its four elements. Those were round surfaces, quite voluptuous forms. Its scale was always in relation to man.

A.B.O. Ben always worked to give body to concept. Yannick when did you come to sculpture?

Y.V. I started with the *Cactus* series where there was a play between the painting and the frame. The frame had the third dimension and was participating a bit like a sculpture. After that I had a moment of introspection with the self-portrait. There was always this movement, internal-external.

A.B.O. But what determined this transition to sculpture?

Y.V. When I saw my father doing those heads, I felt a kind of atavistic urge to explore this dimension. It interested me because the subject became object and also for the sheer pleasure of transforming mud into shapes.

A.B.O. In your opinion what does it add to painting?

Y.V. I see it in the context of the «Head» conceived as a recipient of ideas, but open, because my sculpted heads are open. It is the part of the body with more apertures: seven out of a total of ten if one counts the belly button which closes itself. We can talk about the relation between the interior and the exterior form. It seems to me that sculpture is more in communication with the world, the environment, that it occupies space and creates its own dimension. There is no need for walls, houses, roofs...

A.B.O. Ben, *La Copa* first, then Paolo Uccello's *Il Mazzocchio* are works that you have done on your own. At what time did you start to look for references in the history of art and why?

B.J. Gradually working and living in art I emerged from the period of apprenticeship which corresponded to visceral and spontaneous things. I looked more and more at docu-

je pero dentro de la experiencia vivida que no se puede contar.

A.B.O. Ben, en un cierto momento pasas a la gran dimensión, sales de la escultura de cámara, sales de la pequeña dimensión e invades el espacio exterior recuperando la memoria de la «Land Art», la obra que desafía la dimensión del gran espacio de la historia, del gran espacio público. ¿Cuándo y por qué das este paso?

B.J. En primer lugar quiero decir que hemos llegado al monumentalismo, pero nunca a una forma amenazadora para el hombre, siempre a su escala. Las bibliotecas medían dos metros. Este casco está puesto en el suelo y puedes entrar en él, ir alrededor, no amenaza, no tiene ángulos vivos.

Luego cuando nos pidieron una escultura grande para el exterior miramos por primera vez el problema juntos. Se trataba de *Le Vase de Soissons*, un encargo para una colección de Maucreux en un parque al lado de un lago. Esta escultura, hecha a propósito para ese lugar y que fue expuesta antes de salir de Mallorca, tampoco era amenazadora. Tenía cuatro metros de altura, un poco más que el doble del hombre y uno podía pasar entre los cuatro elementos que lo componían. Estaba redondeado, tenía unas formas bastante voluptuosas. La escala siempre ha sido a la medida del hombre.

A.B.O. Ben ha trabajado siempre para dar corporeidad al concepto.

Yannick, ¿y tú, cuándo has pasado de la pintura a la escultura?

Y.V. Empecé con la serie de los *Cactus* donde había un juego sobre el cuadro y el marco. El marco tenía la tercera dimensión y participaba como una escultura. Después de esto he pasado por un momento de introspección con el autorretrato. Siempre ha existido ese movimiento, interior-exterior.

A.B.O. Pero, ¿qué ha determinado este paso a la escultura?

Y.V. Mirando a mi padre haciendo cabezas, tuve unas ganas atávicas de explorar esa dimensión. Me interesaba porque el sujeto se volvía objeto y también por el mero placer de transformar el barro y darle forma.

A.B.O. Según tú, ¿qué aporta la escultura a la pintura?

Y.V. Lo veo en el contexto de la «cabeza» concebida como recipiente de ideas, pero abierta, porque las cabezas que hacía eran abiertas. Es la parte del cuerpo que más aberturas tiene: siete sobre un total de diez si contamos el ombligo que se ha cerrado. Podemos hablar de la relación del interior con el exterior de las formas. Me parece que en la escultura hay mucha más comunicación inmediata con el mundo, los alrededores, que ocupa el espacio y crea su propia dimensión. No necesita paredes, casas, techos...

A.B.O. Ben, primero *La Copa*, después *Il Mazzocchio* de Paolo Uccello son trabajos que tú has realizado solo. ¿En qué momento has comenzado a buscar referencias en la historia del arte y por qué?

B.J. A medida que vivía dentro del mundo del arte y que salía de la primera época de aprendiz la cual correspondía a estas cosas viscerales y espontáneas, me documentaba más y vi esos dibujos de *La Copa de Paolo Uccello*. Me ha saltado a los ojos, me parecía necesario intentar materializarlo en tres dimensiones con elementos contemporáneos. El primer proyecto era hacerlo con andamios tubulares de la construcción. Pero finalmente

ments and when I saw for example those drawings by Paolo Uccello it hit me. It seemed absolutely necessary to try and make them with new materials, contemporary ones, in three dimensions. The first idea was to make *La Copa de Paolo Uccello* with tubular scaffolding which is used in the building trade. Finally for technical reasons the tubes had to be welded. This led to the *Mazzocchio* where again the inspiration was Paolo Uccello. This is when we started to work with computers, not as an end but as a means of transforming a drawing of the past, to make studies for something one could build today.

A.B.O. In your work I find a search for symmetry, harmony, proportion; maybe that is what makes it necessary for you to refer to the Italian Renaissance. Why harmony, and why Paolo Uccello?

B.J. The discovery of perspective in painting was a revolution. Using the studies which masters of the Renaissance left and transforming them with a computer is, I think, another similar step forward.

A.B.O. I think that you have used sculpture to give body to your need to restore an idea of symmetry to things, which is perhaps what the world of today doesn't have?

B.J. Yes that's right. *Il Cavallo di Leonardo* is of course symmetrical. This is not a geometric but rather an organic symmetry. It is most interesting that while Uccello's drawings were absolutely clear, Leonardo's rendering for his *Cage* which he had prepared to contain the ceramic shell for his horse's head for Sforza was a little deceiving in the same way as his mirror image writing, because when you look at the image you see the base as from above but when you look at the neck you seem to be looking from below. It was your request, Achille, for a sculpture measuring fourteen metres on the lagoon which put us on the road to monumental pieces.

A.B.O. Yannick, it seems to me that Ben is always after an idea of symmetry in his work, and that instead you are looking for a concept of «harmony» through art. Does this interior longing for harmony have solely an aesthetic function for you or has it an ethical one?

Y.V. Also ethical, in the sense that art has a redeeming power, for me it is a vital thing because through art you can reach a dimension unexplainable and unattainable by any other means.

A.B.O. So, for you, what is the function of art?

For you art has a therapeutic function, in the sense that it can have a function of «self-improvement», or not?

Y.V. One cannot dissociate it from a way of being, of living, of interpreting the world. It has nothing to do with morals, I don't think that art should be moral. It is not its function, it is not a religion, there is no dogma. It is something personal which can be shared with everybody, it is effectively always trying to surpass itself, to go on discovering, to question what seems acquired, it is an absolute requirement, a problem of conscience or rather of trying to understand the multiple sense of life. It doesn't interpret good and evil; it's just about «being».

A.B.O. When you talk about harmony in your case, do you think that harmony is the representation of an equilibrium, or instead that harmony is a tentative to correct the

por razones técnicas los tubos fueron soldados. Después ésta me llevaba al *Mazzocchio*, otra vez inspirado por Uccello. Ahí empezó nuestra utilización del ordenador, no como un fin sino como medio de transformar un dibujo del pasado en estudio técnico de lo que se podría construir hoy.

A.B.O. Encuentro siempre en tu obra la búsqueda de una simetría, de una armonía, de proporción; quizá sea esto lo que te empuja a referirte al Renacimiento italiano. ¿Por qué la armonía y por qué Paolo Uccello?

B.J. Es posible. El descubrimiento de la perspectiva fue una revolución en la pintura del Renacimiento. Utilizar estos esbozos que habían hecho los maestros, transformándolos hoy a través de un ordenador es de nuevo un gran paso adelante.

A.B.O. Por tanto pienso que has usado la escultura para corporeizar tu necesidad de restituir a las cosas una idea de simetría. Lo que quizás hoy el mundo no tenga.

B.J. Así es. Hay una simetría en el *Cavallo di Leonardo* pero no es una simetría geométrica sino orgánica. Lo interesante fue que mientras los dibujos de Uccello eran claros, los de Leonardo para la jaula que tenía prevista contener el molde de la cabeza del caballo de Sforza, eran un poco perniciosos como su escritura inversa, porque cuando miras esta imagen ves la base como si fuese desde arriba y cuando miras el cuello parece que lo ves de abajo. Lo que también nos ha puesto sobre la pista de esta pregunta sobre la monumentalidad fue tu encargo de proponer una escultura de catorce metros de altura.

A.B.O. Yannick, me parece que Ben en su obra ha buscado siempre el concepto de «simetría» y sin embargo me parece que tú has buscado el concepto de «armonía».

¿Para ti existe una necesidad de armonía interior, una necesidad de representación de la armonía por medio del arte, para ti el arte tiene una función sólo estética o también ética?

Y.V. También ética, en el sentido que el arte tiene un poder redentor, para mi es una cosa vital, porque a través del arte puedes llegar hacia una dimensión inalcanzable e inexplicable con otros medios.

A.B.O. ¿Entonces para ti cual es la función del arte?

¿Para ti el arte tiene una función terapéutica, en el sentido que puede tener una función de desarrollo personal?

Y.V. Es parte integrante de una manera de ser, de vivir las cosas, de interpretar el mundo. No tiene nada que ver con la moral. No creo que el arte tenga que ser moral. No es su función, no es una religión. No hay dogmas. Es algo personal que puede ser compartido con todo el mundo, es intentar superarse, ir descubriendo, cuestionar lo que parece adquirido, es una exigencia absoluta, un problema de consciencia, o mejor dicho del sentido múltiple de la vida, no de la moral. No se trata del bien o del mal sino del ser.

A.B.O. Cuando hablo de armonía en tu caso, ¿consideras que la armonía es la representación de un equilibrio o por el contrario la armonía es una tentativa de corregir el mundo?

¿Por tanto, para ti el arte es correctivo o expansivo?

Y.V. No creo que sea correctivo. El arte no corrige, no denuncia. Más bien anticipa.

A.B.O. Entonces, ¿qué es para ti la armonía?

world? So for you is art corrective or expansive?

Y.V. I don't think it is corrective. Art doesn't correct or denounce. Rather it anticipates.

A.B.O. So what is harmony for you?

Y.V. It is an interior notion, a personal one; every person has a different sense of harmony.

A.B.O. If you transfer it into your work, in which way do you do it?

Y.V. I think it is like reaching a certain space, not a void, but a fullness, which is outside of passions.

A.B.O. Therefore harmony is a condition that includes spirit and excludes matter?

Y.V. No, harmony cannot exclude matter...

A.B.O. Why?

Y.V. Because there is no spirit without matter.

A.B.O. And so, what is art?

Y.V. It's the equilibrium between the two.

A.B.O. Let's talk about the common part.

Art seems to be the space of individual creation, the place of the representation of the subject's omnipotence, the place in which the artist I realises his own *Super I* and his own *Es*, the place in which the artist's projection lives in the exterior space. The artist as demiurge, the artist who *«creates according to his own image and resemblance»*. Theoretically the artist works against art history, against the theoretical existence of difference, since he formalises in the space of the work an idea of perfection which cancels any reference to an «elsewhere», to other places lived in by other shapes. This is especially true in the conception of the Western art.

Now we come to the point where we talk about a «third artist», who is no more Ben Jakober, no more Yannick Vu, but Jakober plus Vu!

J.V. What you say is absolutely right, because in any participation, one can admit that there is one who is stronger than the other and can impose more his - her - personality, let's say that he - she - satellises the other. In our case I think it is different. It didn't happen like that. Perhaps that in the works we are doing together I could effectively think that I assimilate myself into Ben's language, and that I have engaged in one of his discourses; but when I work on my own, for instance in the drawings, I realise, that no, it's not like that, that Yannick Vu still exists. It is true that there is also that third person of whom I am a part, but Yannick Vu still exists, and Ben Jakober still exists. It is simply when, on the concept level, we are together and we have a project that an energy surges and it is that third person.

J.V. This symbiosis.

J.V. This symbiosis, or perhaps it has become more than that. At the beginning it was a more painful admission for one or the other; this new territory was a little slippery, which of course could seem more attractive but also could be dangerous.

A.B.O. But talk about yourself, Ben will talk later, I want to know your feeling.

J.V. For me, in part, it was a great liberation... because this desire to work with the other

Y.V. Es una noción interior, personal; cada persona tiene un sentido de armonía distinto.

A.B.O. Si tú la trasladas a tu obra, ¿cómo lo haces?

Y.V. Pienso que es alcanzar un espacio, no un vacío sino una plenitud, fuera de las pasiones.

A.B.O. Y por tanto la armonía es una condición que incluye el espíritu y excluye la materia.

Y.V. No la armonía no excluye la materia.

A.B.O. ¿Por qué?

Y.V. Porque no hay espíritu sin materia.

A.B.O. ¿Y por tanto el arte?

Y.V. Es el equilibrio entre los dos.

A.B.O. El arte parece ser el espacio de la creación individual, el lugar de la representación de la omnipotencia del sujeto, el lugar en el que el Yo del artista realiza su propio Super Yo y su propio Ser, el lugar en el que habita totalmente la proyección del artista en el espacio externo. Por tanto el artista como demiurgo, el artista que «*crea a su propia imagen y semejanza*».

Teóricamente no existe otro artista, teóricamente el artista trabaja contra la historia del arte, contra la existencia teórica de la diferencia, en cuanto formaliza en el espacio de la obra una idea de perfección absoluta que anula toda referencia a esa «otra parte», a otros lugares habitados por otras formas, y esto especialmente en la concepción del arte occidental. Vamos ahora a hablar de un «tercer artista», que ya no es Ben Jakober ni es Yannick Vu, ¡sino Jakober más Vu!

Un nuevo sujeto creativo en el que lo masculino y lo femenino se combinan y constituyen una nueva subjetividad proyectual y también realizadora.

Primera pregunta: ¿en qué modo el «tercer artista» cancela a Yannick Vu?

¿En qué modo el «tercer artista» valoriza a Yannick Vu?

J.V. Es muy justo lo que dices aquí, porque en toda participación, se puede admitir que uno es más fuerte que el otro y tiende a imponer más su personalidad, digamos. En nuestro caso pienso que es diferente, no ha ocurrido así. Puede ser que en los trabajos que realizamos juntos, yo podría pensar que me asimilo al lenguaje de Ben y que me meto en uno de sus discursos, pero cuando trabajo sola, por ejemplo en los dibujos, me doy cuenta de que no, no es así, que Yannick Vu existe siempre. Es verdad que hay también esa tercera persona de la cual formo parte, pero Yannick Vu existe siempre, y Ben Jakober existe siempre. Es simplemente cuando, en el plan del concepto, estamos juntos y tenemos un proyecto, que surge esa tercera persona...

J.V. Esa simbiosis.

J.V. Esta simbiosis. Quizás ahora más que eso. Probablemente al inicio esta admisión era más dolorosa tanto para uno como para el otro, ese nuevo territorio, un poco resbaladizo que podía parecer seductor pero también peligroso.

A.B.O. Pero habla de ti misma, después hablará Ben, yo quiero conocer tus sentimientos.

J.V. Para mí, en parte es una liberación... porque se remonta muy lejos ese deseo de trabajar con el otro.

goes back a long, long way...

A.B.O. I want you to talk about your experience...

J.V. I think that we always had a dialogue about our work. That may seem obvious but our work was separate. I had a certain territory and Ben had another one. Sometimes if I did a step in one direction following an idea that was personal, but which seemed to coincide with his domain, I felt I had to restrain myself from going into that direction which seemed attractive, natural. It could create conflicts, it was not very easy... Of course there were collaborations of ideas, and so on, but it was not something that was official, it was an unofficial thing in the couple. And one day, it had the chance to come out into the open. This moment for me was a liberation because I felt relieved. I think that I gained a lot, maybe even our relationship benefited from it, since we were no longer hedging on parallel paths, we could go on together. I found it positive, a form of maturity, if you like, not only in our work, but also as far as feelings were concerned.

A.B.O. And you Ben?

J.V. We are complementary but with interchangeable roles. Sometimes I have an idea and Yannick gives it form and sees to the execution, at other times she has the idea and I have the technical means to realise it. One can be one or the other, we are interchangeable. This is not only more satisfying, it avoids problems; because if it were not so - if one were always the executant and the other the conceiver of ideas, it would be sooner or later a source of frustration for one or the other. And just because there is this permanent ambiguity, there is mutual satisfaction and the durability of the collaboration. You are a little bit responsible of all this, because of the invitation to participate jointly in the Biennale.

A.B.O. But you started before?

J.V. Yes but not systematically; we only collaborated occasionally. I think it gives us a great strength and enables us to confront new stages, new forms.

A.B.O. You still have to answer theoretically.

J.V. The death of our daughter provoked me to make on my own the series called *Cruxigrams*. Yannick joined in when we started to work on the Chapel. Her death brought us towards a sort of - I hardly dare pronounce it - spirituality - but let's say that in trying to give them a sense of the sacred we apprehend things differently. This misfortune which befell us gave us a creative force of a new kind and of a new form and also a new approach which united us not only in our work but in our life.

A.B.O. In which way does this common work hide Ben or exalts him?

J.V. We have a permanent dialogue. Often I suggest something and Yannick imposes a sort of veto. But if the idea is strong enough and if one considers it in all its forms, this veto is transformed into something positive and takes a new direction. There is no need to pretend to try and outdo the other - it's the work of a team. There are concrete examples: one has an idea, the other says «*why not develop it in this way?*». It's like a tennis ball rebounding on each side of the court and each time it comes back, one hopes with an improvement or at least a mutation. It's this exchange which gives rise to finished work.

A.B.O. Quiero que me hables de tu experiencia ...

J.V. Pienso que siempre hemos tenido un diálogo sobre nuestro trabajo, es evidente, pero si quieres, como era compartimentado, yo tenía un cierto territorio y Ben otro. Algunas veces si intentaba dar un paso en un sentido siguiendo una idea personal pero que podía coincidir con su dominio, entonces tenía que reprimirme para no ir en una dirección que podía parecerme atractiva, natural. Y puede ser que eso pudiera crear conflictos, no era muy fácil... Había esa colaboración de ideas, pero no era una cosa oficial, era una cosa oficiosa en la pareja. Y un bonito día, eso tuvo la suerte de salir a la luz. Ese momento para mi fue muy especial, porque me sentí liberada. Pienso que he ganado mucho, tal vez nuestra relación se ha beneficiado mucho de eso, ahora ya no estamos andando con rodeos, así, en caminos paralelos, sino que podemos ir juntos. Encontré esto muy positivo, una forma de madurez si quieres, no solamente en el trabajo, también en los sentimientos.

A.B.O. ¿Y tú Ben?

J.V. Finalmente somos muy complementarios. Pero con papeles intercambiables, es decir que una vez soy yo quien tiene la idea y Yannick es quien llega a darle forma y ultimar la ejecución, otras veces es ella quien tiene la idea y yo quien dispone de facultades técnicas para realizarlo. Así pues podemos ser uno u otro y somos intercambiables. Creo que eso es satisfactorio, porque si fuera uno siempre el ejecutante y otro el artífice del concepto, tarde o temprano sería una frustración. Y visto esta ambigüedad permanente que da satisfacción mutua se asegura la perennidad de nuestra colaboración de la cual tu eres un poco responsable porque fuiste tu quien nos invitó conjuntamente a la Biennale, desde entonces...

A.B.O. No, pero vosotros habéis comenzado antes...

J.V. Si pero no sistemáticamente. Pienso que nos da una gran fuerza y nos permite afrontar nuevas etapas, nuevas formas.

A.B.O. Tú debes responder todavía teóricamente.

J.V. La muerte de nuestra hija me hizo hacer por mi solo la serie de los *Cruxigrams*. Luego Yannick entró en el asunto cuando empezamos a hacer la Capilla. Su muerte nos ha llevado - no me atrevo a decirlo - a una forma de espiritualidad. Pero podemos decir que percibimos las cosas de manera diferente e intentamos darles una dimensión sagrada. Creo que esta desgracia por la que hemos pasado nos ha dado una nueva fuerza creativa de otro tipo, un acercamiento que nos ha dado la unidad no sólo en nuestro trabajo sino también en nuestra vida.

A.B.O. ¿En qué modo este trabajo en común esconde a Ben o lo valoriza?

J.V. Tenemos un diálogo permanente. Muchas veces le propongo una cosa, hay veces que Yannick pone una especie de veto. Pero si la idea es bastante fuerte, y si se considera de nuevo bajo otras formas, este veto se transforma en algo positivo y pone en marcha una dirección nueva. Entonces no hace falta creerse más uno que el otro, es de verdad un trabajo en común. Hay ejemplos concretos, uno tiene la idea, el otro dice porque no lo desarrollamos de esta manera. Es como una pelota de tenis, que rebota y vuelve. Esperamos que la idea estará mejorada o por lo menos con una mutación. Este intercambio da lugar

A.B.O. Yours is the story of a couple, of a man and a woman, and therefore of a space in which your personalities can relate to each other, through eroticism and sexuality: concepts which also enter artistic creation. Normally one says that art sublimates sexuality, concentrates eroticism into a space in which the form becomes the physical incarnation, that you realise in a kind of family in which the children are concretely the works of art. Yannick what part does sexuality play in this creation in which not by chance you are a man and a woman, a husband and a wife and therefore the interaction of two different magnetic fields.

J.V. In our case it is often a mental proposition which could be an amorous proposition, a seductive one. And in the woman's role I say no; but it is not a no which means no, it's a no that wants to go further, it is a form of feminine coquetry, and it goes on. So we know that the amorous dialogue about the work of art has just started, and at that moment, the tone rises, doesn't rise like in an argument, rises on another level. The exchange continues and it is a little bit like the ritual of the «*corteggiamento*» which finally culminates in an idea. Then, one has to make this work; the realisation is quite another process. But generally it happens like that, in the most unexpected moments.

A.B.O. So Ben, does a constructive concept of «fight» exist in the creative relationship?

J.V. In certain cases there is an easier birth than in others, some births are quite difficult and one sets the problem aside, works on other matters, then comes back to the subject, and then one finds a solution. It's never arm wrestling nor an ego thing which must be satisfied by being right.

A.B.O. I don't believe you Ben, this is hypocritical... It is not possible.

J.V. Why?

A.B.O. Sexuality has its importance in the creation of art, and so there are some drives so elementary that they are unavoidable.

J.V. Yannick and I have different opinions on that. I believe that the sexual drive is parallel to creativity. Yannick - although I don't want to put words into her mouth - believes that it's reticence which gives a stronger creative force.

J.V. Yes, but because I am a woman and you are a man, it's logical.

A.B.O. This is exactly the description of a sexual drive which stems from different identities. This play, this attention works on mandatory roles, masculine-feminine, or are the roles interchangeable?

J.V. Any artist has a feminine part and a masculine one, and I think that I too, have a strong masculine personality, of independence, while not denying my femininity.

A.B.O. I think that the work of art, as Leornado has taught us with the Gioconda, has an androgynous character, having a masculine part and a feminine one, and henceforth enclosed in an androgynous structure.
How is the collaboration between two androgynous figures triggered?

J.V. The androgynous becomes hermaphrodite because both are feminine and masculine.

A.B.O. One can say that it is a problem of «positions».

J.V. Like the snail! I think that this is really a valid analogy.

a la obra terminada.

A.B.O. Vuestra historia es la historia de una pareja, de un hombre y de una mujer, y es por tanto un espacio en el que vuestras personalidades se relacionan también a través del erotismo y la sexualidad: conceptos que también se incluyen en la creación artística. Normalmente se dice que el arte sublima la sexualidad, concentra el erotismo en un espacio. Sería como decir en el que la forma, la corporeidad, hacéis realidad una especie de familia en la que la «prole» son las obras de arte. En tu opinión Yannick, cómo actúa la sexualidad en esta creación en la que no por casualidad sois un hombre y una mujer, un marido y una esposa y por tanto la interacción de dos campos magnéticos diferentes.

J.V. En nuestro caso es a menudo una proposición mental que podría ser una propuesta amorosa, de seducción. Y muchas veces, yo, en el papel de la mujer digo no; pero no es un no que quiere decir no, es un no que quiere ir más lejos. Es una forma de coqueteo, de provocación femenina. Sabemos entonces que el diálogo sobre la obra de arte ha empezado, y en este mismo momento el tono sube un poco, no sube como en una discusión, sube a otro nivel. El intercambio continúa y es un poco como el ritual del cortejo que finalmente culmina con una idea. Luego tenemos que realizarla; la realización es otro proceso. Pero en general ocurre así, y aparece en los momentos más inesperados.

J.V. Entonces, tú, Ben, ¿crees que en la relación creativa existe un concepto creativo de «lucha»?

J.V. En ciertos casos hay nacimientos más fáciles que otros, ahora mismo no encuentro ejemplos. Algunos partos son difíciles y finalmente se pone el problema de lado, se dedica a otras cosas, luego se vuelve al asunto y mientras tanto se encuentra una solución. Nunca es la confrontación ni el ego que debe ser satisfecho para tener la razón.

A.B.O. No te creo Ben, eso es hipócrita... no es posible.

J.V. ¿Por qué?

A.B.O. La sexualidad tiene su importancia en la creación del arte, y por ello hay pulsiones tan elementales que son inevitables.

J.V. Yannick y yo tenemos opiniones distintas sobre el tema. Yo creo que la pasión sexual puede ser paralela a la creatividad. Yannick - pero no quiero poner palabras en su boca - cree que la reticencia da una creatividad más fuerte. Tenemos unos puntos de vista diferentes en eso.

J.V. Sí, porque soy una mujer y tú eres un hombre, es lógico.

A.B.O. Exactamente esa es la descripción de una pulsión sexual que parte de identidades diferentes. ¿Este juego, esta atención actúa sobre roles obligados, masculino-femenino, o bien los roles son intercambiables?

J.V. Todo artista tiene una parte femenina y una parte masculina, y pienso que yo también, tengo una fuerte personalidad masculina, de independencia, sin renegar mi feminidad.

A.B.O. Creo que la obra de arte, tal como nos ha enseñado Leonardo con la Gioconda, tiene un carácter andrógino y el artista, teniendo una parte masculina y una femenina, está por tanto él mismo encerrado en una estructura andrógina.

¿Cómo se lleva a cabo la colaboración entre dos figuras andróginas?

A.B.O. I think that with time you have evolved: from the first exhibition that I curated in Palma, which was Tristán, in which you appeared publicly as two artists signing conjointly a work, conditioned by a very painful event like the death of your daughter, you have moved towards a piece, in my opinion, very pregnant, which is *Cruxigrams*. Then you went on to other works in which you have progressively stabilised the presence of this third artist, so that now you can continue to work towards this third creative subject, which you have exemplified through a very articulate exhibition called «Chthonian-Apollonian».

This exhibition is a kind of documentation, of an exchange between three subjects, who have created a family of «works», each one different from the other. Yannick, I would like you to describe the itinerary of this exhibition and its capacity to represent the new creative subject.

J.V. The work for that exhibition started with the most Chthonian piece, *Black Goddess*, which represented the feminine deity, at once agricultural and archetypal-reproductive. From there, we wanted precisely to recover through time, the path of this feminine and masculine concept and the place it occupied in the art world, its creativity in all its expressions. We tried, through shapes, to express two principles, the one of light and creativity, of the Apollonian clarity as opposed or complementary, to the forces coming from the earth, of obscurity. Black opposed to white, dampness opposed to air, all the differences that can exist between masculine and feminine. Then we have also used symbols which were both feminine and masculine like the one we called the *Omphalos*, which represents the centre of the world, and which in all countries symbolises fertility and wholeness.

A.B.O. And for you Ben?

J.V. I believe that there was something in the air because when we decided to do this exhibition we didn't know that there would be an exhibition in Paris more or less on the same theme. Sometimes there is a moment when the seed of an idea is suddenly allowed to germinate. This came at that moment because we were proposed an exhibition for the convent of Son Verí in Palma de Majorca. I think it was propitious to have chosen that theme and I believe that our proposal was more suggestive than literal in contrast to the obvious solutions, not to say the pornographic ones which were used by other manifestations using the same basic idea. Both of us had had spontaneous initiatives which were wholly complementary. Often the pieces which were rather masculine were on Yannick's side (Y. laughs) and vice versa. It was Yannick's hand which worked rather more on those and we found our complementarity that way. The more ambiguous works were the result of four hands and this has given the result which you know.

One of the pieces which I find important in that series is *Apollo & Aphrodite* - two figures in shiny nickel, more that two metres high - which are in fact Barbie & Ken which we realised with the agreement of Mattel Toys. These ambivalent icons symbolise the canons of beauty of the new ideal couple. There is also a project to assemble twenty similar figures on two platforms on each side of the Place Vendôme.

J.V. Lo andrógino se vuelve hermafrodita en vistas de que uno y otro son a la vez femenino y masculino.

A.B.O. Puede decirse que es un problema de «posiciones»...

J.V. ¡Como el caracol! Creo que es una analogía válida.

A.B.O. Yo pienso que en el tiempo vosotros habéis evolucionado: desde aquella exposición en la que fui comisario en Palma de Mallorca, Tristán, en la cual habéis aparecido públicamente como dos artistas que firmaban conjuntamente una obra, habéis pasado, condicionados por un suceso dolorosísimo como fue la muerte de vuestra hija, a una obra a mi entender muy comprometida, es decir la obra *Cruxigrams*. A continuación habéis pasado a otras obras en las que habéis estabilizado progresivamente la presencia de este tercer artista, el cual os ha puesto hoy en la condición de continuar trabajando hacia este tercer sujeto creativo y lo habéis ejemplificado por medio de una exposición muy articulada «Chthonian/Apollonian».

Esta exposición es una especie de documentación, un intercambio entre dos sujetos los cuales han creado una «familia de obras» cada una distinta de las demás. Quisiera que tú, Yannick, me describieses el recorrido de esta muestra y su capacidad de representar el nuevo sujeto creativo.

J.V. Pienso que el punto de partida de la exposición es la pieza más telúrica - *Black Goddess* - que representaba el arquetipo de la divinidad femenina a la vez agrícola y reproductora. A partir de allí, quisimos recorrer, justamente, el camino a través del tiempo de este concepto del femenino y del masculino y del sitio que ha ocupado en el mundo del arte, en la creatividad, en todas las expresiones que ha tenido. Hemos intentado, mediante las formas, expresar esos dos principios, el de la luz y de la creatividad, de la claridad apolínea, opuesto o complementario a veces, de los poderes que vienen de la tierra, de la oscuridad. El negro opuesto al blanco, la humedad opuesta al aire, todas las diferencias que pueden existir entre el femenino y el masculino. Luego hemos utilizado símbolos que son a la vez masculinos y femeninos como la pieza que llamamos *Omphalos*, que representa el centro del mundo, y que en todos los países es símbolo de fertilidad y plenitud.

A.B.O. ¿Y para ti, Ben?

J.V. Creo que era una cosa que estaba en el aire, porque cuando decidimos hacer eso no sabíamos que París estaba planificando una exposición sobre más o menos el mismo tema. Hay veces que hay un momento propicio, una idea germina como una semilla, vino en ese momento porque nos pidieron hacer una exposición en el convento de Son Verí en Palma de Mallorca. Me parecía totalmente correcto que propusiéramos este tema y creo que las proposiciones que hicimos eran más bien sugerencias que soluciones evidentes y literales por no decir pornográficas, como las que han sido utilizadas en la otra manifestación sobre la misma idea. En efecto cada uno ha tenido sobre ciertas piezas iniciativas que fueron una vez más complementarias.

Muchas veces las esculturas más bien masculinas eran del lado de Yannick (risas de Y.) y viceversa. Eran las manos de Yannick que tocaban a ellos y encontramos nuestra com-

A.B.O. In a relationship, either sentimental or sexual, and therefore also creative in time, some roles establish themselves.

In the case of art there are projectual and executive roles which can establish themselves according to the personality of the two different subjects; in your case is there always the routine or is there an interchangeability, an open dynamic and movement?

J.V. I think that by nature Ben is more a person of action, in the way that the creative process torments him, and in that sense I am more feminine, that is to say I abstract myself from a situation, but if I have to find a solution it comes immediately, it has to come right away. I have to find what I want without looking for it. It is a different way of apprehending creativity. I'd rather not think about it, make a kind of void. If I have to solve a problem, I want to find the solution immediately which seems to surge up from itself. Ben on the other hand, thinks, comes back, weighs everything and contemplates every aspect from all its angles. I prefer that everything should be apparently spontaneous, on the spur of the moment, coming out from my whole being.

A.B.O. And you Ben?

J.V. Yes I think that's right. I am obsessive so when I have to find a solution I keep on turning the thing in my mind, especially when I wake up at night, I take notes, make a sketch and try to dig deeper. And then Eureka! It's an outside object, or vision which has nothing to do with the problem on hand which suddenly gives the key to everything and all becomes clear. This collision between the idea being treated in the «machine» with a new exterior element gives the Eureka. The «I have found» is the most satisfying moment. Later one goes on to the execution sometimes even to deception. This first moment when one thinks one has found the solution and when all is still in the mind is an incomparable sensation.

A.B.O. When the artist creates individually, he develops an expression bound to the individual sexuality and in a certain way more to a cultural universe of a Freudian type.

In the case in which two artists work together in an interpenetrated manner and create a new collective subject, they develop in a certain sense, archetypal forms linked to the deep collective imaginary, therefore a cultural universe of a Jungian type. In the passage from the individual expression to the collective one there is also the passage from a Freudian universe to a universe connoted to Jungian terms.

J.V. For some works certainly.

A.B.O. For example in the Chthonian-Apollonian, is there this passage or not?

J.V. Yes, the collective subconscious is present, in the drawings as well as in the sculptures.

A.B.O. Let's talk about the works which participate in public events like the 1993 Venice Biennial with the *Cavallo di Leonardo*; *La Dimora dei Corpi Gravi*, a homage to Masaccio, a theme I proposed for exhibitions to which you participated.

In which way was your collaboration born?

J.V. The two things are different because in one you gave free rein, in the other you said fourteen metres on the water. We had previously vaguely worked on this Leonardo pro-

plementariedad de esta manera. Las piezas más ambiguas eran el resultado de las cuatro manos y eso ha dado el resultado que tu conoces.

Una de la piezas que creo importante de la serie es *Apollo & Aphrodite*. Dos figuras niqueladas brillantes de más de dos metros de altura, que en realidad son los personajes Barbie y Ken realizadas con la autorización de la compañía Mattel. Estos iconos ambivalentes simbolizan los cánones plásticos de una nueva pareja ideal. Existe también el proyecto de instalar cuarenta figuras similares sobre dos plataformas en la Place Vendôme.

A.B.O. En una relación, bien sea sentimental, bien sea sexual, y por tanto también creativa en el tiempo, algunos roles se estabilizan.

En el caso del arte existe la función inventiva y ejecutiva que puede estabilizarse según sea la personalidad de los dos sujetos; ¿en vuestro caso existe siempre la rutina o también el intercambio, la dinámica abierta y el movimiento?

J.V. Pienso que, tal vez por naturaleza Ben es más una persona de acción, es decir que el proceso creativo es algo que lo atormenta, mientras que yo, en este sentido, soy más femenina, es decir que me abstraigo. Pero si tengo que encontrar una solución, viene inmediatamente, tiene que venir enseguida. Encontrar sin buscar. Es una manera diferente de aprehender la creatividad. Me gusta más no pensar, hacer una especie de vacío, y, cuando hay un problema, la solución tiene que surgir por si misma. Mientras que Ben, reflexiona, vuelve, pesa las cosas, las contempla bajo todos los ángulos. Por mi parte prefiero que sea aparentemente espontáneo, en el instante que provenga de todo mi ser.

A.B.O. ¿Y tú, Ben?

J.V - Sí, creo que es justo. Soy obsesivo. Cuando tengo que encontrar una solución, eso queda conmigo, doy vueltas, sobre todo por la noche, me despierto, empiezo a tomar notas, esbozos, intento profundizar. Y luego, Eureka, surge una visión ajena al problema que te da la llave a todo y todo se presenta de manera clarísima. Es el momento más satisfactorio porque después uno pasa a la realización y a veces a la decepción, pero en todo caso es este primer momento cuando todo está todavía en el espíritu que se tiene una sensación incomparable.

A.B.O. Cuando el artista crea individualmente desarrolla una expresión ligada a una sexualidad individual y de algún modo ligada más a un universo cultural de tipo freudiano.

En el caso en que dos artistas trabajan juntos de forma compenetrada y crean un nuevo sujeto colectivo, desarrollan, en cierto sentido, formas arquetípicas ligadas a un profundo colectivo imaginario, por tanto a un universo cultural más de tipo junguiano.

¿En el paso de la expresión individual a la colectiva hay también un paso de un universo freudiano a uno marcado por rasgos junguianos?

J.V. Para algunas obras seguramente.

A.B.O. Por ejemplo, en la exposición «Chthonian/Apollonian», ¿existe este paso o no?

J.V. Sí, el inconsciente colectivo está muy presente tanto en las esculturas como en los dibujos.

A.B.O. Hablemos de las obras que participan en los eventos públicos, que por tanto no

ject but we had never really gone far enough, we only had a first model which was really not satisfying. But going on from there we collaborated intensely, because interpreting Leonardo's drawings is a complex process. It's not just a question of transposition but more of interpretation. Yannick made a clay model which allowed us to reconstruct the real form. I then made this in metal. There was an incessant to-ing and fro-ing. But all this on the basis of something which existed and in accordance with the indications that you had given us. On the other hand the participation in «Homage to Masaccio» was more complex because the theme was more or less open - although certain artists simply attached their work to this theme. For us it was an exchange of ideas until we were able to separate the body from the image, in a way that allowed the work to be realised. This has spawned a whole series of new work: for example, the *Sant Sebastià* where the same process of eliminating the body and only retaining the essential elements.

A.B.O. How was Leonardo's choice born?

J.V. He always interested us, we had already started to study his drawing...

J.V. Yes we had done a series of drawings and models.

J.V. Yes, because we started to look into books about the similarities between contemporary art and Leonardo's drawings. What interested us was to see the permanence of things, the permanence of certain concepts in art.

A.B.O. Yes but why the horse in particular?

J.V. The horse was one of the first Renaissance drawings on which we had worked. We have made dozens of models and little studies which have not yet been developed in our studio. One may be a flimsy model only two centimetres high, another may be twenty centimetres, but they are there and they are waiting. We come back to them, we work on them and we put them aside again. When you spoke to us of the project on the Lagoon in Venice, it was immediately apparent that it was the horse which had to emerge from the water. So again, there was a sort of Eureka. The water, fourteen metres, all these new facts were added to our latent information. The analogy is the body, it may harbour a latent illness but it's only when the defences are down that the illness develops. This was the same in this case. In Venice we took dozens of pictures of the site, the sea, the land, in all directions. When we brought these photographs back and looked at the ideas we were already working on, it became absolutely clear that the horse had to be on the water.

A.B.O. Generally sculpture works on volume. In the case of the *Cavallo di Leonardo* you have worked on a kind of paradox: transparency. Why?

J.V. For various reasons. One of them was that the structure offered less resistance to the elements. At the beginning it was supposed to be a floating structure, and one had to think about all kinds of practical solutions; it seemed obvious that a transparent structure would be the least menacing. Fourteen metres high, that's enormous, and a compact sculpture would have presented a number of serious problems, not only technical ones but also visual ones. So it had to be a structure that would also be light. The idea that a drawing would become something in three dimensions and would then come back to the drawing against the sky and the water was a seductive idea, very cerebral like Leonardo,

son fruto de un compromiso personal, sino de una participación en muestras como la Bienal de Venecia del '93, con el *Cavallo di Leonardo*; *La Dimora dei Corpi Gravi, Homenaje a Masaccio* donde habéis participado en exposiciones en las que yo he propuesto estos temas. ¿En qué modo, en este caso, nace vuestra colaboración?

J.V. Las dos situaciones son diferentes porque en uno tu habías dado rienda suelta y en la otra habías dicho catorce metros sobre el agua. Habíamos trabajado un poco sobre la idea de Leonardo antes, pero sin forzar, teníamos una primera maqueta no muy satisfactoria. A partir de ahí colaboramos estrechamente porque interpretar el dibujo de Leonardo es muy complejo. No era simplemente una cuestión de transposición, teníamos que interpretarlo de verdad. Fueron las manos de Yannick que hicieron en barro otra maqueta que permitió reconstruir la forma verdadera. Lo he pasado luego a hierro. Había una ida y vuelta sin parar, pero en función de las indicaciones que tu habías dado. Al contrario, la participación en el homenaje a Masaccio fue más compleja porque el tema era más o menos abierto - y muchos artistas por una forma de pensamiento abstracto han podido llevar perfectamente sus obras para encuadrar en el tema. Para nosotros era más bien una ida y vuelta de ideas hasta llegar a separar los cuerpos de la imagen para poder realizar la suspensión de las aureolas. Eso ha engendrado toda una serie de otros trabajos, por ejemplo el *Sant Sebastià* donde de nuevo según el mismo procedimiento el cuerpo desaparece y sólo quedan los elementos esenciales.

A.B.O. ¿Cómo nace la elección del *Cavallo di Leonardo*?

J.V. Siempre nos ha interesado, habíamos empezado a estudiar todos sus dibujos...

J.V. Sí, teníamos unas maquetas y algunos croquis inspirados por Leonardo.

J.V. Sí, porque empezamos a mirar en los libros las similitudes que había entre el arte contemporáneo y los dibujos de Leonardo. Lo que nos interesaba mucho era ver las cosas permanentes, la permanencia de ciertos conceptos en el arte.

A.B.O. Si, pero, ¿por qué específicamente el caballo?

J.V. El caballo era uno de los primeros dibujos que analizamos. Tenemos siempre muchos bocetos pequeños y estudios en nuestros talleres pero que no son desarrollados, algunas maquetas tienen sólo dos centímetros de alto, otras tienen veinte. Pero existen y esperan. Volvemos a ellos, trabajamos en algunos y los ponemos otra vez de lado. Cuando tu nos hablaste de este proyecto sobre la laguna nos pareció evidente que el caballo tenía que salir del agua, era de nuevo una especie de Eureka. El agua, catorce metros, en pocas palabras, estos hechos se sumaron a esta imagen latente. Como en el cuerpo que puede tener una enfermedad y desarrollarla con una inesperada bajada de defensas. Fuimos directamente a Venecia. Tomamos cientos de fotos del lugar, del mar, de la tierra en todas las direcciones. Cuando trajimos estas fotos a casa y miramos lo que estábamos trabajando, parecía evidente que el caballo tenía que estar sobre el agua.

A.B.O. Generalmente la escultura trabaja sobre la volumetría. En el caso del *Cavallo di Leonardo* habéis trabajado sobre una especie de paradoja: la transparencia, ¿por qué?

J.V. Por varias razones. Una de esas era que la estructura ofrecía menos resistencia a los elementos. Al principio tenía que ser una estructura flotante. Teníamos también que pen-

because there was always the play on the tridimensionality and the drawing.

J.V. Also because in the case of the trilogy, *La Copa de Paolo Uccello, Il Cavallo di Leonardo, Il Mazzocchio*, every iron bar, in fact, represents a pencil line, That's where there is a translation, the update of something. Every iron element having a diameter of five centimetres, corresponded to a pencil line of the Renaissance masters.

A.B.O. What kind of short circuit provoked your use of an image of the past, Leonardo's, with the use of a modern tool like the computer.

J.V. It seemed a logical way to use technology as a mathematical help. One of Leonardo's fundamental ideas was that mathematics were the very basis of everything, art or science. So we naturally thought that this image was a virtual one and that to work on the computer was to restore the Leonardesque concept by adapting it to today's means.

A.B.O. Do you think that the interior virtuality of Leonardo's drawing is the basis of a work of that kind? Metaphorically speaking, according to you, had Leonardo already computerised his image?

J.V. Metaphorically, yes and no, because Leonardo had this rather perverse side, as in his mirror writing which people can't read easily; there is also this false perspective. Leonardo presented this as purely technical study, but that isn't the case, he always let himself be carried away into another dimension. That's why he's the greatest, because even a leaf, a leg, a sketch of a cannon becomes a work of art in itself. And this study which he claimed at the outset to be technical becomes a marvel. We were faithful to this alliance of art and technology, in that we used advanced methods to make the plans. This allowed us to call upon, not what is called in America «Fabricators for the Arts» (who often have a subjective approach), but on those who could make the enlargement using computer disks. On these disks each element, every angle is predetermined in such a way that this sculpture could be realised by welders in a naval yard who knew nothing of art, but who could nevertheless reproduce exactly what we had drawn. Now we also consistently use the computer to simulate the implant of sculptures into photographs of sites where we have to intervene, in order to give an exact rendering of the final result.

A.B.O. With *Il Cavallo di Leonardo*, a floating work, you have in some ways embodied the floating characteristic of this new collective subject, because in a collective creation subjectivity can only be floating, there is no rigidity, but a «fluctuation». This fluctuation is «open», «constructive», «non neurotic», and therefore positive.

J.V. Yes for me it is positive. If one looks at the work we have done together for four years, one can see that this fluctuation allowed us to sweep greater territories, that it was much more complete, that it corresponded to the wandering quality of human desire, that it has pushed the limits back and that it has strengthened our energy.

A.B.O. And in your case Ben?

J.V. Yes I think that in Yannick's case it was a picture she had painted called *San Giuseppe da Copertino et l'Eau*. I believe it is a metaphor between the question of floating and the story of this Saint floating above the water. The humbler he became, the more he was ashamed of levitating, the more was he able to fly. There is perhaps a connection.

sar en toda clase de razones prácticas; nos pareció evidente que era la estructura más apta para no ser amenazadora. Catorce metros de alto, es enorme, y una estructura cerrada, compacta, hubiera presentado grandes problemas no solo técnicos sino también visuales. Tenía que ser una cosa ligera. También la idea de que un dibujo pasase a la tercera dimensión para luego volver al dibujo era una cosa muy atractiva, muy mental; a la manera de Leonardo, es decir jugando con la tridimensionalidad y el dibujo.

J.V. También en el marco de la trilogía, *La Copa de Paolo Uccello*, *Il Cavallo di Leonardo*, *Il Mazzocchio*, cada barra de hierro, de hecho, representa un trazo de lápiz. Es donde podemos decir que hay traducción, una puesta al día de algo. Cada elemento de hierro de cinco centímetros de diámetro correspondía a un trazo de un maestro del Renacimiento.

A.B.O. ¿Qué cortocircuito ha producido en vuestro trabajo el tomar una imagen del pasado, Leonardo, con la utilización de un instrumento tan moderno como el ordenador?

J.V. Nos pareció una manera totalmente lógica utilizar la tecnología como ayuda matemática. Una de las ideas fundamentales de Leonardo es que las matemáticas son la base de todas cosas. Pensamos que naturalmente era una imagen virtual y que hacerla con el ordenador era sencillamente restituir el concepto leonardesco pero adaptándolo a los medios de hoy.

A.B.O. ¿Crees que la virtualidad interior del dibujo de Leonardo sirve de base para la modernidad de una obra de este tipo? Hablando metafóricamente, ¿en tu opinión Leonardo había ya computerizado su imagen?

J.V. La escritura se invierte para que la gente no la pueda leer y la perspectiva esta truncada. Leonardo pretendía que eso era simplemente un estudio técnico, pero no es así, siempre se dejaba llevar a otra dimensión. Por eso es el más grande, porque hasta una hoja, una pieza de un dibujo para un cañón se vuelve una obra maestra. Y allí este diseño que pretendía técnico se ha transformado en maravilla. Hemos sido fieles a la alianza entre el arte y la tecnología utilizando el ordenador. Hemos elaborado unos planos transferidos sobre diskets utilizados luego para la construcción en un astillero en Italia, evitando así cualquier intervención subjetiva en la realización. Lo que occure generalmente cuando la ampliación se hace de manera más tradicional. También utilizamos el ordenador para simular situaciones nuevas, implantando esculturas en fotografías de lugares donde tenemos que intervenir y dar una idea precisa del resultado.

A.B.O. Por medio del *Cavallo*, una obra flotante, de alguna forma habéis emblematizado la característica flotante de la creatividad de este nuevo sujeto colectivo, porque en una creación colectiva la subjetividad no puede ser más que flotante, no existe rigidez, sino que existe «fluctuación». ¿Esta fluctuación de vuestras subjetividades se confirma con las obras que habéis realizado después o no?

A nivel conceptual las subjetividades son flotantes, te parece que esta fluctuación es «abierta», « constrictiva», «no neurótica» y por tanto es positiva.

J.V. Sí, para mi es positiva. Si miramos el trabajo que hemos hecho juntos estos últimos cuatro años, tengo la impresión de que esta fluctuación nos ha permitido barrer un territorio más amplio, mucho más completo, que esto corresponde a la naturaleza errante del

A.B.O. About fluctuation, how do you place your drawings in the «Chthonian-Apollonian» exhibition?

J.V. They were done afterwards, after the sculptures; so one cannot talk about preliminary drawings. Its is rather the other way around. The drawings are almost an allegory, an illustration of what the work in common represented for me Yannick, all these efforts we had done together and which were like a temporal journey, transitional, call it what you will, and a Jungian one in a certain way - as you underlined it - which calls upon the collective memory, symbols which precisely belong to this collective subconscious.

A.B.O. Don't you think instead that these drawings could have been like a reconquest of a personal attitude which was lost in the collective creation?

J.V. A recovery of her individuality? One can make a sculpture with four hands, one cannot do the same with a drawing. It is perfectly normal that Yannick should sign her drawings not Y.V. as she usually does but Y.J. and it's also normal that they be incorporated into a global show of our joint effort. I think for her this physical thing was important and it took nothing away from me. Besides her drawings seem to fix the other pieces we proposed in space and time and give a connection between sculptures.

A.B.O. How do you situate this collaboration in *Sant Sebastià*?

J.V. *Sant Sebastià* is the last work, and therefore maybe also the opening towards something in evolution.

A.B.O. In *Sant Sebastià* one can note a certain characteristic, the disappearance of the body as circumscribed matter, a sort of «evaporation» of the body which is now identified with the support, the body of the painting. Is this conceptual process a spontaneous one, or is it controlled by you?

J.V. It started with the work on Masaccio. It's the same process, the disappearance of the body yet retaining the essentials of the picture. We always come back to these words - floating, fluctuation, suspension. For the exhibition in Sicily and the final placement at the Fattoria di Celle, the halos were suspended at different levels, oscillating within the space created by the painted walls.

In the work *Sant Sebastià*, the body has disappeared, there are only the arrows and the blood represented in red neon. There is a rather strange anecdote connected with it, in that it was finished exactly on the day of what happened to be the feast day of St Sebastian. I started with some ironic or provocative work but arrived at a certain maturity. Now we are working towards an idea of sacredness.

J.V. A kind of hermeneutic interpretation of painting, of the great subjects of painting.

A.B.O. In which sense?

J.V. It is a translation of this coded language, of this system of interpretation of the world with new means, where the body is only suggested, where it doesn't appear anymore, where as you say Achille, it becomes the very support of painting.

A.B.O. In that perspective how do you situate the Ladder?

J.V. I think it can be inscribed in the same way. This ladder is an object, a symbol of agriculture in the land where we live. The ladder is used when picking olives, the basket can

deseo humano, que ha permitido retroceder siempre más lejos los limites y ha reforzado nuestra energía.

A.B.O. ¿Y en tu caso, Ben?

J.V. Sí, pero pienso que en el caso de Yannick es un trabajo que ella ya había hecho. Un cuadro que se llama *San Giuseppe da Copertino y el Agua*. Y creo que hay una analogía metafórica entre la historia del flotamiento y este santo que flota encima del agua. Cuanto más humilde se pone, más vergüenza tiene y más sabe flotar. Quizás hay un lazo.

A.B.O. A propósito de fluctuación, ¿qué lugar ocupan tus dibujos en la exposición Chthonian/Apollonian?

J.V. Han sido hechos a posteriori, es decir después de las piezas; no se puede hablar entonces de dibujos preparatorios. Son más bien una inversión de la experiencia que habíamos vivido antes. Es una forma de alegoría, de ilustración de lo que representaba para mi este trabajo en común, los esfuerzos que hemos hecho juntos, y que eran una suerte de viaje pasado o temporal, llámalo como quieras, y también jungiano en cierto modo - porque has subrayado esto también - que hace llamamiento a la memoria colectiva, a símbolos que pertenecen justamente a este inconsciente colectivo.

A.B.O. ¿No crees, sin embargo, que estos dibujos pueden ser una especie de reconquista de una actitud personal perdida en la creación colectiva?

J.V. ¿Una recuperación de su individualidad? Se puede hacer una escultura a cuatro manos pero no se puede hacer un dibujo de esta manera. Es entonces normal que Yannick firme sus dibujos Y.J. y no Y.V. Y es normal igualmente que se incorporen dentro de la obra global. Creo que para ella este hecho físico era importante y no me quitaba nada. Además creo que sus dibujos han fijado las demás obras en el espacio y el tiempo y han dado un asiento y un enlace a las diferentes piezas entre ellos.

A.B.O. ¿En qué lugar se sitúa, en esta colaboración, la obra de *Sant Sebastià*?

J.V. *Sant Sebastià* es la última obra, y por eso tal vez sea también la apertura hacia algo en evolución.

A.B.O. En el *Sant Sebastià* se nota una característica, es decir la desaparición del cuerpo como materia circunscrita, una especie de «vaporización» del cuerpo que se identifica con el soporte, con el cuerpo de la pintura. ¿Es un proceso conceptual que habéis controlado o es completamente espontáneo?

J.V. Sí, ha empezado con el *Masaccio*, es el mismo paso. La desaparición de los cuerpos, reteniendo lo esencial del cuadro que flotaba - volvemos a esta palabra - las aureolas a diferentes niveles y también el mismo fondo tanto para la exposición celebrada en Sicilia como para su colocación definitiva en la Fattoria di Celle.

En el trabajo de *Sant Sebastià* el cuerpo se ha ido. Quedan las flechas y la sangre representada por el neón rojo. Desde el punto de vista anecdótico es curioso, porque el día que terminamos la obra era exactamente el día de San Sebastián. Empecé con un trabajo irónico y a veces provocador para llegar a cierta madurez, ahora trabajamos en lo sagrado.

J.V. Una suerte de interpretación hermeneutica de la pintura, de los grandes temas de la pintura.

be attached to a hook at the top. The ladder is also a way of attaining the sky, attaining God. That can be inscribed in the same sacred context. This work is called *Rainbow at Midnight* the title adds a certain poetry. I think that with *L'Origine du Monde* the three works form a coherent group not only because of the neon but because of the subject's treatment.

A.B.O. We now arrive at two conclusive works: the project of the *Ratoeira*, and the project of *Game of Suffering and Hope* for the next São Paolo Biennial. The concept of «labyrinth» isn't born from an idea that we could call «Borgesian», because the labyrinth is another archetype, an image which, through the whole culture, was either the symbol of loss, or the symbol of reconquest of man.

Even the Boboli Garden in Florence through the labyrinth, represents the control of man over nature; the capacity of reason to control chaos, the sovereignty of man over the universe.

With a displacement towards the oriental cultures the labyrinth is the capacity of man to be fluctuating, dynamic, open and nomad.

In your case the labyrinth project is a project assisted by an ironic bureaucracy: the nurses, the transparency of glass which allows the spectators to be the witnesses of the loss of orientation of the other spectators which enter the work. This assistance that you give to the spectator, could it be the idea of a punctual modernity, the recuperation and representation of such an ancient symbol?

J.V. Yes, in this case the labyrinth was taken as an initiatory itinerary at the same time putting the emphasis on separation. This work is a consequence of *Plaza Partida* which was about communication and separation between the sexes: man, mirror of man or woman, separated one from the other, separated from his own reflection. In the course of this anguishing journey, of which the spectators are the witnesses, we wanted to put the accent on suffering, on isolation, on alienation as a spectacle observed by other hundreds of people.

J.V. The spectator is obliged to become actor, there is a sort of subversion, the spectator arrives thinking he will see, but in fact he is transforming himself into an actor for the other spectators.

A.B.O. What do you think about this bureaucratic, medical assistance to the anxious spectator's body?

J.V. It's a way of dramatising, accentuating so that the people can be conscious of the fact that something out of the ordinary is happening. It's justified by the fact that the nurses are not actors but real Red Cross nurses who could help if someone really had a problem. There is also of course the sign which advises people who are agoraphobic, claustrophobic or who have other serious problems not to enter. This is a way of telling them that something peculiar is happening.

A.B.O. Don't you think that this presence, that is the medical assistance, creates a correspondence between the organisation and the total control of modern civilisation over the art image, that in some way it even anticipates the control of the contemplative moment.

A.B.O. ¿En qué sentido?

J.V. Es una traducción de todo este lenguaje codiciado, de este sistema de interpretación del mundo con nuevos medios, medios donde el cuerpo es sugerido, donde no aparece más, como dices, se vuelve el soporte mismo de la pintura.

A.B.O. Desde esta perspectiva, ¿dónde se sitúa la obra Escalera?

J.V. Creo que se puede inscribir de la misma manera. Esta escalera que es un símbolo agrícola de nuestras tierras. La escalera se utiliza para coger olivas. La cesta se cuelga de un gancho arriba. La escalera también es la manera de llegar al cielo, a Dios. Se inscribe en el mismo contexto sagrado. Esta obra se llama *Arco Iris a Medianoche* y creo que con *L'Origine du Monde* las tres obras tienen una coherencia no sólo por su utilización del neón sino por el tratamiento del tema.

A.B.O. Llegamos a las dos obras culminantes, los proyectos del *Ratoeira* y del *Game of Suffering and Hope* para la Bienal de São Paulo.

El concepto de «laberinto» no nace sólo de una idea que podemos definir como «Borgesiana», sino que también el laberinto es otro arquetipo, una imagen que ha recorrido toda la cultura, ya sea como símbolo de la pérdida, ya sea como símbolo de la reconquista del hombre.

También el jardín de Boboli en Florencia representa por medio del laberinto el control del hombre sobre la naturaleza: la capacidad de la razón para controlar el caos, la soberanía del hombre sobre el universo.

Con un desplazamiento hacia culturas orientales, el laberinto es la capacidad del hombre de ser fluctuante, dinámico, abierto y nómada.

En vuestro caso el proyecto del laberinto es un proyecto que está asistido por una irónica burocracia: las enfermeras, la transparencia del vidrio, por el cual los espectadores pueden ser testigos de la pérdida de orientación de otro espectador que entra en la obra.

Esta asistencia que dais al espectador por medio de la idea del hospital que cura el cuerpo ansioso del espectador, ¿puede ser la idea de una modernidad puntual, de la recuperación y representación de un símbolo tan antiguo?

J.V. Sí, en este caso el laberinto ha sido elegido como un recorrido iniciático poniendo el énfasis sobre la separación. Es un trabajo que parte de *Plaza Partida*, sobre la comunicación y la separación entre los sexos: el hombre espejo del otro, separado de él que es su propio reflejo y también su diferencia. En este recorrido angustioso, del cual los espectadores son los testigos, como dices, hemos querido poner el acento sobre un cierto sufrimiento, aislamiento, sobre la alienación como espectáculo contemplado por centenares de otras personas.

J.V. El espectador se ve obligado a convertirse en actor, hay una suerte de subversión, el espectador llega pensando que viene a ver pero de hecho es transformado él mismo en actor por los otros espectadores.

A.B.O. ¿Qué pensáis de esta asistencia burocrática, médica, al cuerpo ansioso del espectador?

J.V. Es una manera de dramatizar para que la gente se dé cuenta de que pasa algo un

J.V. In this case the work of art is an impeding transparency, it is there to allow the spectator to become part of the experience. There is also a sort of voyeurism in that the spectator is told that he is observed clinically, that he has entered a dimension where he might lose control over himself . One can effectively draw an analogy and imagine that in museums, the guardians might also be nurses and doctors whose task would not be to protect the works of art against the public but the other way around.

A.B.O. Now let's talk about the work chosen for the São Paolo Biennial. This work called *Game of Suffering and Hope*, presents strong visual and powerfully sonorous characteristics which also give the idea of target, precision, violence, of death and danger. There, are also involved the spectator watcher and the other spectator victim of this kind of potential aggression of sound and fury.

J.V. We are not conscious of the fact that we are armoured and prepared to face and especially to get used to and accept the effects of violence.

A.B.O. How was this work born?

J.V. This work is somehow a logical sequence of the preceding one. In the first the element of danger was man with his own anguish and his difficulty in communicating. Here it is a contrast between aggression always provoked by man symbolised by the machines and the apparent impunity of the spectator as he walks through a transparent tunnel against which ceramic plates are disintegrating in an explosion of colour and noise.

A.B.O. In this work what is the meaning the technological display, of the machine?

J.V. It is an analogy of course, on what is happening around us. You see on television people going about their business in Sarajevo - I'm talking about only a few months ago - and they were being bombarded from all sides. They ran and sometimes they walked quite normally, apparently undisturbed, carrying their luggage, their shopping bags - maybe only lowering their heads from time to time. This installation using machines which are normally used for completely different purposes is symbolic of that sort of situation. It's not at all Duchamp, these are not Ready Mades, one takes something and deviates the use for which it was intended, and this gives you a completely different reading. The company who makes the machines; these people were indignant at first when we told them how we were going to use their machines. And then as we explained to them, they understood, joined the game so to speak and even approved. The first version was to see the confrontation from the side. We arrived at a final version where one can see through a glass walled passage two metres wide and against the panes of which the targets disintegrate into a thousand pieces at eye level, with the debris accumulating at the foot of the glass walls.

A.B.O. The last question concerns two works, which in my opinion are emblematic: one is the work Ben has realised in Hamburg, in which there was a display of high technology, of organisation, but also the poetic element of the ephemeral nature of these coloured smokes.

J.V. I wouldn't say this was high technology - on the contrary I think it's a reply to high tech.

poco fuera de lo normal y al mismo tiempo está plenamente justificado por el hecho de que no son actrices sino enfermeras de verdad, las cuales si alguien se encuentra mal podrían llevarle socorro. Habrá un letrero aconsejando a las personas agorafóbicas, claustrofóbicas o que tengan otros problemas agudos que no entren. Se hace saber de esta manera que pasa algo peculiar.

A.B.O. ¿No pensáis que esta presencia, es decir la asistencia médica, crea una correspondencia entre la organización y el control total de la civilización moderna con una imagen del arte, que de algún modo prevé también el control del momento contemplativo?

J.V. En este caso la obra de arte es una transparencia que está aquí para permitir al espectador hacerse parte de ella. También hay una forma de «voyeurismo», el espectador siendo advertido que va a ser observado clínicamente, que ha entrado en una dimensión donde podría perder el control de si mismo. Se podría efectivamente hacer una analogía e imaginar que en los museos, los guardianes podrían ser médicos y enfermeras cuyo trabajo no sería proteger las obras de arte contra el publico, sino al revés.

A.B.O. Pasemos a la obra que hemos elegido para la Bienal de São Paulo. Se trata de una obra que lleva como título *Game of Suffering and Hope*, que presenta fuertes caracteres visuales, sonoros, de gran implicación, y que también es una representación de una idea del tiro al blanco, de precisión, de violencia, de muerte, de peligro, y de implicación del espectador que ve a otro espectador sufrir este tipo de «agresión potencial» del ruido, del sonido.

J.V. A lo mejor no somos conscientes de que el ser humano está blindado y preparado para hacer frente y sobre todo habituarse a los efectos de la violencia

A.B.O. ¿Cómo nace esta obra?

J.V. Esta obra es en algún modo un desarrollo lógico de la precedente. En la primera el elemento de peligro era el hombre con su propia angustia y su dificultad para comunicar. Aquí es el contraste entre la agresión siempre provocada por el hombre que está simbolizada por las máquinas y la aparente impunidad del espectador cuando atraviesa el túnel transparente contra el cual los platos se desintegran en una explosión de color y sonido.

A.B.O. ¿Qué significado tiene en esta obra la exhibición de la tecnología, de las máquinas?

J.V. Es una analogía, sobre lo que está pasando. Tu ves en la pantalla del televisor la gente que hace sus compras en las calles de Sarajevo - hablo de hace unos meses - y a veces de una parte y otra los bombardean. Comen y también andan casi normalmente, impasibles, llevando sus equipajes, sus bolsas de la compra - bajando un poco sus rostros. Son simbólicas las máquinas previstas para fines totalmente diferentes. Por eso no tiene nada que ver con Duchamp, no son ready-mades. Tomamos algo, deformamos completamente su utilización y le damos otro sentido. La gente que los fabrica al principio estaba completamente despistada cuando le dijimos lo que queríamos hacer con sus máquinas y después poco a poco cuando lo explicamos, entendieron y entraron en el juego, incluso lo aprobaron. La primera versión suponía ver el enfrentamiento desde un lado. En la ultima versión, se puede observar la instalación de ambas partes pasando a través de un pasillo de cristal de unos dos metros de anchura, contra las paredes del cual los platos se desintegrarán en miles de fragmentos a la altura de la cabeza, mientras los escombros se

A.B.O. There is the use, the staging of a function with an aesthetic end.

J.V. Yes in an ironic way if you like, for we are talking about an exhibition called Mediale in which everyone used lasers, computers, videos etc., only high tech work. The subject was communication. I therefore returned to the most archaic form of communication which was the smoke signal.

A.B.O. I think that in your work there is always the staging of an organising element which belongs to modern society. This is evident in a work about museums that you did in Palma de Majorca, then in Bristol at Arnolfini and later in the Vienna Museum, where you made evident and formalised the system of communication's relation between museums.

J.V. This exhibition was a reflection on the Museum first realised in 1991 and which showed simultaneously the videos of exhibitions which were being held at exactly the same moment in ten Museums around the world. It was perhaps the precursor of the simultaneous images transmitted over Internet today only five years later.

A.B.O. The emblematic work of Yannick is *San Giuseppe*, this figure which flies over the water; here is the fluctuating element that you always emblematically represent in your work.

Is this an important part of your of your creative itinerary and if so why?

J.V. Yes, I think that from that moment on I enjoyed more freedom, I conquered a new space, I escaped from the figure, from framing and cropping. And I somehow experienced the same liberation as San Giuseppe. Not to escape reality, but on the contrary, to better observe it, to understand it, to admit it. In the case of San Giuseppe it was religion which brought him to this other stage of consciousness, and maybe it was work in mine which helped me to overcome angst but also to reach a space that was more personal and also more lucid.

A.B.O. We arrive at the last image, the one on the book's cover, which presents the island of Majorca, seen as if it were from the air, an image where it is possible to see smoke columns rising towards the sky.

This image seems to synthesise the body of the common work of art, it represents the theatre of your creative communion and again puts in evidence the specific and collective elements of your creativity: the earth, the fertile element which represents femininity; technology, the element of the masculine transformation; fire, smoke and also the aerial, spiritual aspect of your creative adventure that you have in common.

Now let's talk about the work called *Jalousie*, which will be shown at the gallery Pièce Unique, where you use the exhibition space in a perfect way and somehow emphasise the «store front» quality of the space; against the window you place a structure made of knives in the form of «jalousies» or venetian blinds, typically Arabic architectonic fixtures, which are used to protect, to hide and allow observation from only one side.

This is an ambiguous work, because it is a mobile structure, in that the elements open and close. One could say that the work synthesises the ambiguity of a real emotional and creative relationship, made of opening and closure, of life and death. What do you think?

acumularán al pie de la pared...

A.B.O. La última cuestión se refiere a dos obras, que a mi entender son emblemáticas: una es la obra que Ben ha realizado en Hamburgo, donde hay una exhibición de alta tecnología, de organización y también el elemento poético de lo efímero de estos humos.

J.V. No diría alta tecnología, al contrario pienso que es una respuesta a la alta tecnología

A.B.O. Es la puesta en escena de un lugar urbano con finalidades estéticas.

J.V. Si pero de manera un poco irónica porque se trataba de una exposición denominada Mediale, donde todos habían traído láseres, ordenadores, videos, sólo aparatos de la más alta tecnología. El tema era la comunicación. He vuelto pues a la comunicación más arcaica - las señales de humo.

A.B.O. Creo que en tu trabajo existe siempre la puesta en escena de un elemento organizativo que pertenece a la sociedad moderna.

Esto es evidente en la obra a propósito de los Museos que tú has realizado y expuesto en Palma de Mallorca luego en Arnolfini en Bristol y en el Museo de Viena, donde formalizas el sistema de relación, de comunicación de los Museos.

J.V. Esta exposición, una reflexión a propósito de los museos, realizada en 1991 hacía aparecer simultáneamente las imágenes de diez exposiciones que se desarrollaban exactamente al mismo tiempo en diez museos en el mundo. Era quizás un trabajo precursor de las imágenes simultáneas del Internet de hoy.

A.B.O. La obra emblemática de Yannick es el *San Giuseppe*, esta figura que vuela físicamente sobre el agua: he ahí el elemento fluctuante que ya está presente emblemáticamente en tu trabajo. ¿Consideras que esta sea una imagen emblemática de tu creatividad y por qué?

J.V. Sí, a partir de ese momento he tenido más libertad, he conquistado un nuevo espacio, he escapado de la figura, del enfoque y quizás me fue en el mismo vuelo, la misma liberación que San Giuseppe. No para escapar de la realidad, sino al contrario, como un distanciamiento para mejor observar y admitir. En su caso era la religión que lo llevaba a ese estado de consciencia, y en el mío puede ser que el trabajo fue el medio para superar un malestar existencial pero sobre todo de llegar a un espacio más personal y también más lúcido.

A.B.O. Llegamos a la última imagen que es la de la cubierta del libro, que emblemáticamente presenta la isla de Mallorca, de la que es posible ver, como si estuviésemos en el cielo, una imagen donde se divisan los humos que se elevan hacia lo alto.

Esta imagen parece sintetizar el cuerpo del arte común, representar el teatro de vuestra comunión creativa poniendo en evidencia los elementos específicos y colectivos de vuestra creatividad: la tierra, el elemento fértil que representa lo femenino; la tecnología, el elemento de la transformación masculina, el fuego; el humo y también el aspecto «aéreo», espiritual de la aventura creativa que tenéis en común.

Hablemos de la obra llamada *Jalousie* que se exhibirá como pieza única, donde utilizáis de forma perfecta el espacio de la galería Pièce Unique y de algún modo evidenciáis el aspecto de escaparate del espacio: hacéis adherir al cristal una estructura hecha con

J.V. I think that this work has quite a strong connection with representational painting of the past. One could easily imagine especially if one pushes things to extremes, that it has to do with Judith & Holophernes or Saint John the Baptist and Salome. Finally the knife remains and the body once again disappears, again we are in that line of ambiguity where the human form becomes abstract. There is the added element that the surface is highly polished and the mirror effect allows the people on the outside to see themselves.

J.V. I find that it is right, this interpretation you give Ben, of these decapitation scenes, of castration, either in the Freudian discourse, or in the hermeneutic one of the religious iconography, Judith and Holophernes, Saint John the Baptist and Salome. That is also the elemental problem, not only in religion, but also between man and woman, the castrating woman and man's fear of castration.

A.B.O. The knife represents an instrument of fight which is certainly not being used to coexist, but to eliminate the other.

So the knife is an element of contact, but also of alienation. Could we say that the knife is equally the emblem of creation? Could we say that you are the most intimate enemies?

J.V. (laughs from Y.) This brings us back to what I said before about the extreme fear of castration which is epitomised by the eyes spying through the Jalousie-knives.

J.V. The weapon will be very polished, which gives the mirror effect so that the people outside will see themselves reflected in it.

J.V. And the ambiguity, if there is mirror, there is also narcissism and wounding... Suffering in order to understand.

A.B.O. Reflection and decomposition, an image at once multiplied and fragmented which connotes movement and eroticism, which according to Freudian interpretation signifies the sexual act? We can affirm the work symbolises an arch of vital-existential experience of your relationship and also the definitive transformation of ambivalence: opening vs. closure, life vs. death, space vs. time, that is the eternal movement of life.

Paris, February 1996

cuchillos en forma de «celosía», típica de la arquitectura árabe, que sirve para proteger, para esconder, para permitir la mirada desde el interior hacia el exterior.

Es esta una obra ambigua, ya sea porque está hecha de cuchillos que tienen la función de cortar y de matar, ya sea porque es un objeto móvil, en cuanto esta estructura tiene un movimiento de apertura y de cierre. Se puede decir que la obra sintetiza muy bien la ambigüedad de una auténtica relación sentimental y creativa, hecha de apertura y de cierre, de vida y de muerte.

¿Qué piensas?

J.V. Pienso que tiene una connotación bastante fuerte con los cuadros representativos del pasado. Se le puede imaginar perfectamente en todo caso si empujas al extremo, que eso tiene que ver con Judit y Holofernes, San Juan Bautista y Salomé porque otra vez el cuchillo queda y el cuerpo desaparece. Estamos de nuevo en esta línea de cosas ambiguas donde se hace abstracto el cuerpo humano.

J.V. Encuentro que es muy justo la interpretación que das Ben, precisamente de esas escenas de la decapitación, de la castración, sea en el discurso freudiano, sea en el discurso herméneutico de la iconografía religiosa, Judit y Holofernes, San Juan Bautista y Salomé. Es también el gran problema, no sólo en la religión, pero entre hombre y mujer, es decir la mujer castradora y el miedo del hombre.

A.B.O. El cuchillo también representa un instrumento de lucha usado para eliminar al otro. Por tanto el cuchillo es un elemento de contacto y al mismo tiempo de distanciamiento. ¿Podemos decir que el cuchillo es también el emblema de la creación? ¿Podemos decir que vosotros sois los enemigos más íntimos?

J.V. (risas de Y). Eso vuelve a lo que acabo de decir antes sobre el miedo extremo de la castración, al estigma espiado por los ojos a través de las celosias-cuchillos.

J.V. Pero también porque el arma va a ser muy pulida y el efecto espejo hace que la gente del exterior se pueda ver reflejada ...

J.V. Y la ambigüedad, si hay espejo, hay también narcisismo y herida... sufrir para entender.

A.B.O. Se refleja y se descompone, es por tanto una imagen reproducida y fracturada que significa movimiento y por tanto erotismo, que según la interpretación freudiana representa el acto sexual. Podemos afirmar que la obra simboliza un arco de experiencia vital-existencial de vuestra relación y también la representación definitiva de la ambivalencia: cierre contra apertura, vida contra muerte, espacio contra tiempo, es decir del eterno movimiento de la vida.

París, Febrero 1996

LE VASE DE SOISSONS, LA MISERICÒRDIA 1986

BEN JAKOBER

WORKS 1981-1996

ESSAYS BY

Giorgio Cortenova
Pierre Restany
Francisco Calvo Serraller
Yannick Vu
Lóránd Hegyi
Pablo J. Rico Lacasa
Maria Lluïsa Borràs
Achille Bonito Oliva

Press Conference

Aurora García

SMOKE SIGNALS, 1991 [1]

BEN JAKOBER: PHOTO BY SNOWDON 1985

ANATOMIE DE L'OPTIMISTE, 1981

DISCOURS SANS PRÉJUDICE, 1981

LEDA, 1982

ADORATION DES STALACTITES, 1982

CUMULUS VULGARIS, 1982 - FÉTICHE, 1983

THE ALTDORF LEGEND, 1983

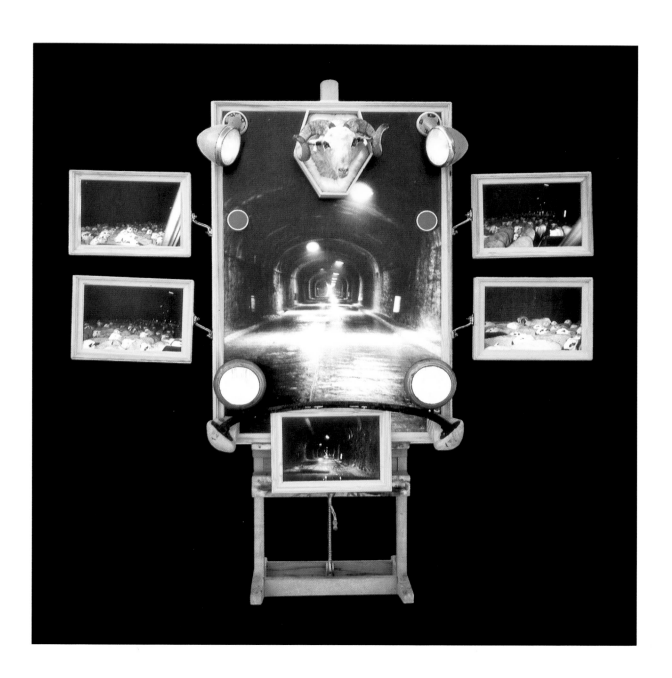

Transhumance, 1983

Moondial, 1983

HOMO FABER DÉTAIL ESSENTIEL N° 2, 1983

GÀBIES, THE RELEASE OF THE PIGEONS, PALMA DE MAJORCA 1984 [2]

300.000.000 Years, 1984

Out of Ord Er III, 1984

MEMORY, 1985

OBSERVATORY, 1985

Π^2, 1985

GOD SLEPT HERE, 1985

ROSETTA AD1986, 1985

BC2001, 1987

The Golden Image and Relatividad, 1986 [3]

BC1, 1986

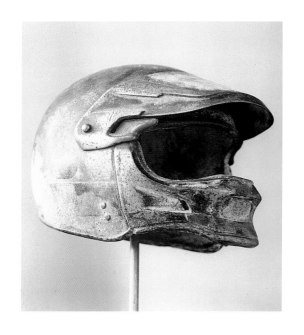

BC5, 1986 - BC2, 1986 - BC13, 1986 - BC6, 1986

BC 3, 1986

BC14, 1986

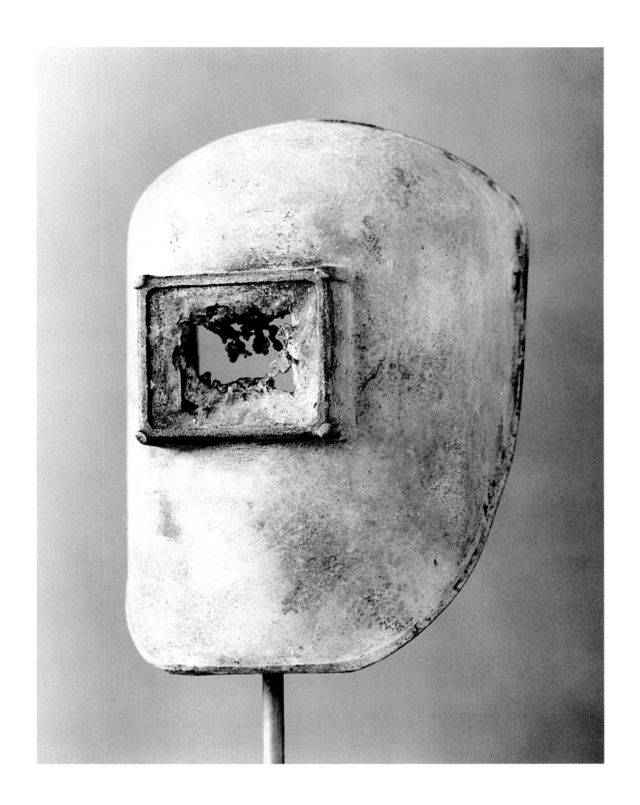

BC7, 1986

Endless Bota Column - Endless Prop Column - Endless TV Column, 1992

BCXXXXL, 1988

D.P. Obelisk 158 - D.P. Obelisk 217 - H.P. Obelisk 196 - I.B.M. Obelisk 230
H.P. Obelisk 217 - H.P. Obelisk 242, 1988

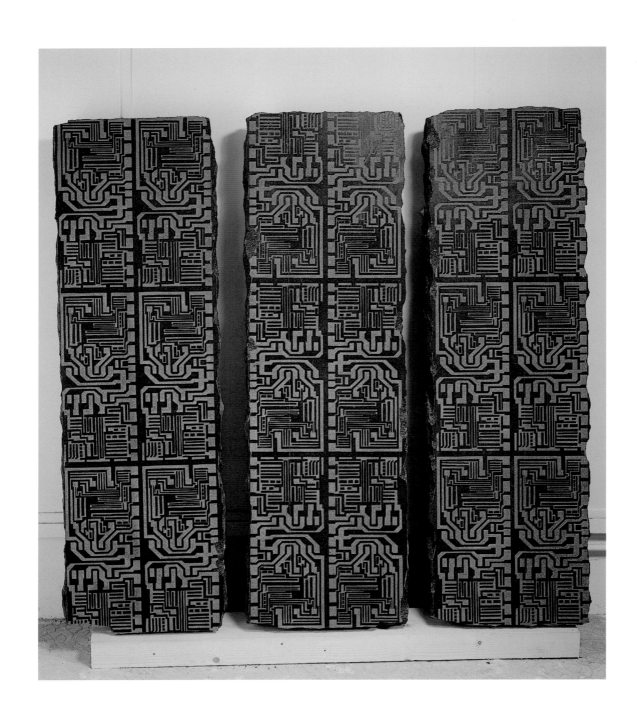

RETRIEVAL VIII, 1989

RETRIEVAL IX, 1988

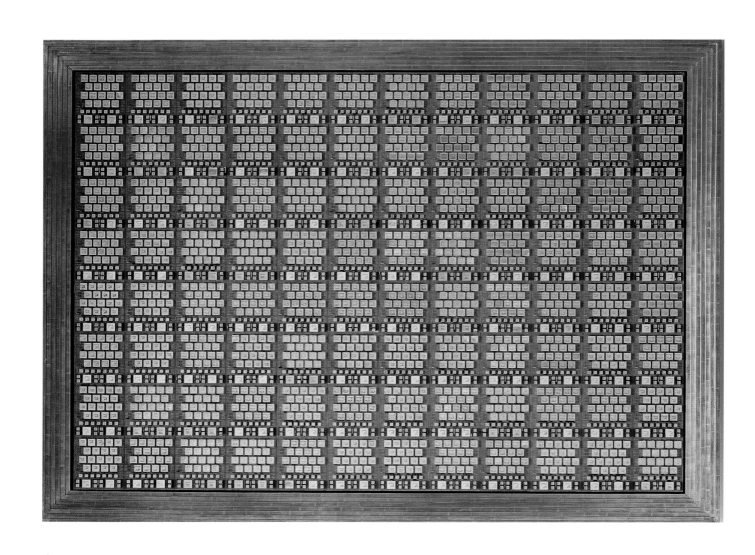

Fulgurations III, 1989

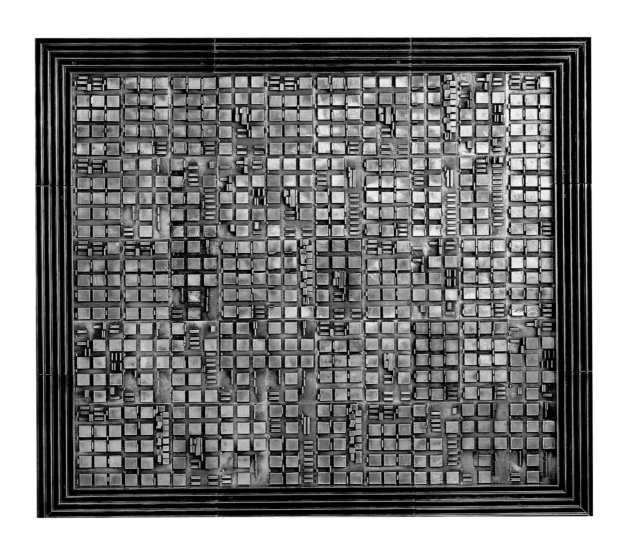

DRAM Z80, 1990

BIBLIOTECA MALLORQUINA, 1989

Biblioteca Nostra, 1991

SAHARA, 1990

ART - ARGENT, 1989

MVSEV, 1991 [4]

MAZZOCCHIO III, 1993

MAZZOCCHIO, 1991

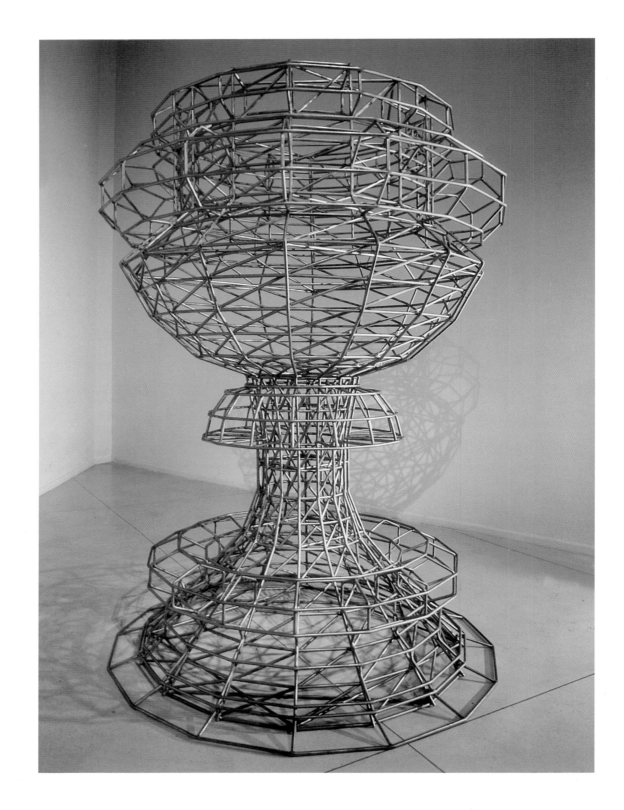

La Coupe de Paolo Uccello, 1991

CHARTRES, 1992

TRANSHUMANCE AND OTHER WORKS

GIORGIO CORTENOVA

Ben Jakober is an artist whose work originates in polychrome and derisive «soft» objects, toned down with irony, typical of Post Modern (but Jakober was working this way for years without waiting for the current trend), and who rediscovers a route going back to its beginnings in anthropological, magic, metaphoric key.

At the bottom of it all, like the substrata of an itinerary henceforth long and fascinating, is the surrealist culture which led him by the hand from one strange situation to another through stages of humour, preferably black humour.

Only to Ben Jakober, when travelling through a long tunnel in a night of long voyages to find the way barred by a flock of sheep (a thing in itself not exceptional), can such an event appear extraordinary, atypical, unrepeatable and irrational.

For this the machine must brake, the mirage must take form and mental weight, the off-handed nomadism of the promenade by the objects, made or found on the spur of the moment, gives signs of seizure.

Life precisely rebels against the logic of productive reality, the constraint of linguistic systems and the joke of recycling.

Thus are born works which are declarations of poetics around which are accumulated signs retrieved from ancestral zones of the terrestrial and psychological depths.

And it is these works shown at this personal exhibition which emit a sense of «strolling», searching as in a trance for the magic of origins and maybe even the why and wherefore of the world and our presence upon it, which escapes the formal pat-

Ben Jakober es un artista cuya obra se origina en la policromía y en objetos «blandos» irrisorios, con un matiz irónico típico del Post Modernismo (aunque él lleva muchos años trabajando así, sin esperar la tendencia actual) y redescubre un camino volviendo a sus orígenes en clave antropológica, mágica y metafórica.

En el fondo de todo, como los substratos de un itinerario largo y fascinante, está la cultura surrealista que le llevó de una situación extraña a otra a través de estadios de humor, preferiblemente humor negro.

Sólo para Ben Jakober, que recorriendo un largo túnel una noche de largos viajes se encontró el camino barrado por un rebaño de ovejas (algo que en sí mismo no es excepcional), un fenómeno así puede cobrar tintes de extraordinario, atípico, irrepetible e irracional.

Por ello, el vehículo se ve obligado a frenar, el espejismo toma forma y peso mental, el nomadismo informal del paso de los objetos, hechos o encontrados impulsivamente, da señales de captación.

La vida se rebela con precisión contra la lógica de la realidad productiva, la limitación de los sistemas lingüísticos y la broma del reciclaje.

Así nacen obras que son declaraciones poéticas alrededor de las cuales se acumulan señales rescatadas de zonas ancestrales de las profundidades terrestres y psicológicas.

Y son esas obras exhibidas en esta exposición personal las que producen una sensación de «deambular», de buscar como en trance la magia de los orígenes e incluso quizás el por qué y el para qué del mundo y de nuestra presencia en él, que escapa las

terns of science and turns back to the psycho physicality of art.

Jakober still works using substitutions and changes of environment, solidifying or softening materials.

His objects are now charged with sensitivity for the remote origins buried in the geological and zoological eras, so that the disquiet that these materials, very simple or very refined, succeed in expressing in dialectical form, can continue.

The works are always in the interrogative tense, sometimes very directly, as in the case of *Homo Faber* (a gigantic version in bronze of the skeleton of a hand), at other times allusively indirect, as in *True Order* (nearly a miniature legend from the guts of the earth to the branches of a tree).

February 1984

pautas formales de la ciencia y vuelve a lo psicofísico del arte.

Jakober todavía se sirve en su trabajo de sustituciones y cambios de ambiente, solidificando o suavizando materiales.

Sus objetos están ahora cargados de sensibilidad por los orígenes remotos ocultos en las eras geológicas o zoológicas, con el objetivo de que pueda continuar la inquietud que esos materiales, muy simples o muy refinados, consiguen expresar de forma dialéctica.

Las obras están siempre en el tiempo verbal interrogativo, a veces directamente, como en el caso de *Homo Faber* (una versión gigantesca en bronce del esqueleto de una mano), en otros momentos alusivamente indirectas, como en el *True Order* (casi una leyenda en miniatura desde las entrañas de la tierra a las ramas de un árbol).

Febrero 1984

THE BEST OF WORLDS

PIERRE RESTANY

In the middle of the park of Ben Jakober's Majorcan paradise a fascinating sculpture awaits you: a hollowed out prism silhouetting a human figure with upraised arms in a cupped form, the palms are open. A gesture of prayer or invitation to meditate. On the polystyrene faces covered with grey pigment which evokes equally cement or stone, red, white and black graffiti. Red spray for «Jesus», black for the Swastika.

Herewith the tangible and transparent signs of an intimate and profound reflection on the condition of man.

In just a year Jakober's vision has taken root in his own ontological conscience. In contact with nature he has redimensioned himself and taken just measure of the elementary which is time even more than space. The sweet poet who colours his pigeons all the colours of the rainbow, who flirts with the *Three Graces* between the forked thighs of tree trunks or who substitutes the silent strength of snails for the reactors of an aeroplane - the sweet poet who has stopped sticking his tongue out and stopped frothing synthetic resins like soap bubbles.

After disorder and derision, it is towards the research on the essential order of things that the intuition of the artist is now oriented. His work in 1983 thus appears strong and rich in a profound sense which embodies the trace or the breath - of destiny. Destiny of man or humanity, of family, of species of the planet earth.

Jakober has maybe seen the global sense of this destiny which goes from the personal to the general, the infinitely small to the infinitely large, while meeting thousands of sheep coming towards him in the opposite direction in the middle of a transpyrenean road tunnel: the polyptique *Transhumance* seems to confirm this, in recounting the before and after of the «Event»; in the blinding light of car head lights and below the magic sign of the ram of the Apocalypse. After repletion, emptiness: after the passing of the flock, the tunnel is returned to its dimension of empty wet hole. The Exterminating Angel has passed by. Jakober is a man of culture and vital experience. He has up to now wisely surrounded himself with references. Up to now, because I believe that he no longer encumbers himself neither with the why nor the wherefore. Order - that is important, the elementary measure of the world around us and which is the universe of which we are integral particles.

En medio del parque del paraíso mallorquín de Ben Jakober una escultura fascinante le espera: un prisma ahuecado que silueta una figura humana con los brazos levantados en forma de copa, las palmas de las manos abiertas. Un gesto de rezo; invitación a meditar. En las caras de poliestireno cubiertas de pigmento gris que evoca igualmente cemento o piedra, grafiti en rojo, blanco y negro. Pintura roja rociada para «Jesús», negra para la svástica. He aquí los signos tangibles y transparentes de una reflexión íntima y profunda sobre el estado del hombre. En sólo un año la visión de Jakober ha tomado raíz en su propia conciencia ontológica. En contacto con la naturaleza se ha redimensionado y ha tomado medida justa de lo elemental que es tiempo todavía más que espacio. El dulce poeta quien colorea sus palomas con todos los colores del arco iris, quien flirtea con *Las Tres Gracias* entre las horquetas de muslos de troncos de árboles. O quien sustituye la fuerza silenciosa de caracoles por los reactores de un avión - el dulce poeta quien ha dejado de echar espuma con resinas sintéticas como burbujas de jabón.

Después del desorden y de la burla, es hacia la investigación sobre el orden esencial de las cosas que la intuición del artista ahora se orienta.

Su trabajo en 1983 por lo tanto aparenta ser fuerte y rico en un sentido profundo que encarna el rastro o el respiro del destino.

Destino del hombre o de la humanidad, de la familia, de las especies del planeta Tierra.

Jakober quizás ha visto el sentido global de este destino que va de lo personal a lo general, de lo infinitamente pequeño a lo infinitamente grande, mientras se encuentra con miles de ovejas viniendo hacia él en sentido contrario en medio de un túnel de una carretera transpirinaica: el políptico *Transhumance* parece confirmar esto, contando el antes y el después del «Hecho»; en la luz destellante de los faros del coche y bajo el signo mágico del carnero del Apocalipsis. Después de la plenitud vaciedad: después del paso del rebaño, el túnel ha regresado a su dimensión de agujero vacío y mojado. El Ángel Exterminador ha pasado. Jakober es un hombre de cultura y experiencia vital. Hasta ahora se ha rodeado sensatamente con referencias. Hasta ahora, porque creo que ya no se carga con el porqué ni el cómo. Orden - eso es importante, la medida elemental del mundo que nos rodea y que es el Universo del cual somos partículas íntegras.

Family Tree returns to us the continuity of vegetable order through a reconstituted tree formed of digressive assembly from the trunk to the branches of seven local varieties.

One of Jakober's recent works put me on the track and let me glimpse the new alchemy of his thinking. *Out of Order* is a block of stone surmounted by a disc and a stem which evidently figure a sundial. Only the dial is blackened and blind: how could one read the hour in the middle of a solar eclipse? The dial of the eclipse does not function because it is out of the order of things. And in immediate counterpart another essential piece, the real order of things, *True Order*: on a black veined marble base and juxtaposing some modest samples of three orders, mineral, animal, vegetable: a calcareous concretion, a bone gnawed by one of the house's bull-terriers and a piece of root.

A fragile image, a precarious image, but an authentic image of nature's order.

We come from mud and we return to earth. For many years, millions of years this cycle has perpetuated itself. Why not imagine that at the time of the Dinosaurs there were men of their size? And why not imagine that in this ancient land of Majorca paleontological excavations have uncovered - miraculously intact (Miracles being «The Order of Art») the giant skeleton of the hand of *Homo Faber* contemporary of the huge lizard like creatures? The hand is open, the hand of work and intelligence, the hand also of invocation and salvation before the infinity of the sky, its forces, its fluids and its waves.

Jakober has spring cleaned the factory of his phantasms. All is in order in the world which is his world. He opens the doors to us today, wide open and no longer just the keyhole. We are no longer peepers but seers. And it is thus that the artist helps us to dream better and therefore live better. All is in order in the best of worlds.

Majorca, June 1983

Family Tree nos devuelve la continuidad del orden vegetal mediante un árbol reconstruido, hecho de una junta descendiente desde el tronco a las ramas de siete variedades locales.

Uno de los trabajos recientes de Jakober me dio la pista y me dejó ver la alquimia de su nuevo pensamiento. *Out of Order* es un bloque de piedra coronado por un disco y una varilla que evidentemente forman un reloj de sol. Sólo que el cuadrante está ennegrecido y ciego: ¿cómo se podría leer la hora en medio de un eclipse solar? El cuadrante del eclipse no funciona porque está fuera del orden de las cosas. Y en contraparte inmediata otra pieza esencial en el orden real de las cosas, *True Order*: sobre una base de mármol negro veteado y yuxtaponiendo unas muestras modestas de tres ordenes: mineral, animal, vegetal: la concreción calcárea, un hueso roído por uno de los bull-terriers de la casa y una pieza de raíz.

Una imagen frágil, una imagen precaria, pero una imagen auténtica del orden de la naturaleza.

Venimos del barro y regresamos a la tierra. Durante muchos años, millares de años este ciclo se ha perpetrado. ¿Por qué no imaginar que en tiempos de los dinosaurios habían hombres de su tamaño? ¿Y por qué no imaginar que en esta tierra antigua de Mallorca excavaciones paleontológicas han descubierto maravillosamente intacto (los milagros siendo «El Orden del Arte») el esqueleto de la mano de *Homo Faber* contemporáneo de las criaturas gigantescas parecidas a lagartos? La mano está abierta, la mano de trabajo y de inteligencia, la mano de invocación y salvación ante lo infinito del cielo, sus fuerzas, sus fluidos y sus olas.

Jakober ha hecho una limpieza primaveral de la factoría de sus fantasmas. Todo está en orden en el mundo que es su mundo. Hoy nos abre las puertas, bien abiertas, ahora ya no sólo la apertura del cerrojo. Ya no somos atisbadores sino videntes. Y es así que el artista nos ayuda a soñar mejor y por lo tanto vivir mejor. Todo está en orden en el mejor de los mundos.

Mallorca, Junio 1983

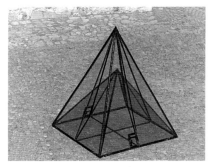

THE CAGE, PIGEONS AND LESSONS OF THINGS...

PIERRE RESTANY

Man thinks of himself in the image of the world and he represents himself in that image. This is quite normal. But this image of the world is above all the essence itself of which man is made, because of his conscience, this being both the most fragile and most significant part of him.

Such is the order of things - the ongoing meditation of Ben Jakober at Sa Bassa Blanca, his factory of dreams rising between sea and sky on the Majorcan coast.

In June 1983, *Urizen*, the man with the raised arms, welcomed me in the centre of the park. In July 1984, this silhouette dug out of beige polystyrene is no longer there. It is his shadow which I now discover standing against the house. His shadow in a cage, a bird cage full of coloured pigeons - - turquoise green, golden yellow, sky blue, parma pink and violet.

What happened in the interval? A reminder of the eclipse, the sundial with the black face is still there: it has taken monumental proportions (*Out of Order II*). The huge pigeon of grey marble with an eagle's beak is also present, unperturbed, frozen in its hieratic pose.

The eternal traveller at rest is now enthroned at the entrance. It is too large for its cage, a pyramid of wire netting empty at its side.

Now we come to the cage! Cylindrical cages with rounded tops crowned by a ring. They seem to be all over the place; some full of bones or stones, some sculpted in stone or wood. Animal, vegetable, mineral: the references to the materials confirm the permanence of the three orders, the true order of things, *True Order*.

And what about man in all this? It is not only his

El hombre piensa en si mismo como la imagen del mundo y se representa a si mismo en esta imagen. Eso es muy normal. Pero esta imagen del mundo es sobre todo la esencia misma de la cual el hombre está hecho, debido a su conciencia, ésta es igualmente la parte más frágil y más significativa de él. Tal es el orden de las cosas - la meditación progresiva de Ben Jakober en Sa Bassa Blanca, su fábrica de sueños levantada entre mar y cielo en la costa mallorquina.

En junio 1983, *Urizen*, el hombre con los brazos levantados, me daba la bienvenida en el centro del parque. En julio 1984, esta silueta hecha de poliestireno beige ya no está. Es su sombra que ahora descubro al lado de la casa. Su sombra en una jaula, una pajarera llena de palomas coloridas - verde turquesa, amarillo dorado, azul cielo, rosa parma y violeta.

¿Qué ocurrió en el intervalo? Un recuerdo del eclipse, el reloj de sol con el rostro negro todavía está allí: ha tomado proporciones monumentales (*Out of Order II*). La enorme paloma de mármol gris con pico de águila también está presente, imperturbada, congelada en su pose jerárquica. La viajera eterna en reposo ahora está entronada en la entrada. Es demasiado grande para su jaula, una pirámide de alambre que está vacía a su lado.

¡Ahora llegamos a la jaula! Jaulas cilíndricas con tapas redondeadas coronadas por una anilla. Parecen estar en todos sitios, algunas llenas de huesos o piedras, algunas esculpidas en piedra o madera.

Animal, vegetal, mineral las referencias a los materiales confirman la permanencia de los tres ordenes, el verdadero orden de las cosas, *True*

shadow which is in a cage, but he himself has become a cage; a life-size figure of soldered metal rods. The being identifies himself to his own imprisoned consciousness; a prison for his heart and senses; a prison for his brain.

Jakober pursues untiringly his ontological meditation, the voyage to the heart of his very being, the existential quest, the stalking of every sign of nature, of each coincidence of destiny, of every reminder of the true order of things.

Jakober's sculpture is inseparable from this fundamental obstinacy of active participation in the world round him and his submission to its order.

It is because he accepts its law that the «prisoner» Jakober conquers his freedom as an artist. But only for a time - the brief moment of creation, the instant of making something.

This is the moment that the bars partially open and the idea bursts forth. Then the bars come together again; everything is ready to begin again.

The pigeons brought from five villages in the island are the protagonists of the metaphor: assembled in the pyramid-cage, they are readied for flight. And when they do fly - once the four sides of the bird cage, flattened out on the ground, become Cardinal Points - they return to their homes according to the colour of their plumage which identifies their origin.[1]

Jakober is methodical, and his method consists in researching empirically the path of universal logic, source of all visions.

The artist knows that nature is alchemy and that nature excels in simultaneously using both the dry and the wet ways of transmutation.

He uses the crucible as well as the retort to embody the idea in the flesh of a form and the destiny of one of his works. With the perspective of time, beyond superficial appearances, this work will seem to be more and more, in its human truth, an essential lesson of things.

Mallorca, 27 July 1984

[1] This performance by Ben Jakober was realised in public in Palma de Majorca on 31 July 1984 during the inauguration of his exhibition *«Gàbies»* (Cages) at the Galería Privat.
Three pigeons originating from Sa Bassa Blanca returned there the next morning, 1 August.

Order. ¿Y qué hay en cuanto al hombre en todo esto? No es sólo su sombra la que está en la jaula, él mismo se ha convertido en jaula; una figura tamaño natural en varas metálicas soldadas.

El ser se identifica con su propia conciencia aprisionada; una prisión para su corazón y sus sentimientos; una prisión para su cerebro. Jakober persigue incansablemente su meditación ontológica, el viaje hasta el corazón de su propio ser, la búsqueda existencial, el acecho de cada signo de la naturaleza, de cada coincidencia del destino, de cada recordatorio del verdadero orden de las cosas. La escultura de Jakober es inseparable de esta obstinación de participación activa en el mundo que le rodea y su sumisión al orden.

Es debido a que acepta la ley que el «prisionero» Jakober conquista su libertad como artista. Pero sólo por algún tiempo - el breve momento de la creación, el instante de hacer algo. Este es el momento en el que las barras se abren parcialmente y la idea sale hacia delante. Luego las barras se juntan de nuevo; todo está listo para volver a empezar. Las palomas traídas de cinco pueblos de la isla son las protagonistas de la metáfora: reunidas en la jaula-pirámide, están listas para el vuelo. Y cuando vuelan - una vez que los cuatro lados de la jaula, aplanados en el suelo, se convierten en los puntos cardinales - regresan a sus hogares según el color de su plumaje que identifica su origen.[1] Jakober es metódico, y su método consiste en investigar empíricamente el camino de la lógica universal, origen de todas las visiones.

El artista sabe que la naturaleza es alquimia y que la naturaleza sobresale simultáneamente utilizando tanto el método seco y el mojado de transmutación. Utiliza también el crisol como resorte para encarnar la idea en carne de una forma y el destino de una de sus obras. Con la perspectiva del tiempo, más allá de apariencias superficiales, este trabajo parecerá ser más y más, en su verdad humano, una lección esencial de cosas.

Mallorca, 27 Julio 1984

[1] Esta actuación de Ben Jakober se realizó en público en Palma de Mallorca el día 31 de julio de 1984, durante la inauguración de su exhibición *«Gàbies»* (jaulas) en la Galería Privat. Tres palomas procedentes de Sa Bassa Blanca regresaron allí a la mañana siguiente, 1 de agosto.

BEN JAKOBER: A DESTINY IN CONFLICT

Francisco Calvo Serraller

«The past is but the place of forms without strength; it is for us to give it life and necessity and lend it our passions and values». This sentence by Paul Valéry contains the very substance of poetical action, or creative energy. Upon a desolate landscape, a pile of inscrutable ruins, each man assumes the task of building his own house, of inhabiting the world. The poet is a magnetiser, for he knows how to extract from the bowels of earth, beneath the rubble, the foundations on which the world rests, the soils into which it sends its roots, on which it places its feet and from which it can grow. The poet, shaman or demiurge, is a rhapsodist who goes unwearied on a pilgrimage amid disenchanted landscapes, looking for the centres of buried strength, the points of light, the sources of energy. He captures, points out and configures that which is invisible. History is a big storehouse where words and dead forms accumulate, a vast charnel-house of cultures whose primordial sense lies forgotten, inert. The poet, shaman or demiurge, is a man who brings things back to life. Since his boyhood, Ben Jakober has lived restlessly, a nomad's life, rhapsodically - has lived the song of a wayfarer. Born in Vienna of Hungarian parents and now a British subject, he has spent his life in many cities of Europe and America. *«I remember each place»* - he recalls - *«as an uncertain present and each trip as the result of a destiny in conflict».* It is not strange that this traveller who has so many times moved around the volatile surface of a succession of unstable landscapes, feels his artistic vocation, in the first instance, as an effort of deepening, of centripetal concentration, of a focusing on the shelf and, secondly, as an expansive eruption and a centrifugal dispersion reflecting the systolic and diastolic movements at the heart of reality.

As a product of a destiny in conflict, Ben Jakober's

«El pasado no es sino el lugar de las formas sin fuerzas; a nosotros nos incumbe procurarle vida y necesidad, y prestarle nuestras pasiones y nuestros valores». En esta sentencia de Paul Valéry está contenida la sustancia misma de la acción poética, de la energía creadora. Sobre un paisaje desolado, un montón de ruinas inescrutables, cada hombre asume la tarea de edificar su casa, de habitar el mundo. El poeta es un magnetizador porque sabe extraer de las entrañas de la tierra, bajo los escombros, los fundamentos donde se apoya el mundo, donde éste hinca las raíces, se sostiene en pie y puede crecer. El poeta, el artista creador, chaman o demiurgo, es un rapsoda que peregrina incansable en medio de parajes desencantados buscando los centros de fuerza enterrados, los puntos de luz, las fuentes de energía. Capta, señala y configura lo invisible. La historia es un inmenso almacén donde se acumulan palabras y formas muertas, un vasto osario de culturas, cuyo sentido primigenio yace olvidado, inerte. El poeta, chaman o demiurgo, es un resucitador.

Desde su infancia, Ben Jakober ha vivido en el desarraigo, la trashumancia, la rapsodia, la canción errante. Nacido en Viena, de padres húngaros y, en la actualidad, con pasaporte británico, su existencia ha discurrido por sitios diversos de Europa y América. *«Cada lugar lo recuerdo»* - ha declarado - *«como un presente incierto, y cada viaje, como el resultado de un destino en pugna».* No es extraño que este viajero, que ha rodado tantas veces por la superficie volátil de una sucesión de paisajes inestables, sienta la vocación artística, en primer lugar, como un esfuerzo de ahondamiento, de concentración centrípeta, de ensimismamiento, y, en segundo, como erupción expansiva, como dispersión centrífuga, movimientos de sístole y diástole en el corazón de la realidad.

Producto de un destino en pugna, la trayectoria

artistic career cannot be classified according to the customary canon. I refer not only to his late artistic professionalisation which is, in a way, a consequence of the kind of existence he has led, but to his passionate and extremely free attitude in creation, a characteristic - statistically speaking - of young artists and the best of the older ones. Youth and age provide these extreme situations in which, on one hand, one looks for everything and, on the other, one no longer wants anything more.

There is no rhetoric in the recognition of the passion and freedom that Ben Jakober puts into play. Since 1968, when he began experimenting with Land Art in Majorca, till the current decade, when he dedicates all his energies to sculpture and conforms more closely to the professional prototype of an artist who works and exhibits his works regularly, one can perceive this same obstinate illusion and this same audacity. He is not afraid to confront subjective and objective obstacles that bring uncertainty to the development of a vocation which, for that matter, may be intrinsically gratuitous. A simple glance at the sculptures he has been doing for the last few years is enough indeed to demonstrate the decisiveness and power with which he has culminated a process of long and secret personal maturing.

Ben Jakober, conscious of and sensitive to the existence of underground currents - elements, archetypes, forces, places and energies, deposits of the imaginary that the mind embraces but reason does not dominate - is close to the surrealist method of creation which relies on automatism and chance combined with a reflection and a gradual unfolding. We might say he does everything he thinks of without restriction, and at the same time, he thinks what he does. This, indeed, ironical perspective, in which movement and criticism are conjoined is, in my opinion, what approximates the work of Jakober to the work of Marcel Duchamp - to whom, incidentally, he has dedicated a work in homage. There are no formal analogies between them, apart from some explicit and purposeful quotation but as I say, there is an affinity in attitude and creative planning. In this connection I think of Jakober's versatility and readiness to do anything, his capacity to condense the meaning of things, deliberately overloading its inertial meaning, his way of insulating by means of short-circuits, his brilliant talent for metaphor and his

artística de Ben Jakober se sale de los cánones consuetudinarios. No me refiero con ello sólo a su tardía profesionalización artística, lo que, en cierta manera, es una consecuencia del tipo de existencia que ha llevado sino a su actitud apasionada y extremadamente libre en la creación, características que suelen darse, si atendemos a lo más corriente desde un punto de vista estadístico, sobre todo, en los artistas jóvenes y en los más dotados entre los viejos, esas dos situaciones extremas en las que, por un lado, se busca todo y, por el otro, ya no se quiere nada.

No hay retórica en el reconocimiento de la pasión y la libertad que pone en juego Ben Jakober. Desde 1968, fecha que marca el inicio de su experimentación de Land Art en Mallorca, hasta la presente década, en la que se dedica por completo a la escultura y se ajusta más al modelo profesional de artista que trabaja y expone regularmente, se percibe una misma ilusión obstinada y una misma audacia, que no temen afrontar los obstáculos subjetivos y objetivos que llenan de incertidumbre el desarrollo de la que quizás sea la vocación más gratuita. Una simple ojeada a las piezas que lleva realizadas durante estos últimos años, es suficiente para comprobar, en efecto, la potencia de una decisión que es culminante respecto a un proceso de larga y secreta maduración personal.

Consciente y sensible en lo que se refiere a la existencia de corrientes subterráneas - elementos, arquetipos, fuerzas, lugares y dispositivos, lechos de lo imaginario que abarca la mente, pero que no domina la razón, Ben Jakober se aproxima al método de creación surrealista, que cuenta con el automatismo y el azar combinados con el desdoblamiento reflexivo. Es como si dijéramos que hace sin restricción todo lo que se le ocurre, y, a la vez, que piensa lo que hace. Esta, en definitiva, perspectiva irónica, conjugación del movimiento y la crítica, es la que, en mi opinión, aproxima la obra de Jakober a la de Marcel Duchamp, al que, por cierto, le ha dedicado una pieza en homenaje. No se trata, ni mucho menos, de analogías formales entre ellos, fuera de alguna cita intencionada, enfáticamente explícita, sino, como digo, de un talante y un planteamiento creativos afines. Pienso, en este sentido, en la versátil disponibilidad de Jakober, en su capacidad para condensar la significación de las cosas sobrecargando intencionalmente su sentido de inercia, en su manera de

strategic ability to approximate separated planes of reality. This complex and analytical dimension, very Duchamp-like, in which Jakober participates, consorts with another warmer and more instinctive mixture of sensuality, ritual and primary symbols. Both dimensions rescue him from the rubble of history because he jumps over and under its oppressive presence. It can also be said that Jakober escapes backwards and forwards, that he is between prehistory and the future, in the realm of timelessness. Indeed, more than escaping from time, he changes its logical order of succession and compresses established time in order to liberate our physical and moral perceptions of the world.

From that perspective one can explain his archaeology of technological civilisation or conversely, the very sophisticated science with which he relates and uses the more primeval and rudimentary cultural elements of the primitive world. In this penchant for paradox, his artistic vision always gleams like a spark.

This revealing artistic paradox is not limited to a brilliant display of visual angles, to the vertiginous change of moral perspectives. In Jakober, it extends to his paradoxical use of the very materials and to his search for the impossible equilibrium. It extends too, off course, to his very rich metaphorical universe which, incidentally, has achieved such a degree of subtlety that, from my point of view, it becomes each time more deeply mysterious and polyvalent. Thus, the more broad and lineal readings of his earlier pieces such as those of the cage men or the snail-planes, in which the crudity of the message predominated over the material effect, were succeeded by other more ethereal and sinuous sculptures, such as *Opus 141, Adam's Rib*, and *Capicúa,* made in 1985, which I find altogether splendid.

He was recently invited to the important international exhibition held under the generic title of «Zeit. Die Vierte Dimension in der Kunst», which is currently being held at Vienna's Museum of Modern Art and in Mannheim, Humblebaek, etc. He sent one of his best pieces, the beautiful *300 Million Years* in which he puts in evidence his conception of time as a footstep.

That is one of his main and more fruitful obsessions, related to the above mentioned archaeological vision of the world, a world made up of hermetic residues, ciphered fragments and the rags of

aislar mediante cortacircuitos, en su talento brillante para la metáfora, en su habilidad estratégica para aproximar planos de la realidad alejados...

Esta dimensión analítica y compleja, muy duchampiana, en la que participa Jakober, convive con otra más instintiva y cálida, mezcla de sensualidad, ritualismo y símbolos primarios.

Ambas dimensiones le rescatan de los escombros de la historia, ya que salta, por encima y por debajo, su presencia agobiante.

Se puede decir también que Jakober se fuga hacia atrás y hacia adelante, que está entre la prehistoria y el futuro, en la ucronía.

En realidad, más que salirse del tiempo, cambia su orden lógico de sucesión, fuerza los tiempos establecidos para mejor liberar nuestra percepción física y moral del mundo. Desde esta perspectiva, se explica su arqueología de la civilización tecnológica o, a la inversa, su tratamiento científico, altamente sofisticado, para relacionarse y usar los más primitivos y rudimentarios elementos culturales del mundo primitivo. En este gusto por la paradoja, la visión artística se da siempre como un chispazo. La paradoja artística reveladora no se limita a un brillante alarde de ángulos visuales, al vertiginoso cambio de perspectivas morales. En Jakober se extiende asimismo al uso paradójico de los propios materiales y al gusto por los equilibrios imposibles. También, claro está, a su riquísimo universo metafórico, que, por cierto, se ha ido sutilizando de una forma, a mi modo de entender, cada vez más profundamente misteriosa y polivalente. Así, a las lecturas más gruesas y lineales de piezas anteriores, como, por ejemplo, las de los hombres enjaulados o los aviones-caracol, en las que la crudeza del mensaje predominaba sobre el efecto material, le han seguido otras más etéreas y sinuosas, como ocurre en las, para mí espléndidas, tituladas *Opus 141, Adam's Rib* o *Capicúa*, todas las cuales están fechadas en 1985. Invitado a participar recientemente en la importante muestra colectiva internacional, que, con el título genérico de «Zeit. Die Vierte Dimension in der Kunst», se exhibe actualmente en el Museo de Arte Moderno de Viena, (después de Palais des Beaux Arts, Bruselas, Mannheim, Humlebaek, etc), Ben Jakober ha enviado una de sus más ciertamente logradas piezas, la bellísima *300 Millones de Años*, en la que pone en evidencia su concepción del tiempo como huella.

time. I must confess that I feel seduced by this plastic conception of Jakober's, which I associate with one of the more suggestive poetical currents of contemporary sculpture.

In replying to a question about the seemingly fragmentary character of certain of his sculptures, that appears to reveal «the presence in them all of an unsatisfied impulse», Ben Jakober said: *«Ideas are born of the object, casually as you say, while I hold it in my hand. The most primitive elements could grow indefinitely because they have their own life. I must give them limits. That is my obligation».*

In trying to reunite the historical echo of the underground voices, I regard as prophetic for these new poetics of the fragment, a statement by Stendhal in which mysteriously and laconically, he affirms the superiority of the Belvedere Torso over the Laocoön: «*I suppress all details. Why do I assert that the Torso, in which Hercules' strength is slightly veiled by the insuperable grace of the divine, is more sublime in style than the Laocoön? If that idea pleases the reader, would he not instantly see it? One needs to do nothing but feel*».

Sculpture, which has not renounced being sculpture despite all kind of happenings, continues to maintain this peculiar dialogue with matter and to resist its conceptual-analytical reduction. It adds mental subtlety, at any rate, through an ironical perpendicularity, but as tension produced between spirit and matter.

To lay aside any of these two poles of contradiction - myth and irony - or to prescind the allusive perspective of the fragment, that of the part of the whole, which opens the way to introspection, would be to obscure the meaning of this line of contemporary sculpture which is, as it were, the more properly sculptural line of sculpture. What a confused world it is where ideologies have exploded like bombs and rhetorical strategies, ironical short-circuits and declamatory emphases have proliferated; in it the outworn effigies have a pathetic gait, their dignity wounded by time. That of the Niké by Peonio de Mendes.

But if Rodin tried to make partial figures on purpose, now the issue is to mould ab initio - ironically - the havoc played by time or, similarly, mould the magical fetish, the barbarian idol, or organic matter...

With these allusive attitudes, how to avoid transforming even the very past into an ex-voto? How,

Es esta una de sus principales y más fecundas obsesiones, que tiene que ver con la ya antes mentada visión arqueológica del mundo, un mundo formado por residuos herméticos, fragmentos cifrados, despojos del tiempo. He de confesar que particularmente me seduce esta concepción plástica de Jakober, que enlazo con una de las más sugestivas líneas poéticas de la escultura actual.

Respondiendo precisamente a una pregunta que le inquiría sobre el carácter fragmentario en apariencia que poseían sus esculturas, delatando «la presencia en todas ellas de un impulso no satisfecho», Ben Jakober afirmó lo siguiente: *«Las ideas nacen a partir del objeto, casual, como usted dice, mientras éste da vueltas en mi mano. La sugerencia más primitiva es, efectivamente, un impulso, una chispa sin forma. Estas primitivas constituciones podrían crecer indefinidamente, porque tienen vida propia. Yo debo ponerles límite. Esa es mi obligación».*

Tratando de reunir los ecos históricos de las voces subterráneas, considero profética para esta nueva poética del fragmento cierta afirmación de Stendhal, donde, con misterioso laconismo, sostiene la superioridad del Torso de Belvedere sobre el grupo de Laocoonte: «*Suprimo los detalles. ¿Por qué afirmo que el Torso, donde la fuerza de Hércules está ligeramente velada por la gracia insuperable de la divinidad, es de un estilo más sublime que el Laocoonte? Si esta idea le place, ¿no la verá el lector? No es preciso más que sentir*».

La escultura, que no ha renunciado a ser tal, a pesar de toda la suerte de avatares, mantiene este peculiar diálogo con la materia, se resiste a su reducción conceptual-analítica. Incorpora la sutileza mental, en todo caso, mediante una perpendicularidad irónica, pero como una tensión actualizada entre espíritu y materia. Prescindir de cualquiera de estos dos polos de contradicción - mito e ironía - así como hacerlo con la perspectiva alusiva del fragmento, la de la parte por el todo, que abre camino para la introspección, supone desvirtuar el significado de esta línea de la escultura contemporánea, que es, permítaseme la redundancia, la línea más propiamente escultórica de la escultura. Mundo en desorden, donde han estallado las ideologías como las bombas y proliferan las estrategias retóricas, los cortacircuitos irónicos, los énfasis declamatorios, en él las efigies desvencijada tienen un porte patético, de dignidad herida por el tiempo. El de la Niké de Peonio de Mendes. Pero como

in the end, can we avoid putting the same transparent scenery over all these frozen pieces of expressionism, contructivism, surrealism? *«The day a statue is finished, a life begins in some sense»*, wrote Marguerite Yourcenar in a recent essay significantly entitled Time, this great sculptor. In this same book we can read: *«Men, who invented time, also invented eternity as a contrast, but negation of time is as pointless as time itself. There is no past, no future, but a series of successive presents, a path destroyed and continued for ever, on which all of us move»*.

Ben Jakober, this wanderer through life and art as «a result of a destiny in conflict», this - why not tell him so - explorer makes and unmakes the road with his own hands - he puts his soul in his hands - in reaffirming plastically the freedom to exist. We could not have followed the artist's career by naming points of reference that would have helped establish in a scholarly way the trajectory of his professional life. I think, however, that in this way we would hardly have approached the gist of this creative spirit, a spirit that is great with the real promise of works that will help to assess his world and ours. Ben Jakober has elected the poetic task of inhabiting the world by eviscerating and reviving its essential mysteries. It has been a stimulating decision.

Madrid, October 1985
Translated from Spanish by Dolores Udina

Rodin hacía intencionadamente figuras, ahora se trata de plasmar ab initio - irónicamente - los estragos del tiempo, o, asimismo, plasmar, de igual manera, el fetiche mágico, el ídolo bárbaro, la materia orgánica... Dentro de estas actitudes alusivas, ¿cómo no llegar a transformar hasta el propio pasado en un ex-voto? ¿Cómo no, en fin, dotar de un mismo escenario transparente a todos estos trozos congelados del expresionismo, del constructivismo, del surrealismo...?

«El día en que se termina una estatua, su vida, en cierto sentido, comienza», ha escrito Marguerite Yourcenar en un reciente ensayo, significativamente titulado El tiempo, ese gran escultor. En otro lugar del mismo libro podemos también leer lo siguiente: *«Los hombres, que inventaron el tiempo, inventaron también la eternidad como un contraste, pero la negación del tiempo es tan vana como el tiempo mismo. No hay pasado, ni futuro, sino sólo una serie de presentes sucesivos, un camino, perpetuamente destruido y continuado, donde avanzamos todos»*.

Ben Jakober, ese caminante en la vida y en el arte como «el resultado de un destino en pugna», ese - por qué no llamarlo así - explorador, nace y desnace la ruta con sus propias manos - pone el alma en las manos, reafirmando plásticamente la libertad de existir. Podríamos haberle seguido el curso de artista nombrando referencias que ayudaran a situar, desde el punto de vista escolástico, los puntos de apoyo que jalonan su trayectoria profesional incipiente. Creo, no obstante, que así apenas no habríamos aproximado al verdadero meollo de su espíritu creativo, un espíritu que está grávido, pura promesa de obras que ayudarán a afirmar su mundo y el nuestro. Ben Jakober ha optado por la tarea poética de habitar el mundo, desentrañando y resucitando sus misterios esenciales. Ha sido una decisión estimulante.

Madrid, Octubre 1985

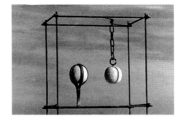

THE SCULPTURAL CONSCIENCE OF TIME

Francisco Calvo Serraller

Ben Jakober produces a kind of sculpture which, according to Rosalind E. Krauss, is articulated in a new syntax of the «double negative», characterised by an abstract form of experimentation with space and by an eccentric placement of the body. Space and time are interpenetrated in the realisation of the pieces conceived by means of these criteria, which were fully developed at the end of the sixties and during the whole of the next decade, primarily through movements such as Minimal Art and Land Art.

Ben Jakober has not, of course, had an orthodox formal relationship to the radical premises of these or similar tendencies, nor can we say that these movements have retained their principles unchanged down to the present day. It is obvious however, that without this strict analytical contribution and extreme freedom in the use of material means, as well as in the very conception of what is understood as space, the sculpture made today is hardly comprehensible. The perspective space-time with which Ben Jakober makes his sculptures has quite often led him to «installations», whereas the historical heritage he assumed - that of the ready-made, the use of already existing objects - has allowed him to integrate the dimensions of chance and fortuitousness in his work, making it very open and versatile. All this can certainly help explain the varied repertory of shapes, materials, situations and meanings which can be discovered in the catalogue of pieces made by Jakober up to now. But far more important than the nature of this catalogue as such, is the spirit with which is has been planned: a critical, ironical, genuinely modern spirit.

Here, irony and criticism are used to reflect this perpendicular view and this psychological and moral unfolding, both so characteristic, indeed, of the modern eye, which observes the inside and outside of reality at the same time, in an act of seeing and being-seen at one and the same time. This vision, nevertheless, is not only focused in what

Ben Jakober realiza un tipo de escultura que, según Rosalind E. Krauss, se articula en una nueva sintaxis del «doble negativo», caracterizada por una forma abstracta de experimentar el espacio y por una ubicación excéntrica del cuerpo. Espacio y tiempo se interpenetran en la realización de las piezas concebidas con estos criterios, que alcanzaron su desarrollo pleno a partir de fines de los años sesenta y a lo largo de toda la década posterior, principalmente a través de movimientos como el Minimal Art o el Land Art. Ben Jakober no ha tenido, desde luego, una relación formal ortodoxa con los radicales planteamientos de estas tendencias u otras similares, ni tampoco se puede decir que éstas han mantenido sus principios inconmovibles en la actualidad. No obstante, es evidente que sin esta rigurosa aportación analítica y la extrema libertad en el uso de los medios materiales y en la concepción misma de lo que se debe entender como espacio no se puede entender la escultura que se hace hoy en día.

La perspectiva espacio-temporal con que Ben Jakober realiza sus esculturas le ha llevado, con cierta frecuencia, a las «instalaciones», mientras que la herencia histórica por él asumida del ready made - el uso de objetos ya hechos - le ha permitido integrar las dimensiones de azar y aleatoriedad en su trabajo, muy abierto y versátil. Todo esto ciertamente puede ayudar a explicar al variadísimo repertorio de formas, materiales, situaciones y significaciones que cabe describir en el catálogo de piezas realizadas por Jakober hasta el presente, pero mucho más importante que la naturaleza de este catálogo en sí es el espíritu con que ha sido planteado, un espíritu crítico, irónico, netamente moderno.

Crítica e ironía están usadas aquí para reflejar esa mirada perpendicular y ese desdoblamiento psicológico y moral, tan característicos, en efecto, del ojo moderno, que observa simultáneamente la realidad por dentro y por fuera en una acción de ver y

appears as a static landscape but as a happening whose various different states respond as much to the changing nature of objects as to their imaginary projection. This temporalisation is, in fact, what led Rosalind E. Krauss to use the term «passages» for contemporary sculpture.

Although it is possible to comment on the influence of a perspective as such in many aspects and details of Ben Jakober's recent work, I think it can be recognized in the general principle of «archaeologism» by which his present work is orientated. I refer, of course, to this strange archaeology which he uses X-ray like as a radiological revelation of the present and, by pushing the paradox to the extreme, as a discovery of the future from an imaginary beyond. Something similar to the radicalisation of the temporal dimension of time, a fantastic «time-machine» that leads us giddily forward and backward and takes us out of it by way of the imagination to allow us to verify its effects more properly.

Jakober learnt some lessons from classic archaeology, such as the emblematic value of certain objects and the hermeneutic function of ciphered codes. His technological helmets and Rosetta stones should be classified in that sense.

A pilot's helmet, and that of a motorist and a miner; any industrial safety mask, even the spectacular sports helmets of the most violent games played conveniently aged-rusted or just discoloured and battered - offer an aspect of enigmatic reality, just the same as his impressions on stone of the basic technological codes and even of the main alphabets used today by human beings.

They are, in sum, a selection of objects and clues that facilitates our interpretation as seen from the future, our conversion in a temporal frame of reference.

Everything related to the temporal conscience favours ironic relativisation and melancholy feeling in such a way that the viewer should not be surprised that Jakober's works communicate all these impressions which, moreover, do not lack a moral component.

For example, all the things which we consider the archetypes of our future are transformed by Jakober, to our bewilderment, into remnants of the past. By means of this shock he puts us literally in our place and makes us think. To that end, not only does he convert the present into a mere rem-

verse al mismo tiempo. Esta visión, por otra parte, no sólo se fija en lo que hay como un paisaje estático, sino como un acontecer, cuya sucesión de diferentes estados responde tanto a la naturaleza cambiante de los objetos, como a su proyección imaginaria. Esta temporalización es, en definitiva, la que ha llevado a Rosalind E. Krauss a utilizar el término de «pasajes» para la escultura contemporánea.

Aunque es factible ir comentando la influencia de una perspectiva semejante en múltiples aspectos y detalles de la obra reciente de Jakober, creo que se puede reconocer en el principio general de «arqueologismo» que orienta su trabajo actual.

Me refiero, naturalmente, a esa extraña arqueología que él aplica como revelación radiológica del presente y, más aún, acentuando la paradoja hasta el extremo, como el propio descubrimiento del futuro desde un más allá imaginario.

Algo así como la radicalización de la dimensión temporal del tiempo, una fantástica «máquina del tiempo» que vertiginosamente nos lleva adelante y atrás, que nos saca imaginariamente de él para así comprobar mejor sus efectos.

Hay lecciones que Jakober ha aprendido de la arqueología clásica, como el valor emblemático de ciertos objetos y la funcionalidad hermenéutica de los códigos cifrados.

En este sentido, habría que clasificar sus cascos y sus piedras rosetas tecnológicas. El casco de un aviador, de un motorista, de un minero, cualquier máscara de protección industrial y hasta los espectaculares cascos deportivos de las actividades lúdicas más violentas, convenientemente envejecidos - oxidados o tan solo despintados y descascarillados - ofrecen un aspecto de enigmática irrealidad, como así resultan las impresiones sobre piedra de los códigos tecnológicos básicos y hasta de los alfabetos principales usados hoy por el hombre. Son, en resumidas cuentas, una selección de objetos y de claves para facilitar nuestra interpretación desde el futuro, nuestra conversión en una incidencia temporal.

Todo lo que tiene que ver con la conciencia temporal favorece la relativización irónica y el sentimiento melancólico, de manera que no debe extrañarnos que las obras de Jakober nos comuniquen estas impresiones no exentas de un componente moral. Un ejemplo claro es que lo que nosotros consideramos arquetipos de nuestro futuro

nant, but also stresses its dimension of fetish, myth, and of forgotten languages with a legendary character. It could be said that in some ways he redoubles the mythical character of the myths of today. Art itself maintains a narrow relationship with myth. Despite the analytical and critical significance of Jakober's work, it entails a proposal of reflection that escapes the fenced-in territory of the reasonable. Without this cover for mystery, which darkens the dangerously imperative clarity with which the present attempts to impose its motives. A darkening of obscurantism whose power might well show itself diaphanous - the art simply would not exist. For the redoubling of the mythical sense of the myths of today reinforces the viewer's perplexity and leads him or her to a critical reflection - a view and analysis of reality that involved the individual.

Industrial detritus, mythological codes of the rational, meaningful fragments of disordered puzzles, discontextualisation of order: Jakober's techniques and strategies are certainly different, but whatever they might be, they apply the liberating process of abstraction and the de-focusing, the decomposition of established reality.

In the installation entitled *The Golden Image*, a steel helmet illuminated by cold bars of neon appears as a radiant mythical structure raised to the category of a model, only to be decomposed in the interpretative exercises of a group of students who make sketches of it on their neutral, opaque blackboards. That way the radiant force reflects itself in a kaleidoscope that extinguishes its glow to switch on the mind. It is the interaction of the ray with smoky, light-absorbing mirrors: the mythical image, thus becomes a multiplication of fragments on which, as a new installation, the name *Relatividad* is bestowed.

El Triunfo de la Razón (*The Triumph of Reason*) is another piece that permits us to test the subtle mechanism of wrongness applied by Jakober to break the monolithic sense in which reality shows itself to us. It consists of a stone wall, whose function is as much to construct as to cover up. This accumulation of chips of stone, cut with beautiful roughness and coarsely worked are, on the other hand, set into the recesses of smooth-surfaced walls, forcing a contrast not only between the original and the covered up, but between the hidden essential and the plastered surface, between the

Jakober los transforme en residuos del pasado para nuestro desconcierto. Mediante este shock nos pone literalmente en nuestro sitio y nos hace pensar. Para ello no solo convierte la actualidad en un puro residuo, sino también enfatiza su dimensión de fetiche, de mito, de lenguaje olvidado de carácter legendario. En cierta manera, podríamos decir que reduplica el sentido mítico de los mitos de la actualidad.

El arte mismo guarda una estrecha relación con el mito. A pesar de la significación analítica y crítica que posee la obra de Jakober, hay en ella una propuesta de reflexión que escapa al terreno acotado de lo razonable. Sin esta cobertura para el misterio, que oscurece la claridad peligrosamente imperativa con que trate de imponer sus razones la actualidad - un oscurecer el oscurantismo, cuyo poder bien puede mostrarse diáfano, el arte simplemente no tendría lugar. Por eso, la reduplicación del sentido mítico de los mitos de la actualidad fuerza la perplejidad del espectador y le induce a la reflexión crítica: visión y análisis de la realidad que involucra al sujeto.

Detritus industriales, códigos mitológicos de la razón, fragmentos significativos de un rompecabezas descompuesto, descontextualización del orden: las técnicas y las estrategias que emplea Jakober son, sin duda, diferentes, pero, sean cuales sean, aplican el procedimiento liberador de la abstracción y el descentramiento, la descomposición de la realidad instituida.

En la instalación denominada *The Golden Image*, un casco de acero iluminado por las frías líneas del neón, se muestra como radiante escultura mítica elevada a categoría de modelo, pero para ser descompuesto en el ejercicio de interpretación de un grupo de escolares que lo dibujan sobre sendas pizarras neutras y opacas. La fuerza radiante se ve así reflejada en un caleidoscopio que apaga su fulgor para encender la mente. Es la interacción del rayo y los espejos ahumados, absorbentes de la luz: la imagen mítica deviene, pues, una multiplicación de fragmentos, que recibe el nombre, como una nueva instalación, de *Relatividad*.

El Triunfo de la Razón es otra de las piezas en las que comprobamos el sutil mecanismo de equivocidad que Ben Jakober aplica para quebrar el sentido monolítico con que se nos presenta lo real. Se trata de un muro de piedras, lo que equivale a construir tanto como a tapar. Esta acumulación de

essence and ornament. It is a Reason that builds walls around its hiding place, that succeeds by failing, but through whose failure man obtains an important poetic revelation of the mistaken meaning of his work.

My intention in making these suggestions is not to propose a critical, closed view of this piece but, essentially, to call your attention to the rich mechanism of abstraction and displacement with which Jakober complicates our minds.

The discontextualisation of the object, in a very surrealistic way, is another of the processes practised with remarkable efficiency by Ben Jakober. There are, for example, the precision instruments - exact calculations of weight, measure, time - which are reinterpreted by means of discordant changes. In essence, the mechanisms are similar, but a simple modification of scale or material is enough to contravene all the calculations and images with which we daily associate them.

All these corrosive optics of humour do not make Ben Jakober a conceptual artist nor a magician of slight-of-hand illusions. They are strategies to power the strength of expansive meaning contained in objects - the relationship of an object to its landscape, which is historical as well as horizontal and vertical - but Ben Jakober is at the same time a sculptor, a creator of forms and volumes in the space, a scenographer, a designer of atmospheres, a manipulator of situations in which events can break loose.

I once wrote that Jakober was centred on a poetic project to inhabit the world - which means both revealing the world and disconcerting the evident. As an archaeologist of the present, he changes times and places: he celebrates the power of creation, exorcises fear. In the double negative, he is the bridge through which beauty takes shape today among us to open the path of truth.

December 1986
Translated from Spanish by Dolores Udina

lascas, talladas con hermosa rudeza y trabadas a hueso, están, por otra parte, enmarcadas en el hueco de lisos paramentos, forzando un contraste no sólo entre dos tiempos, sino entre lo original y lo encubierto, entre lo esencial oculto y lo superficial enlucido, entre la esencia y el ornamento. Una razón que edifica muros donde se oculta, que triunfa fracasando, pero de cuyo fracaso el hombre obtiene una importante revelación poética del significado equívoco de su hacer. Aventuro estas sugerencias no con la intención de proponer una lectura crítica cerrada de esta pieza, sino, sobre todo, para llamar la atención sobre el rico mecanismo de abstracción y desplazamiento con que nos complica Jakober.

El recurso a la descontextualización del objeto, en una línea muy surrealista, es otro de los procedimientos que practica con más eficacia Ben Jakober. Ahí están, por ejemplo, esos instrumentos de precisión - cálculos exactos de los pesos, las medidas, el tiempo -, que se ven reinterpretados mediante cambios discordantes. En esencia, los mecanismos son los semejantes, pero una simple modificación de la escala o de los materiales bastan para contravenir todos los cálculos y las imágenes con las que cotidianamente los asociamos.

Toda esta corrosiva óptica del humor no convierten a Ben Jakober en un artista conceptual, ni tampoco en un mago de las ilusiones creadas. Son estrategias para potenciar la fuerza de significación expansiva que se contiene en los objetos - la relación de un objeto y su paisaje, que es espacial a la vez que histórico, horizontal y vertical, pero Ben Jakober es, asimismo, un escultor, un creador de formas y volúmenes en el espacio, un escenógrafo, un diseñador de ambientes, un manipulador de situaciones en las que los acontecimientos pueden desencadenarse. En otra ocasión escribí que Jakober estaba centrado en un proyecto poético de habitar el mundo, lo que significa tanto revelar lo oculto como confundir lo evidente. Arqueólogo del presente, cambia tiempos y lugares: celebra el poder de creación, exorciza el miedo. En doble negativo, el pasadizo por donde la belleza toma cuerpo hoy entre nosotros y abre al senda de la verdad.

Diciembre 1986

ARCHAEOLOGY OF THE PRESENT

Pierre Restany

Archaeology is a difficult and sometimes disquieting science in spite of the great stimulation it can have on our imagination. Because the past is defined taking us as a reference more because of its absences than its presence. The present is altogether different. Firstly because it belongs a little more to us than our past. We assume our present in an existentialist way to the point of believing in all good faith that we are its artisans.

Archaeology of the past fights inch by inch against chance which does things so badly. Archaeology of the present plays with chance.

Ben Jakober, archaeologist of the present, has resolutely taken the riskier path. His sharp intellect and his acute sensitivity keep him constantly alert. Since he has embarked upon the immense adventure of the third dimension of sculpture of monuments and the tracking of objects, he spies upon, and lies in wait for the smallest sign which could put him on the trial of a lucky find. And it is thus that he came upon the helmet, the modern helmet, the welder's helmet, of the motorcyclist, the baseball player, the fighter pilot. The only one that seems to be missing is the fencing mask but I suppose the visor is too delicate to have withstood time. Thus Ben Jakober takes a part for the whole. The helmet is the exact image of the skull it protects: it totally expresses its anthropometric structure. More than a dimensional relationship, in fact we are talking about a genuine identification.

When the helmet becomes skull, anthropology becomes sculpture. And we well know that contemporary culture is nothing but an everlasting blank cheque drawn upon the future. Ben Jakober sculptor of skull-helmets excels in modulating their structural profile, in inventing the most spectacular patinas.

And so, these objects at hand, cast in the bronze of immortality compose the future remains of synthesised culture completely «invented» by its author. Underlining here and there occasional references to masks or helmets of the past the artist extends

La arqueología en una ciencia difícil y a veces inquietante a pesar del gran estímulo que puede tener sobre nuestra imaginación. Debido a que el pasado se define tomándonos como referencia más por sus ausencias que sus presencias. El presente es totalmente distinto. En primer lugar porque nos pertenece más que nuestro pasado. Asumimos nuestro presente de forma existencialista hasta el punto de creer de buena fe que somos sus artesanos. La arqueología del pasado lucha poco a poco contra el azar, que hace las cosas tan mal. La arqueología del presente juega con el azar.

Ben Jakober, arqueólogo del presente, ha tomado el camino más arriesgado resueltamente. Su intelecto afilado y su sensibilidad aguda le mantienen al alerta constante. Desde que embarcó en la gran aventura de la tercera dimensión de la escultura de monumentos y a la caza de objetos, espía y está a la espera de la señal más pequeña que pudiera ponerle sobre el rastro de un hallazgo afortunado. Y es así como descubrió el casco, el casco moderno, el casco del soldado, del motociclista, el jugador de béisbol, el piloto de combate. El único que parece faltar es la máscara de esgrima pero supongo que la visera es demasiado delicada para haber resistido al tiempo.

Así Ben Jakober toma una parte por el todo. El casco es la imagen exacta del cráneo que protege: expresa totalmente su estructura antropométrica. Más que una relación dimensional estamos hablando de una verdadera identificación. Cuando el casco se convierte en cráneo la antropología se convierte en escultura. Como bien sabemos la cultura contemporánea no es nada aparte de un cheque en blanco extendido sobre el futuro. Ben Jakober escultor de casco-cráneos se destaca en su forma de moldear el perfil estructural inventando las pátinas más espectaculares.

Y así, estos objetos a mano, fundidos en el bronce de la inmortalidad componen los futuros restos de una cultura sintetizada completamente «inventada» por su autor. Subrayando aquí y allí algunas

an active strategy of practical anthropology.
He thus creates between the past and the future of our civilisation a flexible space which without doubt has the merit of bearing his name. With this gripping series of helmets we have entered into the «Upper Jakoberian» era.
These wonderful documents of an invented civilisation will probably find buyers appreciative of their fascinating beauty. This is pure justice. I cannot prevent myself however from feeling a tug at my heartstrings. The destiny of archaeological pieces is to be brought up from the purgatory of an excavation to enter the purgatory of a collection or the paradise of a museum. But does this tale really apply to the archaeology of the present? I would like to think that these contemporary remains of «Upper Jakoberian» could take the opposite path and finish their days in peace and quiet below ground indefinitely awaiting some haphazard discovery.
This without doubt is only a wish or a dream but the idea is nice and big enough to be on a level with the poetry of the objects which are its pretext.

June 1986

referencias a máscaras o cascos del pasado el artista extiende una estrategia activa de antropología práctica.
Crea de esta manera entre el pasado y el futuro de nuestra civilización un sitio flexible que sin duda tiene el mérito de llevar su nombre. Con esta serie de cascos emocionantes hemos entrado en la era «Jakoberien superior». Estos documentos maravillosos de una civilización inventada seguramente encontrarán compradores que aprecien su belleza fascinante. Esto es pura justicia. A pesar de ello no puedo evitar el sentirme conmovido. El destino de las piezas arqueológicas es ser sacadas del purgatorio de una excavación para entrar en el purgatorio de una colección o el paraíso de un museo. ¿Pero se aplica realmente este cuento a la arqueología del presente? Me gustaría pensar que estos restos contemporáneos de «Jakoberien superior» pudieran tomar el camino opuesto y acabar sus días en paz y tranquilidad bajo tierra esperando indefinidamente un hallazgo casual.
Es sin duda sólo un deseo o un sueño pero la idea es bonita y lo suficientemente grande como para estar al nivel de la poesía de los objetos que son su pretexto.

Junio 1986

AN IRONIC AND SPONTANEOUS WORLD

Yannick Vu

Ben Jakober builds an ironic and spontaneous universe superimposed on the order of the known world, while following a discourse based on a constant flux; an alternating current, connecting ancient and established values with those still resisting us and waiting to be discovered, as though to emphasise that man's digital technology has created a power capable of overwhelming him, as would natural forces.

He brings out the ambiguity of perpetual coding and decoding, which inevitably brings us back to antique concepts, only to propel us nearly simultaneously towards a futuristic space.

Such precariousness - that of the relationship of modern man with today's world - can only provoke vertigo brought on by the oscillation between a still too abstract science in constant evolution and traditional daily values stuck into the tangible.

He deliberately uses computer circuits as pictorial substance for they are the ideal vector of present day communication. Interruption of the current obliterates their memory which was their vital function. They remain however, texture and material; once deprived of their eloquence, they become the other side of expression and only signify amnesia and silence.

If the found objects of certain artists of the sixties, like the New Realists, acquire a new reading in their assemblies thanks to their composition or more so by their mythico-poetical evocations, they remain nevertheless, visible and discernible, whereas the pieces used by Jakober in his *Fulgurations* lose the original connotations, blend to give life to a new entity, perhaps because conductors of fluid, their very function is to ensure a continuous flow.

However, the only movement here is the one induced by the spectator's gaze while reconstituting the course of losing itself in the labyrinth of the appa-

Ben Jakober edifica un universo irónico y espontáneo superpuesto al ordenamiento del mundo conocido, persiguiendo al mismo tiempo un discurso que se apoya en un continuo vaivén; una corriente alterna que une los valores antiguos y establecidos con los que aún se nos resisten y están por descubrir, como para subrayar que la tecnología digital del hombre ha creado fuerzas capaces de superarlo a la manera de las fuerzas naturales.

Pone en evidencia la ambigüedad del continuo cifrar y descifrar que indefectiblemente nos lleva a los conceptos antiguos para casi simultáneamente propulsarnos hacia un espacio futuro.

Una precariedad así; la que existe en la relación del hombre moderno con el mundo de hoy día, sólo puede crear un vértigo provocado por la oscilación entre una ciencia demasiado abstracta aún en creciente evolución y los valores tradicionales cotidianos sumidos en lo concreto.

Emplea deliberadamente los circuitos electrónicos como materia pictórica pues son el vehículo por excelencia de las comunicaciones actuales. La interrupción de la corriente conlleva la pérdida de la memoria que era su función vital, permaneciendo sin embargo la textura y la materia; en cuanto se les priva de la elocuencia se convierten en el reverso de la expresión y significan entonces la amnesia y el silencio.

Si los «Objets-Trouvés» de los artistas de los años sesenta, como los Nuevos Realistas por ejemplo, adquieren en su conjunto un nuevo valor gracias a su ensamblaje y su composición y aún más por sus evocaciones mito-poéticas, a pesar de todo permanecen visibles y perceptibles; mientras las piezas empleadas por Ben Jakober en sus *Fulguraciones* pierden sus connotaciones de origen y se funden para dar vida a una entidad nueva, quizás porque, siendo vectores de fluido, su función imperativa consiste en asegurar una circulación continua.

rent repetition, because Jakober provokes the active participation of the one who contemplates it. It is inertia, silence and oblivion which suggest movement and verb. By the almost incantatory titles, he reminds us of the attraction of the opposites or rather, of their complementarity - *Meth, Emeth*, death, truth - *Dam, Adam, Adama* - blood, man, earth - *Ouvert, Fermé* - emptiness, and fullness, order and disorder. Once the excess of information has given way to silence, from this silence could surge an ever more elusive significance.

In this now paralysed neuronal mosaic, it seems easier to bring out a meaning devoid of repetition and infinite complexity. It becomes a stimulating surface as when one studies ancient writing and the deciphering of the forms takes us beyond its signification. Narcissist seduction at its initial stage. These already obsolete intricate networks are part of history or rather prehistory of tomorrow. Man taking his brain as model projects with fascination a prototype of self-exploration which makes him reject today yesterday's discoveries too quickly obsolete.

Although using synthetic materials for the very texture of the support, circulation is ensured by metals as noble as they are ancient - copper and silver - thus, their familiar and precious sheen illuminates newly found knowledge. That is why Ben Jakober presents them framed by these metals without which communication would be impossible. By their preciousness they bring these modern relics closer to the meticulous illuminations destined to glorify writing and invention.

But Jakober gives another reading to the picture frame which here loses its traditional and museum-like connotations; by its functional role of communicating, it has become the most important part of the circuit and by restoring the continuity of movement it connects alchemy to the future.

But this reflection - reflexion, brings another one, parallel and contradictory. Too many restrictions in the visual field induce a need to stand back, a reassessment of such a linear system, an invitation to go over the same path backwards.

In this way Jakober recreates the innate light through artifice with *Inverse Life Cycle*, a little to remind us how Phaeton wanted to seize the Sun Chariot and he suggests another kind of fulguration with *In Step with the Times*. In a way he sends us back to a mysterious and chaotic order which

Pero aquí el único movimiento es el que con su mirada dispensa el espectador cuando reconstituye el recorrido o se pierde en el laberinto de la aparente repetición, porque Jakober provoca la participación activa del contemplador. La inercia, el silencio, el olvido son los que sugieren el movimiento y el verbo.

Mediante títulos casi mágicos nos recuerda la atracción de los opuestos o más bien su complementaridad. *Meth, Emeth* - la muerte, la verdad; *Dam, Adam, Adama* - la sangre, el hombre, la tierra; *Ouvert-Fermé*, lo vacío y lo lleno, el orden y el desorden. Cuando el exceso de información cede el puesto al silencio surge de éste el significado cada vez más difícil de cercar.

Parece más fácil hacer nacer un sentido libre de la repetición y de la infinita complejidad en este mosaico de neuronas ahora paralizado. Se hace superficie estimulante como cuando uno se inclina sobre antiguos textos y la lectura de las formas nos transporta más allá del sentido. Seducción narcisista todavía en su estadio primario. Estas complicadas redes ya obsoletas forman parte de la historia o más bien de la prehistoria del mundo de mañana. Al tomar su cerebro como modelo proyecta el hombre con fascinación un prototipo de auto-exploración que le hace rechazar hoy el descubrimiento de ayer superado con demasiada rapidez.

Aunque se emplean materiales de síntesis para la textura misma del soporte, se asegura la circulación por medio de metales tan nobles como antiguos - el cobre y la plata - de esta manera, su reflejo familiar y precioso viene a iluminar los nuevos conocimientos. Por este motivo Jakober nos ofrece los circuitos enmarcados en estos metales sin los cuales no serían posibles las comunicaciones. Por su preciosismo, se acercan estas reliquias modernas, de las iluminaciones meticulosas de libros destinados a glorificar la escritura y la invención.

Sin embargo Jakober da al marco otro significado que pierde aquí sus connotaciones tradicionales o de museales; se convierte, por la calidad funcional de la comunicación, en la parte principal del circuito y, al restaurar la continuidad del movimiento, une la alquimia con el futuro.

Pero esta - reflexión - reflejo - trae otra, paralela y contradictoria. Un exceso de restricciones en el campo visual suscita una necesidad de distanciamiento, para encausar un sistema tan lineal, e invita a recorrer ese mismo camino hacia atrás.

upsets the rules of probability, taking the consequences for the causes and finality as a starting point. He follows in space the reflective machine launched by man which sends back the infinitely repeated echo of his own image and knowledge, thus elaborating a network of information which entangle themselves so as to surround our world, this *Smart Pebble*, with an invisible and haphazard cocoon.

Nevertheless, doesn't this excursion in space delude us of a deceptive freedom, because finally what we get back through the media is our own incapacity of detaching ourselves from down to earth reality. If one were to base oneself on the quality of certain images captured from retransmissions thousands of miles away, one could deem the energy invested as futile and out of proportion.

And justly so, these perverted, falsified images have become the new reality, consumable and tritely frightening. Man expels and reabsorbs simultaneously the innumerable topics of the day and can reach a new awareness of his global fate with all the appearance of indifference.

The hypnotic screen reflects his plural, deformed and enriched image and proposes everything at the same time, including death live. Luckily the mediatic amnesia immediately rejects into oblivion, the images so greedily consumed. After all from this saturation comes to life a new consciousness, another sensitivity at the same time levelling and unpredictable, where today's most innovative values will soon make us smile by their ingenuity. Like when one examines these gigantic, already totally archaic circuits.

The archaeologist of tomorrow will only need a microscope and a computer, of course.

February 1989

De esta manera en *Inverse Life Cycle* Jakober vuelve a crear la luz original a partir del artificio, para recordarnos un poco cómo Faetón quiso adueñarse del carro del sol; con *In Step with the Times* sugiere otra forma de fulguración.

De algún modo nos proyecta a un orden misterioso y caótico que al tomar los efectos por las causas y la finalidad como punto de partida trastorna la ley de las probabilidades.

Sigue en el espacio la máquina reflectante que el hombre proyecta para que le devuelva el eco infinitamente repetido de su propia imagen y de sus conocimientos, creando de esta manera una red de informaciones que vienen y van y se enmarañan rodeando nuestro viejo mundo, este *Smart Pebble,* con un capullo de seda invisible y aleatorio. A pesar de todo este viaje espacial no nos engaña con una libertad ilusoria, pues lo que finalmente nos devuelve a través de los medios de comunicación es tan sólo nuestra imposibilidad para desprendernos de una burda realidad.

Si tuviéramos que basarnos en la calidad de algunas imágenes tan golosamente consumidas para ser retransmitidas a unos millares de kilómetros, podríamos encontrar fútiles y desproporcionadas la energías invertidas. Y justamente esas imágenes pervertidas, falsificadas se han mudado en la nueva realidad - consumible y banalmente espantosa.

El hombre expulsa y reabsorbe simultáneamente las múltiples actualidades y puede tomar conciencia de su destino global con todas las apariencias de la indiferencia. La pantalla hipnótica refleja su imagen plural, deformada, y le propone todo a la vez, incluido la muerte en directo.

Afortunadamente la amnesia mediatica devuelve enseguida al olvido esas imágenes tan golosamente consumidas; a pesar de todo una nueva conciencia nace de esta saturación, otra sensibilidad niveladora e imprevisible al mismo tiempo, donde los valores hoy día más innovadores harán reír mañana por su ingenuidad.

Como cuando uno se inclina sobre estos gigantescos circuitos totalmente arcaicos ya. La arqueología del mañana sólo necesitará un microscopio y por supuesto, un ordenador.

Febrero 1989

MVSEV PRESS CONFERENCE [4]

AURORA GARCÍA

I will be very brief because I think it is the artist who has more to say about this very complex project.

I find a twofold interest in it, first, for what the installation itself represents as a work of art, and second, for the specific information it offers about what is now happening in the arts, about the main contemporary art exhibitions of the world today.

I would say that this project is a metalanguage, that is, an artistic language as a work of art. It obviously relies on some other art language which is the arts medium in the exhibitions at large centres, though it is not a metalanguage full of rhetorical connotations, but one of great freshness and with a notorious capacity of synthesis.

So I think the work has this double interest. In itself, and in its reference to the world of art, as it exclusively treats this universe of exhibitions, this exhibitive purpose of modern and contemporary works of art. I analyse this more fully in the text in the catalogue.

Jakober's work calls for information on the one hand, and reflection on the other. Precise information, because we see what is happening now in ten big world centres of contemporary art. We have the chance, for instance, to see such high level exhibitions as the one on Max Ernst's work in the London Tate Gallery, which I think is unique; or for instance the work of leaden books by Kiefer, also an outstanding exhibition, or some works from America like «High & Low»; or a selection of the London Saatchi Collection. So the information is notoriously rich, and there is this possibility of having it all here, at this moment, with no need to leave Palma de Majorca. I think there is something really unheard of in this offering of information and at once preparing us for a reflection on the way contemporary work of art is exhibited, on the different ways of exhibiting them in ten world centres. The installation, the volume of the space, the preciseness of the pieces, of the work, of the whole work in the space, from beginning to end, has really impressed me. From this big world map opening the exhibition, where the world centres of contemporary art are located, it appears that they are all mainly in the west.

This is how each step of the installation from beginning to end is measured. First a map giving a general view of the world. Then a large hall in which the ten exhibitions can be seen simulta-

Bastante breve porque creo que quien tiene más que decir es el propio artista de toda esta experiencia complejísima hasta llevar a cabo este proyecto.

Que encuentro de extraordinario interés, por doble partida. Primero por lo que esta instalación en sí supone como obra de arte y segundo por esa información puntual que nos ofrece de lo que está ocurriendo en el medio artístico, de las exposiciones más importantes de arte contemporáneo del mundo ahora mismo.

Yo diría que este proyecto es un metalenguaje, es decir, un lenguaje artístico como obra de arte, claro está que a su vez se apoya en otro lenguaje artístico que es el propio medio del arte de las exposiciones como digo a los grandes centros pero un metalenguaje no a la usanza normal lleno de connotaciones retóricas sino de una enorme frescura y con una extraordinaria capacidad de síntesis.

La obra, por tanto, pienso que tiene este doble interés. Por sí misma y por lo que al mundo de arte se refiere, porque trata exclusivamente de este universo, de las exposiciones, de esta finalidad expositiva que tienen las obras de arte del mundo moderno y contemporáneo. De esto trato un poco más exhaustivamente en el texto del catálogo. Es una obra, por tanto, que llama a la información por un lado, y a la reflexión por otro lado. A la información puntual porque vemos sincrónicamente, es decir, en este momento lo que está pasando en este momento en diez grandes centros de arte contemporáneo del mundo.

Tenemos por ejemplo la oportunidad de ver exposiciones de la categoría de la obra de Max Ernst en la Tate Gallery en Londres, que es una exposición de una importancia extraordinaria: o por ejemplo la obra de los libros de plomo de Kiefer que es otra exposición extraordinaria también: o alguna obra que viene de América como «High & Low» o una selección de la colección Saatchi de Londres, es decir que la información tiene una riqueza extraordinaria y esta posibilidad de aglutinarla aquí, en este momento, sin necesidad de salir de Palma de Mallorca. Yo creo que es algo verdaderamente insólito que al mismo tiempo que nos da esa información nos prepara para una reflexión sobre cómo se exhibe la obra de arte contemporánea, cómo se expone y se confrontan diez modos diferentes de mostrar las obras en diez centros.

neously on as many screens until the last room where a synopsis of the beginning and the end of the work is installed. This is a sculpture which in a graphic way conveys the number of museums in each Western country and becomes a synthesis of the map which we saw at the beginning and which showed where the museums were - thus one indicates the places, the other the quantity.

Furthermore the last monitor emits a new image which is the public circulating through the exhibition, which again is metalanguage which is the first language of pure contemplation of the exhibitions through video added at the end to another contemplation where there is not only the exhibition as such, the remote becoming present but also the moment and the spectator's presence in the exhibition at the Misericordia Centre which gives the consistency to the initial language. Again metalanguage.

It appears to me that the idea of the installation could not be more precise from beginning to end, and the originality of the project and the freshness of the proposition of the installation which unites all this information and this capacity of reflection on what is happening in the world are most distinguished.

I think the installation could not be more precise, a round idea from beginning to end, with a notorious originality in the project, and actual freshness in its offering of gathered information and capability of reflection on what is happening now in the world, I think there is no need for me to speak anymore: Ben Jakober, the artist, will give you as many details as you want to know.

5 April 1991

He quedado favorablemente impresionada de la instalación en si, del partido que se ha sacado al espacio, de la justeza de las piezas, de la propia obra, del conjunto de la propia obra en el espacio, desde el principio al final, desde ese gran mapamundi que abre la exposición y que indica donde se sitúan los centros de arte contemporáneo en el mundo hoy, que vemos como se concentran en el occidente fundamentalmente.

Esto ya es como está medido cada paso de la instalación, desde el principio hasta el final. El principio nos abre un panorama general con ese mapamundi, entramos en la sala grande y nos vamos adentrando en una generalidad también que son esas diez exposiciones que se ven simultáneamente allí y como broche en la sala última se recoge el inicio y el final digamos del trabajo. Es decir la escultura, esta escultura que es a modo de gráfico - señala la cantidad de museos en los distintos países de occidente, sirve de síntesis de ese mapamundi que abre la exposición y que indica donde se sitúan los centros, uno el lugar y el otro la cantidad al final. Y por otro lado el último aparato, el último televisor de la sala recoge otra imagen nueva, que es la del público circulando por la sala de la exposición, que de nuevo es un metalenguaje, que a ese lenguaje inicial de la pura contemplación de las exposiciones a través del vídeo se añade al final otra contemplación, donde ya no sólo estaría la exposición en si, la lejana que se hace presente sino también el momento y el espectador concreto de la exposición en el Centro de la Misericordia que es una insistencia sobre una base inicial. Un metalenguaje de nuevo.

Y ahí termina la exposición, y ya digo el tiempo como está medido, la instalación me parece que no puede ser más preciso la idea desde el principio hasta el final creo que es redonda la originalidad del proyecto también es destacable, y la frescura de la oferta de la instalación que reúne esa información y esa capacidad de reflexión sobre lo que está pasando ahora mismo en el mundo.

5 Abril 1991

SOME REMARKS ON BEN JAKOBER'S EXHIBITION [4, 5]

LÓRÁND HEGYI

Art defined as the subject-matter of art, language analysis as the central issue of art language - at least since Marcel Duchamp's «ready-mades», the development of reflections on art. The ready-made artwork sought to create a radical situation to illustrate the model called into question. The total elimination of the art object, i.e., the disappearance of the artwork as a sensual-physical, tangible object that can be interpreted in artistic terms, focuses on artistic communication as a structure, a conceptual model. In a critical and precise way, it examines the meaning of form, the function of the artist, the social status of art, etc. Duchamp went to the extreme of having to give up the notion of «art» in its older, conventional forms. The new definition of art is a conceptual, functional explanation, where the process of reflection on art becomes art. The object - its formal indifference is brought out by the contingency of selection - is part of the chain of communication. Its meaning does not reside in its «intrinsic value» (for example, «beauty», «harmony» or the aesthetic representation of nature or a subjective statement of a poetic-emotional sort), but rather in its transparency, its disappearance, its «exemplarity», that is to say: its enlightened, didactic function of reflecting on art and communication on the basis of art. When, at the end of the XXth century, Ben Jakober makes art the subject-matter of art and the cultural infrastructure of the world the topic of artistic representation, he allows for the artwork to be interpreted in terms of culture sociology, culture politics, economy and ethical issues. The graphically displayed statistics of the number of museums in various countries of the world results in an artwork, a sculpture with «aesthetic intrinsic values» of design, an «aesthetic scale». This, in spite of the fact that the subject-matter, «the content» and the meaning of the variously high forms grouped toge-

El arte definido como el tema del arte, el análisis del lenguaje como el aspecto central del lenguaje del arte, al menos desde los «ready-mades» de Marcel Duchamp, el desarrollo de reflexiones sobre el arte. La obra de arte «ready-made» con el fin de crear una situación radical que ilustre el modelo en cuestión. La eliminación total del objeto de arte, es decir, la desaparición de la obra de arte como un objeto sensual-físico, tangible, que puede interpretarse en términos artísticos, se centra en la comunicación artística como una estructura, un modelo conceptual. De un modo crítico y preciso, examina el significado de la forma, la función del artista, la condición social del arte, etc. Duchamp llegó al extremo de tener que abandonar la noción de «arte» en sus formas antiguas, convencionales. La nueva definición de arte es una explicación conceptual, funcional, en la que el proceso de reflexión sobre el arte se convierte en arte. El objeto - realizada su indiferencia formal por la contingencia de la selección - es parte de la cadena de comunicación. Su significado no reside en su «valor intrínseco» (por ejemplo, «belleza», «armonía» o la representación estética de la naturaleza o una declaración subjetiva de tipo poético-emocional), sino en su transparencia, su desaparición, su «ejemplaridad», es decir: su función ilustrada, didáctica, de reflexionar sobre arte y comunicación con el arte como base. Cuando a finales del siglo XX, Ben Jakober hace del arte el tema del arte y de la infraestructura cultural del mundo el tema de representación artística, permite que la obra de arte sea interpretada en términos de sociología cultural, política cultural, economía y aspectos éticos. Las estadísticas gráficamente expuestas del número de museos en varios países del mundo derivan en una obra de arte, una escultura con «valores estéticos intrínsecos» de diseño, con una «escala estética». Eso, a pesar del hecho que el tema, «el

ther, convey something non-aesthetic. As soon as the viewer sees this «sculpture» as merely a formal, sculptural phenomenon, as a purely optical-physical object with its formal relationships, aesthetic considerations and artistic effects perceived by means of aesthetic conventions and acquired clichés, he or she has already stumbled into the «cultural trap» of an infrastructural repertory. Everything can be viewed «as art», since the world is marketed on the basis of an over-dimensioned global principle of design. The alarming statistics are sold as a «palatable» artwork with «aesthetic qualities» that can be ordered on the basis of art historical criteria. Ben Jakober's art confronts us with this phenomenon, without jumping to didactic conclusions. The ambivalence is not just an irritating crisis symptom, it also tacitly implies the following ethical question: Does the artist still have a chance to view his/her own work both from «within» as an expert in marketing and from «without», from a moral-critical position, without giving up art? When the production of this moral, culture-critical activity is marketed as art and sold as such, the artist cannot escape this circle, there is no way out. If, however, the artist is not concerned with his professional infrastructure, he has absolutely no way to communicate with his own means and has to relinquish his own artistic identity. This model is dealt with in Ben Jakober's work, but without moral, puristic or didactic implications. He sticks to the facts and leaves it to the viewer to view the phenomenon from a moral and aesthetic perspective. His task is «only» the creation of a situation as a model and it is precisely in this qualification that the ethical value of his art is to be found.

Vienna, April 1993

contenido» y el significado de la variedad de altas formas agrupadas, transmite algo no estético. En cuanto el espectador ve esta «escultura» como un mero fenómeno formal, escultural, como un objeto puramente óptico-físico con sus relaciones formales, con las consideraciones estéticas y los efectos artísticos percibidos por medio de convenciones estéticas y clichés adquiridos, ha caído ya en la «trampa cultural» de un repertorio de infraestructura. Todo puede ser visto «como arte», puesto que el mundo mercadea sobre la base de un principio supradimensionado de diseño global. Las estadísticas alarmantes se venden como obra de arte «comestible» con «cualidades estéticas» que pueden ordenarse sobre la base de criterios históricos del arte. El arte de Ben Jakober nos enfrenta con este fenómeno, sin derivar conclusiones didácticas. La ambivalencia no es sólo un síntoma irritante de crisis, sino que tácitamente implica la siguiente cuestión ética: ¿Tiene todavía el artista la posibilidad de ver su trabajo desde «dentro», como experto en márketing, y desde «fuera», desde una posición crítico-moral, sin abandonar el arte?

Cuando la producción de esta actividad moral crítico-cultural es presentada como arte y vendida como tal, el artista no puede escapar de este círculo, no tiene salida. Sin embargo, si no se interesa por su infraestructura profesional, el artista no tiene absolutamente ninguna manera de comunicarse con sus propios medios y tiene que renunciar a su identidad artística. A este modelo se enfrenta la obra de Ben Jakober, pero sin implicaciones morales, purísticas o didácticas. Se limita a los hechos y deja que el espectador contemple el fenómeno desde una perspectiva moral y estética. Su tarea es «sólo» la creación de una situación como modelo, y es precisamente en esta calificación donde radica el valor ético del arte.

Viena, Abril 1993
Traducido del inglés por Dolores Udina

BEN JAKOBER'S MAZZOCCHIO AS AN ALLEGORY OF «ACCURACY»

PABLO J. RICO LACASA

In the autumn of 1985 the Italian writer Italo Calvino was about to give a series of conferences at Harvard University whose main significance - freely chosen - was to point out the values, qualities and particularities in literature, especially appreciated by the author and to situate them in the perspective of the new millennium. His unexpected and untimely death a few days before the lecture of the conferences in question, deprived us of his final conclusion.

However these posthumous reflections by one of the most disquieting and daring intellectuals of our time were salvaged from his original manuscript and published under the suggestive title initially intended by Calvino: «Six Memos for the Next Millennium».

The bare index for these «Propositions for the New Millennium» organised minutely the six concepts of apparent argumental ambiguity which the writer understood to be essential in any form of poetic communication and upon which he expressed his particular preference and proven experience. Unfortunately, only five of the six anticipated conferences were written up, the ones briefly entitled with the substantives Lightness, Speed, Accuracy, Visibility and Multiplicity; the sixth and final one - Consistency - was only named in the index. The mystery of death and the unforeseeable turn of destiny required that the fatal interruption of this last literary work and of the thoughts of Italo Calvino, should allow his most devoted critics and faithful readers to participate with complicity and imagination in the culmination of his most committed reflections about the future.

Per chance these are the best epitaphs which can be dedicated to his memory.

For this reason I will now try to discover and apply in my analysis of contemporary creation, some of the concepts mentioned and explained by Italo Calvino. This methodology of approaching present day art and singularly some of its most significant protagonists undoubtedly cannot help being recurrent and subjective, but it allows me to use certain

En otoño de 1985, el escritor italiano Italo Calvino debía dictar en la Universidad de Harvard una serie de conferencias cuyo sentido principal - elegido libremente - era señalar aquellos valores, cualidades y especificidades de la literatura particularmente apreciados por el autor e intentar situarlos en la perspectiva del nuevo milenio. Su inesperada y prematura muerte pocos días antes de la lectura pública de dichas conferencias nos privó de su conclusión definitiva. No obstante, estas reflexiones póstumas de uno de los más inquietantes y arriesgados intelectuales de nuestro tiempo fueron rescatadas de su original formato de manuscrito y publicadas bajo el sugerente título inicialmente previsto por Calvino: «Six Memos for the next Millenium».

El desnudo índice de estas Propuestas para el Nuevo Milenio ordenaba mínimamente los seis conceptos de aparente ambigüedad argumental que el escritor entendía como esenciales en toda forma de comunicación poética y sobre los cuales expresaba su especial preferencia y probada experiencia. Desgraciadamente, sólo cinco de las seis conferencias previstas fueron redactadas, las tituladas brevemente con los sustantivos Levedad, Rapidez, Exactitud, Visibilidad y Multiplicidad; la sexta y última - Consistencia - quedó apenas mencionada en aquel índice. El misterio de la muerte y la inaprehensible voluntad del destino quisieron que la fatal interrupción de esta última obra literaria y de pensamiento de Italo Calvino permitiera a sus más devotos críticos y fieles lectores participar con complicidad e imaginación en la culminación de su reflexión más comprometida con el futuro. Acaso éstos sean los mejores epitafios que pueden dedicarse en su memoria.

Es por ello por lo que, de un tiempo a esta parte, intento descubrir y aplicar en mi análisis de la creación contemporánea algunos de los conceptos señalados y argumentados por Italo Calvino. Esta metodología de aproximación al arte actual y, singularmente, a alguno de sus más significativos protagonistas no deja de ser recurrente y subjetiva,

criteria for which I confess a special attraction and which constitute a first point of departure, the terms of a critical interpretation which aspires to be methodical and efficient in this chaos of significations and superficialities in which we find ourselves involved, by omission too. That is the reason why, in front the work *Mazzocchio* by the sculptor Ben Jakober, installed in the Pilar and Joan Miro Foundation in Majorca, I try - even if only partially - to develop the calvinian arguments, translating it into plastic and iconic values pertaining to sculpture. Thus, between the bare relation of the proposals and values provided by Calvino, I selected the one which he exemplary named «Accuracy». For the author Accuracy means above all three things:

1 - A design of the work well defined and well calculated.

2 - The vocation of clear, incisive and memorable images.

3 - A language as precise as possible as vocabulary and expression of the nuances (subtleties) of thought and imagination.

In the colossal presence of Jakober's *Mazzocchio* and on first observation of the sculptural object, we recognise without doubt the congruities and the aesthetic and plastic values of this piece, related to the terms of «Accuracy» in Italo Calvino's interpretation; and not only in its most formal aspects, but also in these others which I have to do with the intention and «perversion» of the artist. The effectiveness of the selected image, makes the memory's exercise easier for us at the same time it induces us to adventure ourselves on the ever tortuous way of intuition.

But, on top of the image accuracy and intensity, amply documented and justified in the photographic reproductions accompanying the sculptoric work, its main evocative potency and capacity of attraction, reside in the «Presence» itself of the object, in its inhuman scale and naked tridimensionality, in the very experience of the spectator inside the sculptural artefact and in the architectonic space which valiantly contains it, in the tension which can be perceived between the first virtual reality conceived by Paolo Uccello and the consistent spatial reality invented by Ben Jakober. To the very accuracy of the original image, the artist has added a new dimension and an expression of this concept of «Accuracy» in the plastic

no lo dudo, pero me permite utilizar ciertos criterios por los que confieso una especial atracción y que constituyen un primer punto de partida, el enunciado de una interpretación crítica que aspira a ser ordenada y eficaz en este caos de significaciones y superficialidades en el que nos vemos involucrados, también por omisión.

Esta es la razón por la cual ante la obra *Mazzocchio* del escultor Ben Jakober instalada en la Fundació Pilar i Joan Miró a Mallorca, intente - aunque sea parcialmente- desarrollar la argumentación calviniana traduciéndola a los valores plásticos e icónicos más propios de la escultura.

Así, entre la escueta relación de propuestas y valores que Calvino nos proporciona, he seleccionado aquel que denominó ejemplarmente como Exactitud. Para el autor, exactitud quiere decir, sobre todo, tres cosas:

1 - Un diseño de la obra bien definido y bien calculado.

2 - La evocación de imágenes nítidas, incisivas, memorables.

3 - El lenguaje más preciso posible como léxico y como expresión de los matices del pensamiento y de la imaginación.

Ante la presencia descomunal del *Mazzocchio* de Jakober y en la inmediata observación del objeto escultórico, reconocemos sin duda las correspondencias y los valores estéticos y plásticos de esta obra relacionados con el enunciado de Exactitud en la interpretación de Italo Calvino; y no sólo en los aspectos más formales, sino también en aquellos otros que tienen que ver con la intención y «perversión» del artista. La eficacia de la imagen seleccionada nos facilita el ejercicio de la memoria a la vez que nos induce a arriesgarnos en el siempre tortuoso camino de la intuición.

Pero, además de la exactitud e intensidad de la imagen, ampliamente documentada y justificada en las reproducciones fotográficas que acompañan a la obra escultórica, su mayor potencia evocadora y capacidad de atracción radican en la «presencia» misma del objeto, en su escala inhumana y desnuda tridimensionalidad, en la propia experiencia del espectador en el interior del artefacto escultórico y en el espacio arquitectónico que esforzadamente lo contiene, en la tensión que se percibe entre la realidad virtual primera ideada por Paolo Uccello y la realidad espacial consistente inventada por Ben Jakober. A la exactitud misma de la imagen origi-

creation: its immediate volume and real presence, capable of stimulating all our senses and provoking all kinds of sensations, including fear.

Although imagination and creative impulse have been straightforwardly and precisely expressed, I want to recognise in the invisible epidermis of this deliciously gigantic body some nuances and subtleties which the author could have elaborated in his mind. In the first instance, a certain inseparable mixture of melancholy and humour. «Historicist» melancholy, of course; that which feeds on a wise and perverse use of images from the past, decontextualising them from their more functional and primary origin.

And humour, in the acceptance closest to irony; distancing oneself from any interpretation that could appear a mere literal appropriation, and lastly, winking and setting traps and «spider webs» for incautious marauders of modernity and its aftermath.

We can also use this «structure for illusion» as a metaphor of one of the metaphysical problems which have most persistently dominated the history of philosophy, and that the same Calvino stated as follows in his posthumous conference: *«the relationship between the idea of the infinite as an absolute space and absolute time and our empirical knowledge of space and time»*. Something similar, more or less is what we would like to discover in the tense formal and spatial equilibrium in which struggle the sculptural object and its architectonic container.

Each recognises and needs the other, engages a dialogue of scale and dimension, of planes and volumes which collide tangentially. Of this «sotto voce» conversion we can hardly perceive the sound of some lines projecting themselves across their shadows and the murmur of strange and disquieting perspectives.

The absurd undefinedness and immensity of the infinite seem domesticated in this real space in which the spectator must allow himself to be guided by curiosity and pleasure while confronted by surprise. The intention and strategy of the artist have made a miracle possible.

It is hard to forget the physical and mental experience of the infinite shrinking itself inexorably in this bottleneck. Ben Jakober's *Mazzocchio* possesses the weird virtue of making solitude more human and bearable in face of the infinite; perhaps

nal, el artista ha aportado una nueva dimensión y expresión de este concepto de Exactitud en la creación plástica: su inmediato volumen y presencia real, capaces de excitar todos nuestros sentidos y provocar todo tipo de sensaciones, también el miedo.

Aunque la imaginación y el impulso creativo han sido expresados con rotundidad y precisión, quiero reconocer en la invisible epidermis de este cuerpo deliciosamente gigantesco algunos matices y sutilezas que el autor pudo haber elaborado en su pensamiento.

En primer lugar, cierta melancolía y humor mezclados e inseparables. Melancolía «histórica», por supuesto; aquella que se alimenta de una sabia y perversa utilización de las imágenes del pasado, descontextualizándolas de su origen más funcional y primario.

Y humor, en la acepción más próxima a la ironía; distanciándose de toda interpretación que pudiera parecer una mera apropiación literal, en fin, haciendo guiños y fabricando trampas y «telas de araña» para incautos merodeadores de la modernidad y sus secuelas.

También podemos utilizar esta «estructura para la ilusión» como metáfora de uno de los problemas metafísicos que con mayor persistencia ha dominado la historia de la filosofía, y que el mismo Italo Calvino enunciaba así en su conferencia póstuma: *«la relación entre la idea de infinito como espacio absoluto y tiempo absoluto y nuestro conocimiento empírico del espacio y del tiempo»*.

Algo semejante, más o menos, es lo que deseamos descubrir en el tenso equilibrio formal y espacial en el que se debaten el objeto escultórico y su continente arquitectónico. Ambos se reconocen y necesitan, entablan un diálogo de escalas y dimensiones, de planos y volúmenes que se rozan tangencialmente.

De esta conversación «sotto voce» apenas percibimos el rumor de unas líneas proyectándose a través de sus sombras y el murmullo de perspectivas insólitas e inquietantes.

La absurda indefinición e inmensidad del infinito parecen domesticadas en este espacio real en el que el espectador debe dejarse guiar por la curiosidad y el placer ante la sorpresa. La intención y estrategia del artista han hecho posible el milagro.

No es posible olvidar la experiencia física y mental del infinito estrechándose inexorablemente en este

it is just an optical illusion, a mirage induced by its peculiar condition of ring and the inevitable comparison and remembrance of all the magical rings which protagonise our mythologies.

These and many other possible evocations have been born from the *Mazzocchio* image and form this fragment of universe which, with «accuracy» and precision, Ben Jakober has built for the contemplation and experience of the spectator. Italo Calvino, without doubt would have found new and more suggestive interpretations with which to argument the significance of this work and to value its specific quality.

Surely he would have done it with less words, legendary lightness, speed, consistency, and accuracy. But sometimes language doesn't allow itself to be guided in the direction that we had intended. One must let chance win the game. Silence prevails.

Palma, 1994

cuello de botella. El *Mazzocchio* de Ben Jakober posee la extraña virtud de hacer más humana y llevadera la soledad ante el infinito; quizás sea sólo una ilusión óptica, un espejismo inducido por su peculiar condición de anillo y la inevitable comparación y recuerdo de todos los anillos mágicos que protagonizan nuestras mitologías.

Estas y otras muchas evocaciones posibles han nacido de la imagen del *Mazzocchio* y de este fragmento de universo que con «exactitud» y precisión Ben Jakober ha construido para la contemplación y experiencia del espectador. Italo Calvino, sin duda, hubiera encontrado nuevas y más sugerentes interpretaciones con las que argumentar la significación de esta obra y valorar su calidad específica.

Seguramente lo hubiese hecho con menos palabras, con levedad, rapidez, consistencia y exactitud ejemplares. Pero algunas veces el lenguaje no se deja guiar en la dirección que nos habíamos propuesto. Hay que dejar que el azar gane la partida. Se impone el silencio.

Palma, 1994

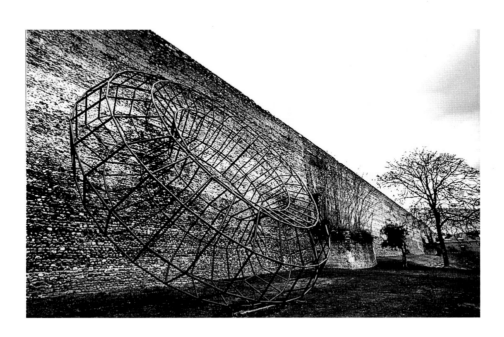

MODELS OF THE PAST FOR MODERNITY

Maria Lluïsa Borràs

Ben Jakober, who left other activities quite late to dedicate himself entirely to art, is a unique artist, fertile in ideas, difficult to classify and almost impossible to include within a particular tendency, as much for the versatility of his work as for the fact that radically different interests and values converge in it. However there is one aspect of his creative method which seems fundamental and worthy of note: the fruitful dialogue which he establishes between the art of the past and modernity.

In an imaginative cycle of sculptures and assemblies of 1984-1985, preferably in bronze and stone he came near to the dada breaking point and taking up a surrealist method explored automatism and chance. (Suffice it to take as examples the pieces he called *Eel Dance* or *Man Cage, Lie Detector, Perpetual Calendar, Inspiralation, Balance of Power, Last Supper, Precision Instrument*).

The following year he started another cycle which relived in the present the historic past: exceedingly beautiful sculptures in stone, some quite large, inspired by funereal stela or Egyptian obelisks, which he virtuously chiselled and covered with letters, signs or inscriptions. ∏, *Memory* and *Rosetta* in 1985, *Babel* and *Covenant* in 1986. Thereupon followed the *Retrieval* series in granite, of a similar nature in which Ben Jakober let himself be led even further by perfection and beauty. Almost simultaneously with his usual impatience and passion, which by the way he hides behind an apparent coldness of character, he opened a new cycle passing from stone to bronze. With the perfect collaboration of the Parellada foundry, he created a series of helmets in which the bronze was treated in such a way as to simulate antiquity. Helmets, masks, shields in daily use became thanks to the artificial patina of time strange museum pieces. The welders shield, the gas mask, the miners headgear, the motorcycle helmet or racing driver's,

Ben Jakober, que tardó en romper con una actividad consolidada para dedicarse por entero a las cosas del arte, es un artista singular, fértil en ideas, de dificilísima clasificación y casi imposible inclusión dentro de una determinada tendencia, tanto por la versatilidad de su obra como porque en ella convergen muy diferentes intereses y valores. Sin embargo hay un aspecto de su método creativo que me parece fundamental y digno de ser destacado: el fructífero diálogo que establece entre el pasado del arte y la modernidad.

En un ciclo de imaginativas esculturas y ensamblajes de los años 1984/1985, preferentemente en bronce y piedra, se acercaba a la ruptura dadá y, valiéndose de una metodología surrealista, exploraba el automatismo y el azar. (Basta citar ejemplos las piezas que tituló *Eel Dance* o *Man Cage, Lie Detector, Perpetual Calendar, Inspiralation, Balance of Power, Last Supper* o *Precision Instrument).*

Al año siguiente iniciaba otro ciclo que revivía de modo actual el pasado histórico: hermosísimas esculturas en piedra, algunas de gran formato, inspiradas en la estela funeraria o en el obelisco egipcio, que tallaba virtuosamente y recubría de letras, de signos o de inscripciones ∏, *Memory* o *Rosetta Stone* de 1985; *Babel* o *Covenant* de 1986. A ellas seguirán la serie *Retrieval* en granito, de idéntico carácter en la que Ben Jakober se dejaba llevar aún más por la perfección y la belleza.

Casi simultáneamente, con su habitual impaciencia y apasionamiento que por cierto se oculta tras una aparente frialdad de carácter, abría un nuevo ciclo creativo pasando de la piedra al bronce. Contando con la perfecta colaboración de la Fundición de los Parellada, realizó una insólita serie de «cascos» en los que el bronce había sido trabajado de tal modo que simulara la antigüedad. Cascos, máscaras y caretas de uso cotidiano devenían gracias a una pátina del tiempo artificial,

the regulation protection for playing baseball or fencing were amongst many meeting points between tradition and modernity. He called this «Archaeology of the Present» and it was the object of numerous exhibitions.

Both cycles considered together become a passage from past to present (obelisks and commemorative stones) and the corresponding return from the present to the past (helmets and masks).

A little later, towards 1989, he started the next cycle and availing himself of the latest technological materials, chips and loose parts from computer circuits he made panels in the manner of pictures and free standing pieces like strange sculptures. He again fell upon archaeology of the present, showing not without a certain irony, a phenomenon characteristic of our societies which tends to convert the present giddily and in a flash into the past. Consequently he called the two dimensional pieces of 1989 *Fulgurations, Peaks, Dip Tiq, Ouvert - Fermé* and the strange sculptures of a future world *Obelisk,* 1988; *L'Éboueur du Ciel* or *Mezurashiki*, 1989.

I have stopped in a superficial description of the methods used by Ben Jakober during various successive cycles of his work to explain which are, mainly, the creative mechanisms of this original and vigorous artist, determined to establish bridges and connections between the art of yesterday and the present time. Attentively observing the trajectory of his work one must deduce that it emits certain philosophical considerations which take, from the present perspective, globally, as a whole, the different periods of history of art finding in tradition a perennial source of modernity.

It was without a doubt necessary to refer to different previous cycles to completely understand the latest trilogy which Jakober has been making between 1992 and 1994, starting from the Italian Renaissance and ending with this exhibition at the Fundació Pilar i Joan Miró a Mallorca.

It will never be known to what extent Ben Jakober influenced the idea of Achille Bonito Oliva to organise an exhibition about the battle in art of the XXth century, nor whether he simply suggested it during a conversation which they had concerning Ben Jakober's piece *La Copa de Paolo Uccello.*

With the magnificent exhibition presented in the summer of 1992 at the Salerniana in Erice entitled *«Paolo Uccello, the battle in art of the XXth centu-*

extrañas piezas de museo. La careta del soldador, la máscara de gas y la del minero, el casco del motorista, del piloto de carreras, la protección reglamentaria para jugar al béisbol o para el combate de esgrima eran otros tantos puntos de encuentro entre tradición y modernidad. Llamó a este ciclo *«Arqueología del Presente»* y fue objeto de diversas exposiciones.

Ambos ciclos considerados conjuntamente venían a ser como una ida del pasado al presente (obeliscos y piedras conmemorativas) y el correspondiente regreso del presente al pasado (cascos y caretas).

Poco después, hacia 1989 iniciaba el siguiente ciclo y valiéndose del material tecnológico de punta, chips y piezas sueltas de los circuitos informáticos de un ordenador, hacía paneles a modo de cuadros y piezas exentas a modo de extrañas esculturas. Incidía pues de nuevo en la arqueología del presente poniendo de relieve, no sin cierta ironía, un fenómeno característico de nuestras sociedades que hace que el presente tienda a convertirse de modo vertiginoso y fulgurante en pasado. Consecuentemente llamó a las piezas en dos dimensiones de 1989 *Fulguraciones, Peaks, Dip Tiq, Fermé / Ouvert.* Y a las extrañas esculturas de un mundo futuro les llamó *Obelisk* 1988; *L'Éboueur du Ciel* o *Mezurashiki* 1989.

Me he detenido en una somera descripción de la metodología adoptada por Ben Jakober en algunos ciclos sucesivos de su obra para explicitar cuáles son, principalmente, los mecanismos creativos de este original y vigoroso artista, empeñado en establecer puentes y conexiones entre el arte de ayer y el actual. Observando detenidamente la trayectoria de su obra hay que deducir que se desprende de ella cierta consideración filosófica que asume, desde la perspectiva actual, de modo globalizado, como un todo, los diferentes períodos de la historia del arte, hallando en la tradición una fuente perenne de modernidad.

Era necesario, sin duda, remitirse a los diferentes ciclos anteriores para comprender en todo su alcance la trilogía última que Jakober ha venido realizando entre 1992 y 1994, a partir del Renacimiento Italiano y que se cierra con esta exposición de la Fundació Pilar i Joan Miró a Mallorca.

Nunca se sabrá hasta que punto influyó Ben Jakober en la idea de Achille Bonito Oliva de organizar una exposición sobre la batalla en el arte del

ry», Bonito Oliva proposed a group show of contemporary artists whose composition had affinity with the 14th century master and more specifically with the three pieces by Uccello (now divided between the Louvre, the National Gallery and the Uffizi) which describe the victory of the Florentine Niccolo de Torentino over the siennese in *The Battle of San Romano* in 1432.

Particularly relevant work, undeniable, extraordinary which for a start had the honour of being presented in the grand hall of the Medici Palace and which has not stopped having a very special fascination for artists from that time until today.

In his analysis of this work Bonito Oliva, from the present point of view, ascertained in it a stylistic eclecticism as in the composition there coexist - according to him - different systems of representation and that the perspective does not base itself on a sole point of fugue, but on various.

Which led him to see in the work of Uccello an antecedent of the transvanguardia, a tendency which in the eighties dominated the international scene and of which as we all know the illustrious critic made himself the champion, after having, as one could say, invented it.

Given that Bonito Oliva wrote that he saw Uccello like «*a king commanding the battle from beginning to end*» and that the thing which interested him most was to show Uccello's desire to control form and colour relying on a superior order, that is to say the language, the exhibition focused especially on that - and started with painters interested by formal composition which would have brought linguistic novelties like the cubists, the futurists and the constructivists, mentioned in the catalogue as other antecedents: Cézanne, Mondrian or Klee; Savinio, De Chirico, Morandi and Fontana. But the exhibition itself gathered work of a unique group of artists of the moment: from Dibbets, Dan Flavin, Sol Le Witt or Oppenheim to Cucchi and Paladino, to Lupertz, Penck and Schnabel not forgetting Matta, Stella, Twombly, Vedova or Antoni Tàpies. Of course also included was Ben Jakober's *La Copa de Paolo Uccello* which placed right at the entrance of the show became as much for its emblematic value as for its positioning the main piece, the one that remained in the memory of the people who had the opportunity of seeing the exhibition.

If the figure of Uccello attracted Ben Jakober it was without doubt because of his legendary inter-

siglo XX, ni siquiera si llanamente se la sugirió en una charla que ambos tuvieron a propósito de la obra de Ben Jakober *La Copa de Paolo Uccello*.

La magnífica exposición que en el verano de 1992 presentó en La Salerniana de Erice, con el título «*Paolo Uccello, la batalla en el arte del s. XX*», Bonito Oliva proponía en realidad una colectiva de obras de artistas actuales cuyo sistema compositivo fuera afín al del maestro del Quattrocento y más especialmente al de las tres piezas de Uccello (hoy repartidas entre el Louvre, la National Gallery de Londres y los Uffizi) que describen la victoria del florentino Niccolo de Torentino sobre los sieneses en *La Batalla de San Romano*, habida en 1432.

Obra sumamente relevante, indiscutible, extraordinaria, a la que cupo de entrada el honor de ser presentada en la sala noble del Palacio de los Medici y que no ha dejado de ejercer una muy particular fascinación entre los artistas desde entonces hasta hoy.

En su análisis de esta obra, Bonito Oliva, desde la perspectiva de nuestra época, constataba en ella un eclecticismo estilístico ya que en la composición coexistían -según él- diversos sistemas de representación y de que la perspectiva no se basaba en un único punto de fuga, sino en varios.

Lo que le llevaba a ver en la obra de Uccello un antecedente de la transvanguardia, tendencia que en la década de los ochenta había dominado la escena internacional y de la que como todo el mundo sabe - el ilustre crítico se había convertido en paladín, después de haberla, como quien dice, inventado.

Dado que Bonito Oliva escribía que veía a Uccello como «*un rey al mando de la batalla desde principio a fin*» y que lo que más le interesaba era poner de relieve la voluntad de Uccello de controlar forma y color valiéndose de un orden superior, es decir del lenguaje, la exposición trataba muy especialmente de ello, y partía de pintores interesados por la composición formal que hubieran aportado novedades lingüísticas como los cubistas, los futuristas y los constructivistas, mencionados en el catálogo así como de otros antecedentes: Cézanne, Mondrian o Klee; Savinio, De Chirico, Morandi y Fontana. Pero la exposición propiamente dicha reunía obra de un colectivo singular de artistas del momento: desde Dibbets, Dan Flavin, Sol Le Witt u Oppenheim a Cucchi y Paladino, a Lupertz, Penck y Schnabel sin olvidar ni a Matta, ni a

est for geometry, an interest so profound that he lived always awaiting the opinions of mathematicians and architects. Vasari starts Uccello's biography referring precisely to this fact in a hard and definitive way: *«Uccello would have been the most inventive genius of the history of painting since Giotto if he had spent as much time working on the human figure or that of animals as he lost in sterile problems of perspective».*

He ends the biography repeating his reproof: *«In the last years Uccello didn't dare leave his house and remained shut in day and night obsessed with perspective which kept him permanently in misery and anonymity until his death... If perspective was useless to him on the other hand his studies were of the greatest aid to the artists who followed him.»*

When Jakober saw at the Uffizi in Florence a small drawing by Uccello, hardly measuring 30 centimetres: the perspective study of a chalice, it occurred to him to make a sculpture based on that study, a geometric construction which he could build in open space and which would be called *La Copa de Paolo Uccello* in homage to the Florentine master.

That was the origin of the piece which Bonito Oliva selected for his exhibition at Erice. Another larger version acquired by the Balearic Government is a sort of vantage point on the top of a hill - a structure shining in the sun which calls the attention of all those who on Majorca drive between Palma's ring road and the Andratx motorway.

If Jakober was fascinated by Uccello's geometric drawings it was also because they gave evidence as to what extent that artist and his generation have permanently orientated modern art.

The Italian painter was particularly interested by circumferences, the circle and its derivations so that he anxiously sought objects which he could clearly assimilate to such geometric forms which he then introduced surreptitiously into his compositions.

These could be barrels or helmets, a chalice, an aureole or the mazzocchio about which we will speak again.

La Copa de Paolo Uccello was based on a stylistic analysis of the famous drawing by Uccello which revealed in it, in a premonitory way, expressive forms still in use in the XXth century. Thus to create the illusion of a third dimension on the canvas, an illusion of depth, Uccello took advantage of

Stella, Twombly, Vedova o Antoni Tàpies.

Por supuesto, figuraba también *La Copa de Paolo Uccello* de Ben Jakober que, situada justo a la entrada del certamen, vino a ser, tanto por su valor emblemático como por su destacada colocación la pieza clave, aquélla que permanece en el recuerdo de cuantos tuvieron la oportunidad de ver la exposición. Si a Ben Jakober le apasionaba la figura de Uccello era sin duda por su interés legendario por la geometría, un interés tan profundo que le llevó a vivir siempre pendiente de las opiniones de los matemáticos y los arquitectos.

Vasari comienza su biografía de Uccello refiriéndose precisamente a este hecho de modo duro y terminante: *«Uccello hubiera sido el genio más inventivo de la historia de la pintura desde Giotto si se hubiera pasado tanto tiempo trabajando la figura humana o la de los animales como perdió en estériles problemas de perspectiva».*

Concluía la biografía reiterando la reprobación: *«En los últimos años Uccello no tenía el valor de salir de su casa y permanecía encerrado día y noche en ella entregado a la perspectiva que le mantuvo persistentemente en la miseria y el anonimato hasta su muerte. Si la perspectiva no le sirvió de nada sus estudios fueron en cambio útiles a los artistas que le sucedieron.»*

Cuando Ben Jakober vio, en los Uffizi de Florencia, un pequeño papel de Uccello que medía apenas treinta centímetros y que era el estudio de perspectiva de un vaso se le ocurrió hacer una escultura a partir de aquel croquis, una construcción geométrica con la que estructurar un espacio abierto y que llevara el título de *La Copa de Paolo Uccello* en homenaje al maestro florentino. Tal era el origen de la pieza que Bonito Oliva seleccionó para su exposición en Erice. Otra versión más grande, adquirida por el Gobierno Balear es una especie de atalaya en lo alto de un promontorio, una estructura que brilla al sol, que llama la atención de todo aquél que, en la isla de Mallorca, transita entre la Vía de Cintura y la autopista de Andratx.

Si a Jakober, le fascinaban los dibujos geométricos de Uccello era también porque atestiguaban hasta qué punto aquél artista y su generación han orientado de modo perdurable el arte moderno. Al pintor italiano le interesaba muy particularmente la circunferencia, el círculo y sus derivados de modo que buscaba afanosamente objetos que poder asimilar claramente a tales formas geométricas para

a real construction of forms; he started with, for example, a structure of horizontal and vertical lines, shown respectively in the picture of *The Battle of San Romano* by the broken lances resting on the ground and the vertical is drawn by the swords above the warriors and the positioning of their horses.

Beyond geometric-philosophical speculations there was in Uccello for Jakober a certain craftsman's spirit (of gothic origin but also learnt from his master Ghiberti) which he admired and which Uccello took pleasure in especially when he tried to overcome the difficulties of representation or the resolution of delicate technical problems.

Ben Jakober was so interested that he decided to continue working in the same direction and make other sculptures so that this one was only the first of a trilogy.

Therefore it was quite natural that when Achille Bonito Oliva was named director of the XLV Biennale de Venezia he asked Ben Jakober this time in collaboration with his wife Yannick Vu, to realise for the event a sculpture as emblematic as *La Copa de Paolo Uccello* and also natural that they proposed the second piece of the trilogy, *Il Cavallo di Leonardo*.

The choice was justified from more than one point of view. On one hand it was exactly 500 years since the monumental equestrian sculpture, four times life size, which Leonardo was finalising as a tribute to the father of Ludovico il Moro and on which he had worked for the last twelve years was cancelled for war reasons and the bronze meant for its casting had to be used for the more prosaic but necessary function of making canons.

Leonardo had studied pencil in hand, the thousand details of the giant sculpture as shown by the folios of the Madrid Codex lost in 1830 and found again as we all know in 1969 and now in the Madrid National Library. It was one of Leonardo's drawings in this codex which Ben Jakober and Yannick Vu took as the point of departure for the enormous horse's head and neck which emerging out of the water at the entrance was to become the emblem of the 1993 Biennale.

The creative process is not without interest. With the help of the technicians at Venini in Murano; one of the artistic glass manufacturers of major international prestige and reputation, capable of using methods which made their glory in the

introducirlos de modo subrepticio en sus composiciones. Ya se tratara de toneles o yelmos, un cáliz, una aureola o el mazzocchio del que tendremos que volver a hablar.

La Copa de Uccello se basaba en un análisis estilístico del celebérrimo dibujo de Uccello que revelaba que se formulaban en ella, de modo premonitorio, formas expresivas aún en vigencia en el siglo XX. Así para crear la ilusión de la tercera dimensión de la tela, una ilusión de profundidad, Uccello se valía de una auténtica arquitectura de formas; partía, por ejemplo, de una estructura de líneas horizontales y verticales, indicadas respectivamente en el cuadro de *La Batalla de San Romano*, por las lanzas rotas que reposan en el suelo y la vertical que trazan las espadas en alto de los caballeros y la disposición de sus caballos.

Más allá de las especulaciones geométrico-filosóficas había en Uccello, para Jakober, además, cierto espíritu artesanal (de origen gótico pero también aprendido de su maestro Ghiberti) que admiraba y con el que Uccello se complacía especialmente cuando trataba de superar las dificultades de la representación o bien de resolver delicados problemas técnicos.

Ben Jakober se sentía tan interesado que se propuso seguir trabajando en el mismo sentido y crear otras esculturas de modo que aquélla fuera sólo la primera de una trilogía. Era, pues, de todo punto natural, que cuando Achille Bonito Oliva fue nombrado director de la XLV Bienal de Venecia le pidiera a Ben Jakober, esta vez en colaboración con Yannick Vu, que realizaran para el certamen una escultura tan emblemática como *La Copa de Paolo Uccello,* y fue natural también que ellos le propusieran la segunda pieza de su trilogía, es decir *Il Cavallo di Leonardo*.

La elección estaba justificada desde más de un punto de vista. Por una parte se cumplían exactamente 500 años de la escultura ecuestre monumental, cuatro veces mayor del tamaño natural, que Leonardo ultimaba en homenaje al padre de Ludovico el Moro y en la que después de haber trabajado durante los doce últimos años quedó en suspenso por motivos bélicos: el bronce destinado a su fundición hubo de servir para el más prosaico pero perentorio menester de hacer cañones.

Leonardo había estudiado lápiz en mano, los mil detalles de la magna escultura como atestiguan unos folios del Codex de Madrid perdidos en 1830

XVIIth century, the artists made a small model in clay, then another in metal and glass (scale 1 to 10). After having made a complete photographic study of it they passed the results onto a computer via a scanner enabling them to define with precision the different plans, level by level, so based on all this the construction of the sculpture 14 metres high could be realised. As a climax and as the last piece of the trilogy, Ben Jakober now presents in the Fundació Pilar i Joan Miró a Mallorca, a sculpture made of steel tube which contrary to the two previous ones is not developed in an open space as with this one Ben Jakober takes up the challenge of putting it inside a relatively small area which it occupies entirely. Placed diagonally across the room, the ring of over 9 metres, will be brought into the room through the window in the 16 pieces of which it is made and then they will be welded together inside. Thus the piece will fill the space from wall to wall and will even be visible from an opening on the floor above. This time Ben Jakober again started with Uccello's drawings inspired by the mazzocchio, an octagonal piece of wood covered with cloth which the high magistrates of the Florentine XIVth century used as a hat or headdress, and whose geometric almost diamond shaped form, allowed him an infinity of variations. Uccello thus used a simple object which was an object of ostentation and adornment but which at the same time was useful to exercise himself in perspective, in order to articulate a frontal space, converting the mazzocchio into a geometric structure using a system of representation by points, that is to say breaking down the figure into polyhedrons of multiple facets, with the alternance of

y hallados de nuevo como todo el mundo sabe en 1965, ahora en la Biblioteca Nacional de Madrid. Fue en uno de los dibujos de Leonardo que figura en dicho códice donde Ben Jakober y Yannick Vu hallaron el punto de partida para la enorme cabeza y cuello de caballo que, surgiendo de las aguas a la entrada, iba a ser el emblema de la Biennale de 1993.

El proceso de trabajo no carece de interés. Con ayuda técnica de la casa Venini de Murano, uno de los talleres de vidrio artístico de más solera y prestigio internacional, capaz de emplear las técnicas que hicieron la gloria del Murano en el s. XVII, los artistas realizaron un modelo pequeño en barro, después otro en metal y vidrio (escala de 1 a 10). Después de hacer de él un completo estudio fotográfico, pasaron al ordenador mediante scanner, a fin de poder detallar luego con precisión los diferentes planos, nivel por nivel, hasta poder realizar a partir de todo ello una escultura de 14 metros de altura.

Y como colofón y última pieza de la trilogía anunciada, finalmente Ben Jakober presenta ahora en la Fundació Pilar i Joan Miró a Mallorca, una escultura de tubo de hierro que, contrariamente a las otras dos no se desarrolla en un espacio abierto sino que con ella Ben Jakober asume el reto de situarla en el interior de una sala relativamente pequeña que ocupa por entero. Se propone colocar en diagonal en el interior de la misma, el anillo de más de nueve metros, haciendo entrar las 16 piezas de que se compone por la ventana para proceder a soldarlas luego, una a una en el interior. Así la pieza llenará de pared a pared la estancia de modo que incluso podrá ser contemplada desde los ventanales del piso superior.

Esta vez Ben Jakober parte de nuevo de unos dibujos de Uccello inspirados en el mazzocchio, una pieza circular de madera recubierta de tejido que usaban los altos magistrados del Quattrocento florentino a modo de toca o sombrero, cuya forma geométrica, casi de diamante, le permitía infinidad de variaciones. Uccello, pues, se valía de un objeto sencillo que era una pieza del atuendo y un adorno pero que a la vez le servía perfectamente para ejercitarse en la perspectiva, para articular un espacio frontal, convirtiendo el mazzocchio en una estructura geométrica mediante un sistema de representación por puntos, es decir descomponiendo la figura en poliedros de múltiples caras, con una alter-

the black and white of a chess board.

It is certain that the mazzocchio became a real obsession for Uccello and when, according to Vasari, Uccello showed the sketches he had made of the mazzocchio to his intimate friend the sculptor Donatello *«as well as the corresponding studies of all sorts of perspective from unimaginable points of view which divided it into spheres and sectioned it into 72 planes as if it were a diamond, together with studies of a thousand other details with which he wasted his time»*, the latter said to him *«Oh, Paolo - this successful perspective makes you abandon the sure thing for the unknown. I think that this is something that will only be useful to artists making marquetry encrustations, and geometric decorations»*.

The contribution of Uccello's work thus makes a short circuit between objectivity of the new rules of perspective which he discovered (structuring the space from different points of fugue) and the emotion of the story, amongst the spatial and the temporal dimension, in the common direction of conceptual and descriptive vectors.

Also in the work of Ben Jakober, considering the different creative cycles of the last decade as a whole one can say that the vectors of time and space converge, conceptual and descriptive. Because it is true that we are talking about an eminently intellectual contribution, in which the concept and final significance of the work are fundamental, it is also a fact that for this highly refined and sensitive artist, the execution, the well made, the perfect finish also constitute capital points of his artistic credo.

But also it is possible to detect a sort of common denominator in all Ben Jakober's work, a sort of conducive thread which runs from start to finish: which is this systematic search for the relationship and concomitance between art of the past and present. An artistic trajectory absolutely coherent and always equidistant from the concept and the formal perfectionism which reaches in this last cycle of years from 1992 to 1994 with which Ben Jakober evokes the Italian Renaissance, decisively mature and with total authority over his means of expression.

1994

nancia del blanco y negro del tablero de ajedrez.

Lo cierto es que el mazzocchio se convirtió para Uccello en una auténtica obsesión y cuando, según cuenta Vasari, Uccello mostró a su íntimo amigo el escultor Donatello los croquis que a partir del mazzocchio había hecho *«así como los correspondientes estudios de toda clase de perspectiva, desde inimaginables puntos de vista, que lo dividían en esferas y seccionado en 72 planos como si fuera un diamante junto con estudios de otros mil detalles con los que malgastaba su tiempo»*, éste le dijo: *«Ay, Paolo, que esta dichosa perspectiva hace que abandones lo seguro por lo incierto. Piensa que es algo que sólo va a servir a los artistas que se dedican a la taracea, que hacen incrustaciones y decoraciones geométricas»*.

La aportación de la obra de Uccello se produce, pues, a modo de corto circuito entre la objetividad de las nuevas reglas de perspectiva que descubre (estructurando el espacio a partir de diversos puntos de fuga) y la emotividad del relato, entre la dimensión espacial y temporal, en la convergencia de vectores conceptuales y descriptivos.

También en la obra de Ben Jakober, considerando los diferentes ciclos creativos de esta última década como un todo puede decirse que convergen vectores de espacio y tiempo, conceptuales y descriptivos. Porque si es cierto que se trata de una aportación eminentemente intelectual, en la que el concepto y significado último de la obra son fundamentales, lo cierto es que para este artista, enormemente refinado y sensible, la factura, el buen hacer, el perfecto acabado constituyen también puntos capitales de su credo artístico.

Pero además, es posible detectar una especie de común denominador en toda la obra de Ben Jakober, una especie de hilo conductor que la recorre de principio a fin: es esa búsqueda sistemática de relaciones y concomitancias entre el arte del pasado y el de hoy.

Una trayectoria artística, sumamente coherente y siempre equidistante del concepto y del perfeccionamiento formal, que alcanza en este último ciclo de los años 1992/1994 con la que Ben Jakober evoca el renacimiento italiano un punto álgido de madurez y de dominio de sus medios expresivos.

1994

«MAZZOCCHIO» OPEN TO THE PUBLIC

Achille Bonito Oliva

In Paolo Uccello's work «mazzocchio's» [1] form is often emphasised as a head ornament or as the object's representation. The great Tuscan artist embraces this form in a strategic way, so to create depth when placed transversally in the picture's bidimensional space. This way the «mazzocchio» indicates width and develops a volumetric aspect towards tridimensionality. Also in *The Battle of San Romano* we find the «mazzocchio» attracting the audience's attention, reducing the battle's organised dispersive vision: it's on some soldiers heads and also on the ground.

In any case it seems to prevail over other compositional elements by its elliptical form and chromatic rhythm. Its autonomous structure is brought out and it is capable of focusing the eye on its own stability, as an evident signal of a formal intention towards an object equipoised between painting and sculpture. Ben Jakober has been bewitched by the «mazzocchio», out of Paolo Uccello's narrative plot, setting it free of any relationship and moving it determinatively away from painting's space to sculpture's. If in the painter's representation it maintained a proportionate size to the composition's whole, in Ben Jakober's disframed action it transforms into an autonomous object which grows in true scale with outer space, museum's architecture or urban context.

As a modern cartographer, he uses all the instruments he has on hand, even the computer. Through this Jakober controls the *Mazzocchio*'s expansion, the framework's configuration and its volume's definition.

This way he produces a work in metal which plainly shows in skeletal nudity, the structure's internal force and the external one in relation to the environment. The work's precision can be measured by the sculptures obvious capacity to inhabit open

En la obra de Paolo Uccello destaca la forma del «mazzocchio» [1] como adorno que viste la cabeza de las figuras o bien es en si mismo una representación de un objeto.

El gran artista toscano adopta dicha forma en manera estratégica, para crear un atisbo de profundidad mediante su colocación transversal en el espacio bidimensional de la pintura. De este modo el «mazzocchio» se convierte en el expediente pictórico que se abre a la profundidad y crea una atención volumétrica hacia la tridimensionalidad. También en *La Batalla de San Romano* encontramos el «mazzocchio» que condensa la atención del espectador, reduciendo la dispersión visual organizada del choque armado: sobre la cabeza de algunos contendientes o también en el suelo.

De cualquier modo parece prevalecer sobre los demás elementos de la composición por su forma elíptica y su ritmo cromático. Destaca la autonomía de su estructura capaz de condensar la mirada en torno a su propia consistencia, señal evidente de la intención formalizante hacia el objeto en equilibrio entre pintura y escultura.

Ben Jakober ha experimentado la fascinación del «mazzocchio», fuera de la trama narrativa de la obra de Paolo Uccello, liberándolo de toda relación y llevándolo decididamente del espacio de la pintura al de la escultura.

Si en la representación del antiguo pintor esto conservaba una medida proporcionada a toda la composición, en la operación descontextualizante de Ben Jakober el *Mazzocchio* se convierte en objeto autónomo que se expande en escala real con el espacio exterior, arquitectura de Museo o contexto urbano.

Moderno artista en su transposición utiliza todos los instrumentos que tiene a su disposición, incluidos aquellos tecnológicos del ordenador. Por medio de todo ello Jakober controla la dilatación del

and enclosed spaces, dominating the underlying architecture and the surrounding landscape.

This is possible because Jakober has made a precise reading of the linguistic autonomy of Uccello's painted object, of its persistent visual capacity even if pulled out of the work's context. Here we don't witness a modernist operation, banishing and distancing an object from its functional system. Here, there's no metaphysical exile, but a true reading and autonomous creation from a pre-existent element.

In this sense Ben Jakober's *Mazzocchio Open to the Public* acquires the force and the right of inhabiting Prato's urban space by creating a continuous line between painting and sculpture, Tuscan landscape painting.

The material's skeletal essentiality seems to denude the *Mazzocchio* from every ornamental element and allows the installation to represent the object's conceptual character, as if the passing centuries would have in favour of depuration as against ornamentation.

This evidence is not only the fruit of the exaggerated dilatation of the object but rather the consequence of the manifestation of the conceptual character of Tuscan drawing and painting open to the philosophical contribution of Neo-Platonism.

Jakober is nourished by the «mazzocchio's» mental aspect in Paolo Uccello's work, building a macroscopic structure, leaning it against the ancient city walls and making it visible to society.

The computer's electronic controls help the artist to fix the work in a precise mathematical dilatation, out of any monumental and celebrational exaltation. In effect its large dimension does not in any way signify a celebrative intention. It relates however its recognisable identity in balance between abstraction and figuration following the lines of a compact and enclosing geometry.

The operation's happy result is confirmed by the form's closed consistency which maintains its own compactness even when dispersed in the open air. There does exist on the contrary the possibility of verifying the final capacity of the sculpture which is to produce a transparency complementary to its compactness.

The *Mazzocchio* liberated from the impenetrable pictorial surface now allows the rhythm of its metallic framework to occupy space, and to permit light and time of all seasons to pass through it.

Mazzocchio, la configuración del entramado y la definición del volumen.

Realiza de este modo una obra en metal que manifiesta en su evidente y esquelética desnudez la fuerza interior de la estructura y la exterior relativa a su impacto con el espacio circundante.

La exactitud del trabajo se mide con la capacidad evidente de la escultura de vivir en un espacio cerrado y abierto, de dominar la arquitectura que la cobija y el paisaje que la acoge.

Esto es posible porque Jakober ha hecho una lectura puntual de la autonomía lingüística del objeto que pintara Paolo Uccello, su capacidad de persistencia visual aunque escamoteada del contexto de la obra.

No estamos asistiendo a una operación modernista de ready-made, extrañamiento y exilio de un objeto de uso sistema funcional. Aquí no se trata de un exilio metafísico, sino más bien de una lectura fiel y una creación autónoma a partir de un elemento preexistente.

En este sentido *Mazzocchio Abierto al Público* de Ben Jakober adquiere la fuerza y el derecho de habitar el espacio urbano de la ciudad de Prato creando una línea de continuidad entre pintura y escultura, naturaleza de la pintura toscana y de la también toscana del paisaje.

La esencialidad esquelética del material parece desnudar el *Mazzocchio* de todo elemento ornamental y permitir a la instalación el representar el carácter conceptual del objeto, como si el paso plurisecular del tiempo hubiese actuado a favor de la depuración en contra de la ornamentación.

Esta evidencia no es solamente fruto de la exagerada dilatación del objeto, sino más bien la consecuencia del manifestarse del carácter conceptual propio del dibujo y de la pintura toscana, abiertos al aporte filosófico del neo-platonismo.

Jakober se nutre del aspecto mental de la representación del «mazzocchio» en la obra de Paolo Uccello, construyendo una estructura macroscópica, apoyándola a un muro antiguo de la ciudad y evidenciándola a los ojos del cuerpo social.

El control electrónico del ordenador ayuda al artista a contener la obra en una dimensión matemáticamente exacta, fuera de cualquier exaltación monumental y celebrativa.

En efecto su gran dimensión no significa en ningún caso una intención celebrativa, el paso a una escala volumétrica que altera la conformación y el

If around it nature presents its cycle of changes and the city its own pulsing rhythms of daily life, Jakober's *Mazzocchio* assumes the force of a constant form which measures itself against any of these changes.

The consistency of art finds its own celebration in the gravitational character of a sculpture which at all times accepts a dialogue with its surroundings by means of its own structural transparency. The modern appearance of the work begins precisely through its capacity of not putting itself in a position of frontal collision with the natural and urban landscape, but by accepting transversal dialogue, using an elliptic composition of the sculpture which adjusts to the support of the ancient walls of the city.

It is surprising that the placing of the work which adopts the wise strategy of not flaunting its gravitational autonomy requires the solidarity of the architectonic context and requests a dialogue with the ancient walled fortifications of Prato.

This is a civilised form of modern art living in the past, to denounce didactically the need for solidarity with civic memory represented by all Prato's urban space, which in this way can enjoy the work collectively. It's placement is important, fundamental part of the inborn civic sense in artistic creation. This is the case of a sculptor who does not believe in the rupture between past and present, closed and open, museum and urban space. Jakober also does not believe in geographical distances of different European cultures which cannot be hermetic but always in dialogue with each other. Great is the battle under the Pennants of coexistence of differences. Taking the *Mazzocchio* to Prato, translating *The Battle of San Romano* from one language to another, from painting to sculpture signifies demonstrating one's utopia, the search for a non-place, as this word says etymologically.

Jakober has understood that art is always a search of something out there, requesting hospitality, in this case the city of Prato, not to occupy and stamp with one's own work, but rather to mark with the transparent form of a sculpture which does not in itself paralyse the gaze but which complicates the landscape, enriching it with an intense and intentional interference.

Conjugating art and nature is something which is to be found in the spirit of Leonardo da Vinci, another Tuscan who always made creation an instru-

conjunto. Conserva sin embargo su identidad reconocible en equilibrio entre lo abstracto y lo figurativo, según las líneas de una geometría compacta y cerrada.

El resultado feliz de la operación se produce precisamente por la verificación que se puede hacer de la consistencia cerrada de la forma que mantiene su propia compacidad aunque dentro de las dispersiones en pleno aire.

Existe por el contrario la posibilidad de verificar una capacidad ulterior de la escultura que es la de producir una transparencia complementaria a su consistencia compacta.

De este modo liberado el *Mazzocchio* de la impenetrable superficie pictórica ahora se dispone en el ritmo de uso entramado metálico a ocupar el espacio, para hacerse atravesar por la luz y por el tiempo de todas las estaciones.

Si a su alrededor la naturaleza presenta su ciclo de cambios y la ciudad su propio ritmo de pulsante cotidianidad, el *Mazzocchio* de Jakober asume la fuerza de una forma constante que se mide con cualquier cambio.

La consistencia del arte encuentra su propia celebración en el carácter gravitacional de una escultura que acepta en todo momento dialogar con el contexto que la acoge mediante su propia transparencia estructural.

El aspecto moderno de la obra nace precisamente de su capacidad de no colocarse en posición de choque frontal con el paisaje natural y urbano, sino de aceptar el diálogo transversal, utilizando la composición elipsoidal de la escultura que se acomoda al apoyo a la muralla antigua de la ciudad.

Es sorprendente la colocación de la obra que adopta la sagaz estrategia de no exhibir su autonomía gravitacional, sino la de requerir la solidaridad del contexto arquitectónico y solicitar el diálogo con los antiguos recintos amurallados de Prato.

Esta es una forma civilizada del arte moderno de habitar el pasado, de denunciar didácticamente la necesidad de solidaridad con la memoria cívica representada por todo el espacio urbano de Prato que de este modo puede disfrutar colectivamente de la obra.

Es importante su colocación, parte fundamental del sentido civil innato en la creatividad artística. Es esto el caso de un escultor que no cree en la ruptura entre pasado y presente, cerrado y abierto, museo y espacio urbano. Jakober no cree tampoco

ment of research. Conjugating fantasy and «esprit de finesse» following the course of *Il Cavallo di Leonardo*, (the monumental floating introduction in front of the gardens of the XLVth Biennial) realised together with Yannick Vu, Ben Jakober has developed his experimental creativity in the direction of the city of Prato.

He has realised a project which conjugates the humours of fantasy, a sense for materials, computerised control of the proceedings with the appropriate technological contribution.

He unites in this way, a large scale formal creation, a humoristic memory of the past with the technical identity of our present.

1995

[1] Mazzocchio = typical masculine headgear used in the XIII - XV centuries

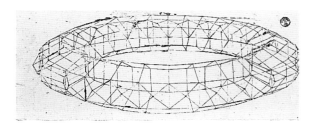

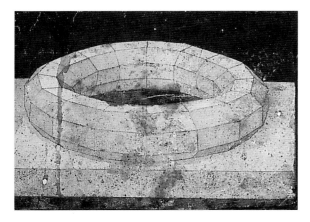

en las distancias geográficas de las diversas culturas europeas que no pueden ser estancas, sino siempre dialogantes entre ellas.

Gran batalla es la del arte bajo las banderas de la coexistencia de las diferencias. Llevar el *Mazzocchio* a Prato, trasladar *La Batalla de San Romano* de un lenguaje a otro, de la pintura a la escultura, significa incluso demuestra su utopía, la busca de un no lugar, como indica etimológicamente esta palabra.

Jakober ha comprendido que el arte es siempre búsqueda de un más allá, petición de hospitalidad, en este caso a la ciudad de Prato, pero no para ocuparlo y sellarlo con su propia obra sino más bien para marcarlo con la forma transparente de una escultura que no paraliza en si misma la mirada sino que complica el paisaje, enriqueciéndolo con una interferencia intensa e intencionada.

Conjugar el arte y la naturaleza es algo que se encuentra en el espíritu de Leonardo da Vinci, otro toscano, que siempre ha hecho de la creación un instrumento de investigación. Conjugando fantasía y esprit de finesse, siguiendo la estela del *Cavallo di Leonardo* (gigantesca introducción flotante delante de los jardines de la XLV Bienal de Venecia) realizado conjuntamente con Yannick Vu, Ben Jakober desarrolla su propia creatividad experimental en la dirección de la ciudad de Prato.

Realiza una obra que conjuga los humores de la fantasía, el sentido del material, el control electrónico del procedimiento y el aporte tecnológico.

Funde de este modo, en un gran conjunto formal, la memoria humanística del pasado con la identidad técnica de nuestro presente.

1995

Traducción del italiano: Luigia Perotto.

[1] Mazzocchio: típico gorro masculino utilizado en los siglos XIII-XV

KINDER-TÖTENLIEDER

Yannick Vu

A few months have gone by since that terrible night when he realised he would never see her again, and the day that making peace with his pain, he had the conviction while working on his first *Cruxigram* that the *«War of the Children of the Light against the Children of Darkness»* had fortunately just started for him.

The electronic circuits he had taken for his round trips from the present to the past, had naturally brought him from the deepest of his sorrow to the absolute black and white of the «maux-croisés».

From the white desert of his grief he declined the black of absence, and suddenly the mysterious spirit hidden behind the letters still to be discovered gave sense and coherence to his whole life.

The multiple poetical meanings suggested by the pieces of information - not yet expressed - of the puzzle were replaced by a new language articulated around the infinite diversity of matter.

Spaces combined according to different compositions liberate many simultaneous messages which do not seem to be anything else but the triumph of order over chaos. Only the verb space remains, its white, silent structure, the fullness of its memory, the emotion of its absence.

These mental architectures arranged over the rhythm of a temple's pillars impose themselves as plans of cult places erected by man, and he naturally gave them cathedrals' names.

As a support for this enigma which organises each time its network of meaning around the cross, he chose the coldness of marble, the warmth of wood, the hardness of metal, the smoothness of canvas, the precision of earthenware, the glossy brightness of ceramics, the elasticity of oilcloth or the ambiguity of plastic.

Anxious to preserve the traces of our civilisation as

Varios meses han pasado desde esa terrible noche cuando se enteró que no volvería a verla nunca más y el día que haciendo las paces con su dolor tuvo la certidumbre realizando su primer *Cruxigram* que la *«Guerra de los Hijos de la Luz contra los Hijos de las Tinieblas»* acababa de empezar afortunadamente para él.

Los circuitos electrónicos que había tomado para sus idas y venidas del presente al pasado, lo habían llevado naturalmente desde el fondo de su pena, al negro y blanco absoluto de los «maux-croisés». Desde el desierto blanco de su duelo, declinó el negro de la ausencia, y de repente el espíritu misterioso escondido tras las letras aún sin descubrir, dio su sentido y su coherencia a la vida entera. A las múltiples significaciones poéticas sugeridas por las informaciones todavía no expresadas del rompecabezas, ha sustituido un nuevo idioma articulado alrededor de la diversidad infinita de la materia. Los espacios se combinan según unas composiciones cada vez diferentes mientras liberan numerosos mensajes simultáneos que no parecen ser otra cosa que el triunfo del orden sobre el caos.

No queda más que el espacio del verbo, su estructura blanca y silenciosa, la plenitud de su memoria, la emoción de su ausencia. Estas arquitecturas mentales ordenadas sobre el ritmo de las columnas de un templo se imponen como planos de los lugares de culto levantados por el hombre y naturalmente les ha dado nombres de catedrales.

Como soporte para este enigma que cada vez organiza su red de significados alrededor de la cruz, ha elegido el frío del mármol, el calor de la madera, la dureza del metal, la suavidad de la tela, la precisión de la loza, el brillo satinado de la cerámica, la elasticidad del hule o la ambigüedad del metacri-

he already had done in his *Rosetta Stone*, he lined up for a remote future - when the code of our writing will be already lost - the empty web of our language. Potential words, surfaces as smooth as mirrors, are arranged in sequence to infinity according to a scheme which obeys both semantic and aesthetic rules. Suggestion has become the main emotion.

October 1992

lato. Deseoso de preservar las huellas de nuestra civilización como lo había hecho ya con su *Rosetta Stone*, ha alineado para un lejano futuro - cuando el código de nuestra escritura ya esté perdido - la trama vacía de nuestro idioma. Las palabras en potencia, superficies lisas como espejos, se ordenan al infinito según un esquema cuyo orden obedece a unas reglas a la vez semánticas y estéticas. La sugestión se ha vuelto la emoción principal.

Octubre 1992

YANNICK VU

WORKS 1962-1994

WITH ESSAYS BY

PIERRE JEAN RÉMY
POLLY DEVLIN

AUTOPORTRAIT N° 1, 8.11.1986

FENÊTRE, 1962

Portrait de Domenico, 1963

PETITE FILLE QUI BOIT DU LAIT, 1964

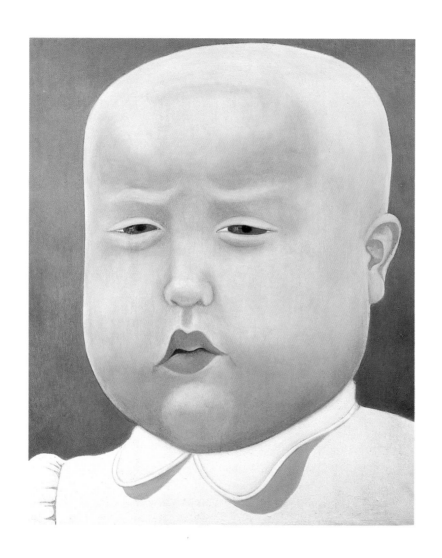

PORTRAIT DE BAY, 1978

BÉBÉ DE PROFIL, 1972

KENTUCKY HURRICANE, 1978

JEUNE TAHITIENNE À TABLE, 1978

L'Odalisque, 1979

EL VARÓN, 1980

CÉLESTE, 1980

El Conjunto Corazón, 1979

NATURE MORTE À LA TÊTE DE NAPOLÉON, 1979

PORTRAIT DE KIRA, 1979

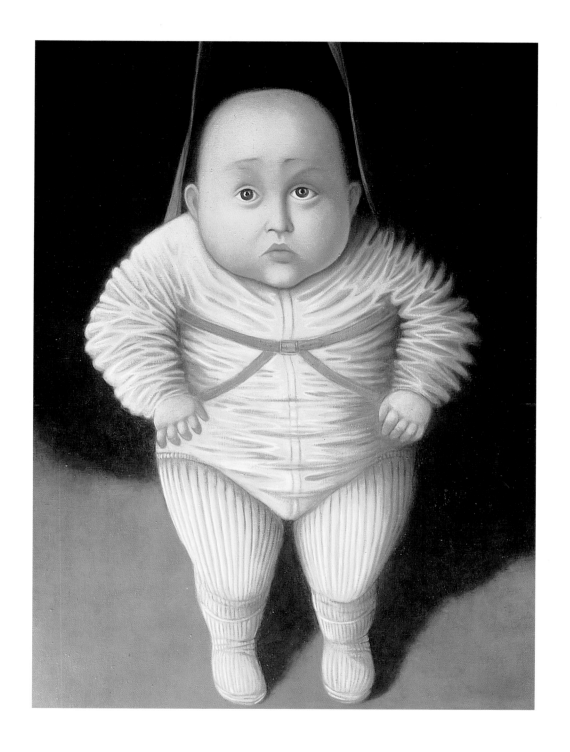

SUSPENSE, 1979

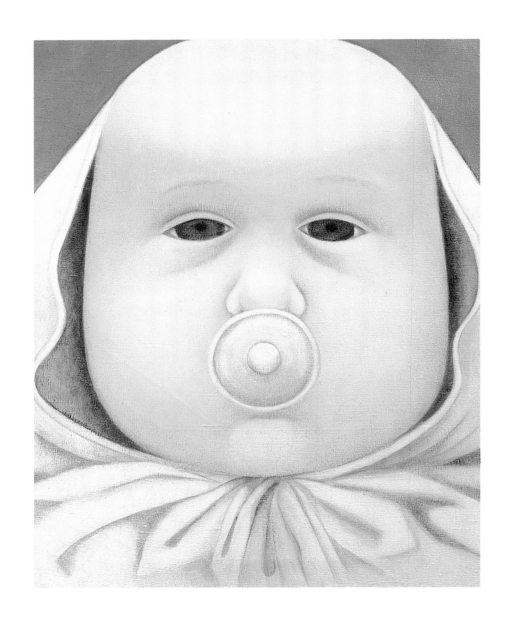

THE PACIFIER, 1979

La Chair du Fruit, 1982

L'Eau I, 1983

L'Eau II - San Giuseppe et l'Eau, 1983

EL PERRO INGLÉS, 1981

LA PLAGE, 1984

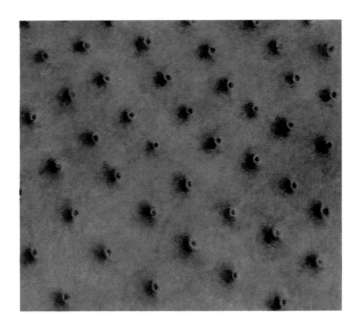

CACTUS SURFACE, 1985

VENUS CACTUS, 1985

YANNICK N° 1, 1986

YANNICK AVEC PERLES, 1987

INSTALLATION, 1988

DWELLING, 1987

Omphalos, Traversée Nocturne, 1994

TIERRA DEL FUEGO, 1994

TEMPLE 3, 1994

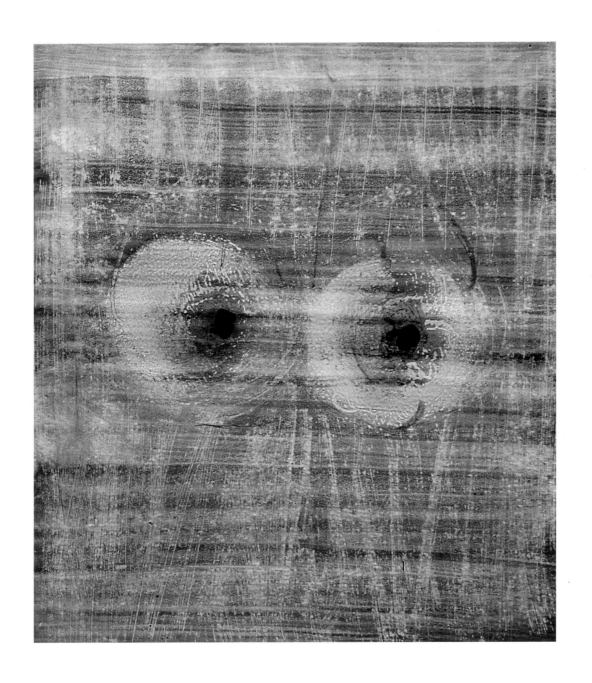

LES SEINS DU ROI, 1995

ON THE MOON, 1995

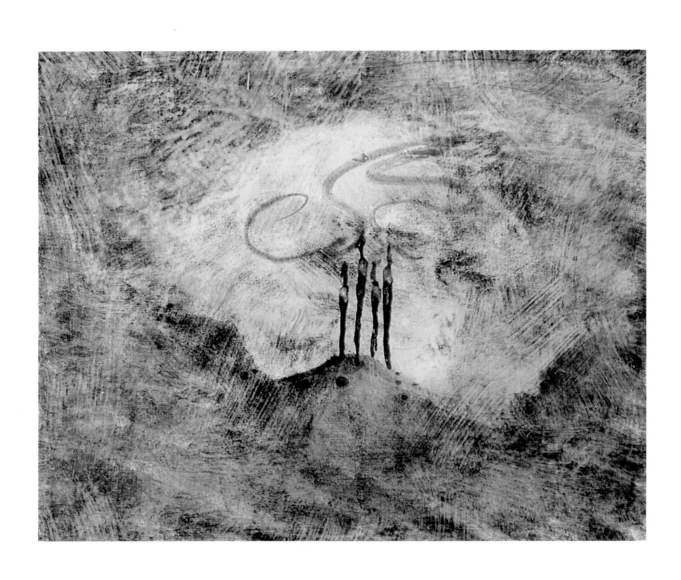

QUADRIGA AU BORD DU VOLCAN, 1995

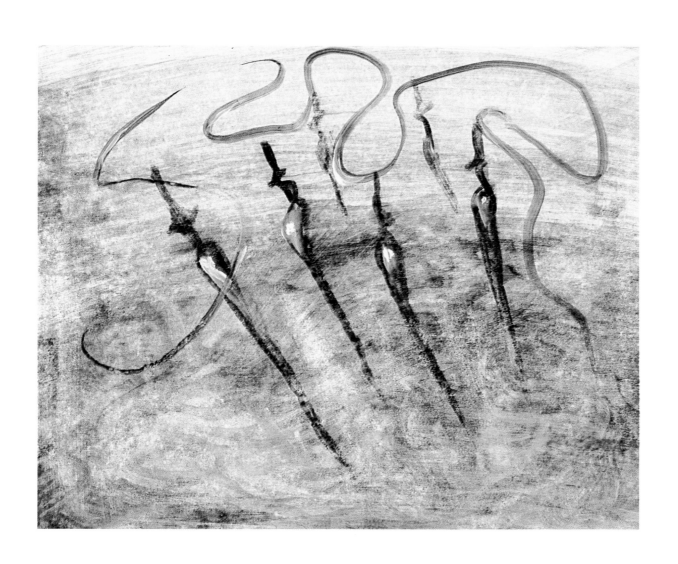

QUADRIGA DANS LA TEMPÊTE, 1995

ECHOUÉE SUR LA PLAGE, 1995

CERCA DE ARTÁ, 1995

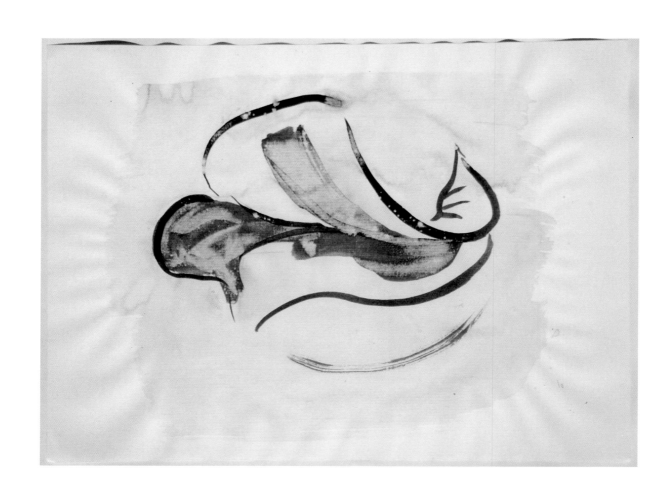

WHITE GODDESS Nº 7, 1995

REQUIN FARCEUR, 1995

L'Arrivée des Omphaloi, 1995

Le débarquement des Omphaloi, 1995

QUADRIGA À JUAN LES PINS, 1995

PLAZA PARTIDA SUR LA MER, 1995

FALL N° 2, 1995

LE LONG FLEUVE ROUGE, 1995

Flying White Goddess N° 2, 1995

YANNICK VU

Pierre-Jean Rémy

Childish and solemn an army has risen: they are twenty, a hundred babies - one used to call them dollies, they were in celluloid - who have started marching in the quiet anguish of a red dawn. Ravishingly chubby, they have however drooping mouths and a fixed stare.

Right away they proclaim *We Are Very Many*: it is anyone's guess to know what peril brings this cohort of children. There are so many legends, tales or novels which tell about these dangers: the stubborn forehead of a little boy, of a little girl and, behind it, the horror.

It is to this anxiety which nevertheless seems serene by its immobility, that Yannick Vu invites us. *We Are Very Many*, waiting and ready. Menace is everywhere, but we, children different from the others, are preparing another peril for you, a different one.

And that, astounded and seated on an oriental rug, white collars, frills or bibs, they stare at us with the same fixedness, all wrapped in their cute little blue, red or green pyjamas, in the suspended darkness of a *Kentucky Hurricane* of which we will never know anything, it is the same anguish in front of these too round, meek - in the most dangerous sense of the word- faces, who will never talk but of whom we can dimly guess the super human powers. And there again we know that Yannick Vu is telling us one of these stories that one sees only in dreams, at this perilous confluent of all cultures, where an Orient too close to us moulds itself into the mask of an Europe or an America, which doesn't yet see that it is from within that it is suddenly occupied.

Be they animal, the creatures of Yannick Vu are no

Infantil y solemne, un ejército se ha levantada: son veinte, cien bebés - antaño los llamaban muñecos, eran de celuloide - que se han puesto en marcha en la calma angustia de una madrugada roja. Regordetes hasta el encanto, pero tienen la boca triste y la mirada fija. *Somos Muchos*, aseguran de entrada: a nosotros de enterarnos cual peligro lleva esa cohorte de niños. Hay tantas leyendas, cuentos o novelas que relatan estos peligros: la frente obtusa de un niño pequeño, de una niñita y, detrás, el horror.

Es a esa inquietud que uno diría serena, tan inmóvil está, que nos convida Yannick Vu. *Somos Muchos*: esperando y preparados. La amenaza está por todo, cierto, pero nosotros, niños diferentes, os preparemos otro peligro, diferente. Y que atónitos y sentados sobre una alfombra de Oriente, cuellos Claudina, encajes o baberos, nos miran con la misma fijeza, todos envueltos en sus deliciosos monos azules, rojos o verdes en las tinieblas suspendidas de un *Kentucky Hurricane* del cual no sabremos nada, es la misma angustia frente a estas caras demasiadas redondas, bonachonas en el sentido más peligroso de la palabra, que jamás hablarán, pero cuyos poderes otros que humanos se adivinan. Y allí otra vez, sabemos que Yannick Vu nos cuenta una de esas historias que sólo se ven en sueño, en este confluente peligroso de todas las culturas, donde un Oriente demasiado cerca de nosotros se derrocha en la máscara de una Europa, de una América, que todavía no sabe que tal vez, es desde el interior que de repente está habitada.

Animales las criaturas de Yannick Vu no son menos temibles: sin embargo, siempre cada vez esa máscara bonachona (repito a propósito esta pala-

less dreadful: and yet, every time again this meek (I purposely repeat the word, for everything smoulders behind it) mask.

What more can be said about a pink dog with veiled eyes sitting on the very globe of the earth with, behind him, the first dawn? The dog is albino: already in its own way a monster.

Or else what could be said about another dog, with a coat as short-haired as the first one, but whose features underlined with grey, too sharp almond eyes, elude any caress: it is plump and gleaming like a big fat snake fed with the flesh of little dogs one buys in Hong Kong for Chinese New Year. A dog which stares at you and thinks... Even these pieces of cut up fish, and these tinned crabs that the painter offers us on a damask table cloth: one imagines them, fat, venomous, oily too, of an unpleasant touch.

For whom are these stilted feasts laid out? There too the Orient and the Occident meet in complicated menus. Talking about Japan, Barthes wrote about the Empire of the signs: every bowl, every plate, every goblet is a sign. They point less to an ephemeral content of - rice, shrimp, lemon, egg, soya bean curd - than to a moment of a rite.

But when the time comes to sit at the table set in this way, the primal anguish disappears. Yannick Vu, this time, displays and offers a vision. Nobody will have it, this meal of signs, but it is the pause after the childish terrors.

That a gruyere cheese, a simple onion, finally - a camembert! all danger is removed! - occupy the place, and we breathe freely.

The same about these apples which owe more to Derain than to Cézanne but into which, nevertheless, we have all bitten: all at once, the tensions are appeased. A window, finally a window! opens on the blue night. And the timbale which vomits its noodle-entrails becomes a simple still-life; we narrowly escaped. Yannick Vu's perilous journey has nevertheless taken us to the margins of the unknown, and I really believe that it not merely by biting a bright red apple that with a shrug of the shoulders one could convince oneself that all is over! Besides, the childish and chubby army is still in marching order.

It's up to us to know how to fight.

1982

---

bra, porque todo arde tras ella). ¿Qué más decir de un perro rosa con los ojos velados sentado sobre el mismísimo globo de la tierra con, tras él, una primera alba? El perro es albino: ya a modo suyo, un monstruo.

O bien que se puede decir de otro perro, con pelo tan corto como el primero pero cuyos rasgos están subrayados de gris, los ojos almendrados demasiado agudos, eluden cualquier caricia: está gordo y reluciente como una serpiente obesa nutrida de la carne de los perrillos que se venden en Hong Kong para el año nuevo Chino. Un perro que nos mira y que piensa... Hasta esos trozos de pescado cortados, hasta esos cangrejos en lata que la pintora nos ofrece sobre un mantel de damasco: se adivinan, grasientos, venenosos, relucientes también, con un tacto desagradable.

¿Para quién son estos festines que se erijan, cuajados? Aquí también el Oriente y el Occidente se encuentran en unos menús complicados. Hablando del Japón, Barthes escribió sobre el imperio de los signos: cada fuente, cada plato, cada cubilete es un signo. Nos señalan menos a un contenido efímero - arroz, gambas, limón, huevo, cuajado de soja, - que a un momento de un ritual. Pero a la hora de pasar a la mesa así puesta, la angustia primera se esfuma. Yannick Vu, esta vez, dispone y ofrece una visión. Nadie tendrá este pasto de signos, pero es la parada después de los terrores infantiles. Que, un queso de Gruyère, una sencilla cebolla, por fin - ¡un Camembert! todo peligro está descartado - ocupen el sitio, y respiramos plenamente. Incluso estas manzanas que deben más a Derain que a Cézanne pero en las cuales, no obstante, hemos ya mordido: de repente, las tensiones se apaciguan. Una ventana - ¡por fin una ventana! - abre sobre la noche azul. Y el pastel que vomita sus tallarines-entrañas se vuelve una sencilla naturaleza muerta: hemos escapado por un pelo.

¡Peligroso, el viaje de Yannick Vu no ha sin embargo paseado a los márgenes del desconocido, y pienso más bien que no es sólo mordiendo en una manzana bien roja que con un encogimiento de hombros podremos decirnos que todo ha acabado! De hecho, el ejército infantil y regordete está siempre en orden de marcha.

A nosotros, saber batallar.

1982

OSCAR DE LA MAR

Yannick Vu

My first encounter with him stirred very mixed feelings in me: an obvious attraction for this statuesque and stylised creature with enigmatic eyes and yet a sort of fascinated repulsion for an animal so original that it became almost disturbing.

A number of months went by without another meeting, but I did not forget him. Oscar - for such was his name - occupied a particular place in my memory. Our sole contact, when he allowed me a small share of the already narrow back seat of «his» car, made it plain to me that I was in presence of somebody very special, little inclined to familiarities with strangers, certain that his mysterious appearance would inspire a respect normally reserved for the stronger.

Last summer, one August evening at sunset, I saw him again. It was still very hot and I thought that the beach would be deserted, when he suddenly emerged from the water. The sky and sea were the same mercury colour. The sea weeds and the rocks already belonged to the night. He sat down without haste and without looking at me. He seemed to have come a long way and I immediately thought of Anubis. Of which sacred doors was he the guardian? Of the approaching night? The unknown was familiar to him and he seemed to be acting as a guide between reality and dream. When I got up to go home, he followed me to the house, and he stayed.

In this way I started to paint him. According to the Chinese calendar it was the «The year of the dog». During several months he frequented my studio with extreme complacency. I suspect that he was rather vain and had no equal for striking an advantageous pose. On closer observation I appreciated him not only for plastic reasons, but also for his incomparable sense of comedy, his true kindness, his huge dignity, his absence of pretence, the total awareness of his importance and consequently of the consideration due to him.

He was a very demanding creature and performed a radical selection on our circle, dividing in a rudimentary way, on one side, those who appreciated

Mi primer encuentro con él provoco en mi sentimientos ambivalentes. De un lado una extraña reacción hacia este ser con ojos enigmáticos, de formas esculturales y estilizadas, y de otro, una especie de repulsión fascinada hacia un animal tan original que resultaba molestoso.

Pasaron varios meses sin que nuestros caminos volvieran a cruzarse pero no olvidé.

Oscar - era su nombre - cogió un sitio particular en mi memoria. Nuestro único contacto cuando consintió compartir conmigo el estrecho asiento trasero de «su» coche me hizo comprender que me encontraba ante un ser muy especial, poco propenso a familiaridades con desconocidos, seguro de que su apariencia misteriosa inspiraba un respecto normalmente reservado a los más fuertes.

El verano pasado, un día de agosto al anochecer, volví a verle.

Hacía calor todavía y pensaba la playa desierta cuando surgió de las aguas.

El cielo y el mar eran un mismo color de mercurio. Las algas negras y las rocas ya pertenecían a la noche. Se sentó sin prisa y sin mirarme.

Parecía haber llegado de muy lejos y enseguida pensé en Anubis. ¿De qué puertas sagradas podía ser el guardián? ¿Las de la noche que venía? Oscar de la mar; lo invisible le era familiar, hacia de guía entre lo real y el sueño.

Cuando me levanté para volver a casa, me siguió. Se quedó. Así empecé a pintarle. Era el año del perro en el calendario chino.

Durante meses frecuentó mi estudio con mucha complacencia. Sospecho que era muy vano. No había como él para tomar una postura ventajosa.

Observándole de más cerca lo pude apreciar aún más. No sólo por razones de orden plástico sino por su sentido del humor, su gran dignidad, el conocimiento absoluto de su importancia y en consecuencia de las deferencias que le tocaban.

Era una criatura exigente. Operó una selección radical en nuestro entorno: de una parte los que lo estimaban como un amigo, de la otra los que lo trataban como un perro. Con estos últimos actuaba

him as friends and on the other, those who didn't and let him know it by treating him like a dog.

Among this category he provoked reactions so violent and so unforeseen as to reveal passions which without him would have otherwise remained dormant and ignored by all. These perturbing dogs unmask hypocrisies hidden behind the varnish of good manners and expose in man the hidden animal that civilisation has not been able to tame. I doubt whether he was totally conscious of his hypnotic powers.

He was however sure of his charm and knew how to abuse with it. But what he craved above all was to be loved and found a thousand ways to let you know it. As for me I was fascinated by his bottomless gaze, the extraordinary dynamics of his profile, his curves evermore accentuated by the strange positions he liked to take. I could not resist the compulsion to paint him, trying to express through images this dimension of the dog which he evoked in me. It was as if the one who created him had not been limited by practical criteria or mere conventions, but had enjoyed total freedom.

That's the way he was, Oscar de la Mar, born from the mad fantasy of an inspired inventor, half way between a sports car and a mythological chimera.

8 April 1989

como un revelador y suscitaba reacciones tan violentes como imprevisibles, levantando pasiones que sin él hubieran quedado latentes y ignoradas de todos.

Estos perros perturbadores desalojan las hipocresías tras el barniz de los buenos modales y hacen surgir el animal escondido en el hombre que la civilización no ha podido domar totalmente. Dudo que era plenamente consciente de su poder hipnótico, pero era flagrante la total certeza que tenía de su encanto y de esto solía abusar. Pero, lo que sobre todo quería, era ser amado y encontraba mil modos de hacerlo saber.

Siempre hechizada por su mirada insondable, la extrema dinámica de su perfil, sus curvas acentuadas aún más por las extrañas posturas que afectaba, no pude resistir a la compulsión de pintarlo y así traducir por la imagen esa dimensión del perro que me hacía entrever.

Era como si el que lo había creado no hubiera sido limitado por canónes prácticos y convenciones, pero hubiera disfrutado de una total libertad.

Así era Oscar de la mar, nacido de la loca fantasía de un inventor genial, a mitad de camino entre el coche deportivo y una quimera mitológica

8 de Abril 1989

SELF-PORTRAIT

Yannick Vu

Having only his own reflection for a model, the painter is inclined to find resemblance, as long as the result seems to answer to an inner demand.

Generally his family and friends do not share his opinion and feel alarmed when faced with the image he has of himself.

Is he really that sad? And this stare which goes beyond the mirror, what is it looking for?

Most often they deny the image he projects of himself; sometimes they feel worried, almost irritated. Some people, however, immediately recognise the friend expressed in a few signs, synthesised by a happy gesture. They are very few, because more attentive. But he, the painter, what did he think about during this exercise and why did he do it?

What compelled him to sit down in front of a looking-glass one morning?; to meet his own image that soon freezes into a mask; to pin down reality behind a nose's curve, the furrow of a wrinkle, the fold of an eyelid; to undertake the systematic, uncomplacent investigation of the reference points defining him; to find out that between perception and translation intervenes the treason of the hand which gives him this other face - the one of a brother or sister never born - strangely close, amazingly remote, almost similar but completely different.

What started as an approximation exercise, soon becomes an obsession and, like a blind man, groping along, he searches for his own features by repeating ceaselessly the exhausting lines that should express him. A dark, unexpected path where it is his hand that invents the light leading him towards himself.

2 July 1985

El pintor, teniendo por modelo sólo su propio reflejo, tiende a encontrar semejanzas con tal que el resultado parezca corresponder a una exigencia interior.

Su familia y sus amigos generalmente no comparten su opinión y se aflijan cuando arrostran la imagen que él tiene de si mismo.

¿Está de verdad tan triste? ¿Y esa mirada fija qué busca más allá del espejo? A menudo niegan su proyección, a veces se inquietan y casi se irritan.

Algunos en cambio, reconocen enseguida al amigo expresado en algunos signos sintetizado por un gesto dichoso. Son más escasos porque más atentos; ¿Pero él, el pintor, qué ha pensado durante este ejercicio y por qué lo hizo?

¿Qué le empujó a sentarse una mañana delante de un espejo?

Encontrar una imagen que de pronto se cuajará en una máscara; cercar la realidad tras la curva de una nariz, el surco de una arruga, el pliegue de un párpado; empezar la investigación sistemática y sin complacencia de los puntos de referencia que lo definen; descubrir que entre la percepción y la traducción se interpone la traición de la mano que le da este otro rostro - el de un hermano o una hermana nunca nacidos - extrañamente cercano, asombrosamente lejano, casi parecido, pero totalmente ajeno.

Lo que empezó como un juego de acercamiento se transforma rápidamente en obsesión y como un ciego que tantalea, él busca sus propios rasgos volviendo a empezar sin parar las agotadoras líneas que tendrían que expresarlo. Camino oscuro e imprevisto donde es su mano quien inventa la luz llevándolo hacia si mismo.

2 de Julio 1985

PORTRAITS

POLLY DEVLIN

On show in Madrid, is an exhibition of forty-five sculptured heads with an extraordinary patina, worked in what looks like weathered copper or bronze or some strange alloy, burnished in one area, caliginous and pitted in another. They look like antiquities dredged up from burial tombs heavy with old hopes and meanings but in fact they are new and made of fragile terracotta finished in a unique mixture of resins, paints, polishes and colours which give further resonance to their forms.

The heads, which are mainly of young adolescents have a curious haunting quality, whether viewed as a group or regarded individually. Congregated together they appear to have almost religious significance, artefacts from an arcane sacrificial ceremony connected and imbued with the same strong spirit. As individual pieces they are manifestly clever psychological portraits of real people and each head has a particular spontaneity and a corresponding energy; yet for all this particularity this recognition of good likenesses, the heads look like archetypes, fossils from which a whole genus could be established, a fusion of people from east and west.

These are the latest works from Yannick Vu an artist who in her own person has fused East and West and who in a comparatively short career has whittled through to her own strange vision, a vision that in many ways seems almost medieval.

She seems to inhabit her own Ithaca of the mind, a place where she achieves a fusion between creating and receiving, making an alliance with the world we look at and the world she sees. Yannick Vu is on the surface a beautiful chic Frenchwoman of Vietnamese birth; to the many who are acquainted with her she seems uncomplicated; to those who know her better she is an enigma.

She was born in Montfort Lamaury near Paris and

En una Galería de Madrid se expone actualmente una colección de cuarenta y cinco cabezas esculpidas con una pátina extraordinaria, realizadas en un material que parece cobre o bronce expuestos a la intemperie, o alguna extraña aleación, pulido en una zona, caliginoso o picado en otra. Parecen antigüedades extraídas de excavaciones, cargadas de viejas esperanzas y significados, pero en realidad, son nuevas y están hechas de frágil terracota rematada con una mezcla única de resinas, pinturas, esmaltes y colores que dan mayor resonancia a sus formas. Las cabezas, que son en mayoría de jóvenes adolescentes, tienen una curiosa cualidad de hechizo, tanto contempladas en grupo como observadas individualmente. Reunidas, parecen tener casi un significado religioso, artefactos de una ceremonia arcana de sacrificios relacionados y empapados con el mismo espíritu fuerte. Como piezas individuales, son manifiestamente inteligentes retratos psicológicos de gente real y cada cabeza tiene una espontaneidad particular y una energía correspondiente, y a pesar de esta particularidad, del reconocimiento de verosimilitud, las cabezas parecen arquetipos, fósiles de los que podría establecerse todo un género, una fusión de gente del este y el oeste.

Son las obras más recientes de Yannick Vu, una artista que ha fundido en si misma el Este y el Oeste y que en una carrera relativamente corta ha ido tallando su propia extraña visión, una visión que, en muchos aspectos, parece casi medieval. Parece vivir en su propia Ítaca mental, un lugar en el que consigue la fusión entre crear y recibir y establecer una alianza con el mundo que vemos nosotros y el que ve ella. Yannick Vu, superficialmente, es una guapa francesa chic de origen vietnamita; para los que la conocen poco, es una mujer sin complicaciones; para los que la conocen mejor

lived there until she was eight. Her father, a painter attended the École des Beaux Arts in Hanoi, before coming to Paris to the Ecole du Louvre. Her mother was a pianist and Yannick Vu grew up in a structured artistic security that eschewed bohemianism and avouched sensibility.

When she was eight her family moved to Vence in the South of France, near St. Paul de Vence, a place to give anyone an artistic frisson.

She passed the Matisse Chapel, its blue roof, cross and crescent, on her way to school and depending on which route she took to school she would either meet Marc Chagall out for a constitutional *«Bonjour M. Chagall»* or Dubuffet *«Bonsoir M. Dubuffet»*. Gordon Craig in his swirling black cape used to walk ahead of her like a creature from a fable, and Chester Himes saluted her as she passed.

Her father took her to all the exhibitions in the thrivingly artistic town; indeed her whole upbringing, the ordinary atmosphere of her life, was to do with civilised living, with the importance of the dailiness of art and she has always used this incomparable legacy to give to her life its own utterance and shape.

From the beginning she wanted to be a painter and she left the Nice Institut de Lettres for Paris where she exhibited at the Salon de la Jeune Peinture in 1962; *«I was the true provincial who goes to Paris»* she says *«and it was hard; Paris seemed cold, unwelcoming and everything was so naturally beautiful in Provence».*

Soon after, in 1963 she met the man who was to be an enormous influence on her life, change its course, and for many years insistently overshadow her own talent - the painter Domenico Gnoli.

Any woman trying to re-invent the relationship between wife and artist and husband faces an intense struggle; for being an artist is not a matter of finding time - though that too - but having the space and the support to allow the spirit creativity and freedom and this support has traditionally been given by the woman who is wife at the expense of her own needs. For eight years until his tragically early death in 1970 Yannick Vu was the exquisite femme d'artiste, travelling with Gnoli and providing for him the stability of a happy marriage.

«It was a coup de foudre; I met Domenico at a crucial moment in his career; there was real urgency, he painted and painted».

She doesn't say as though his life depended on it

es un enigma.

Nació en Montfort Lamaury, cerca de París, y vivió allí hasta los ocho años. Su padre era un pintor que había asistido a la Escuela de Bellas Artes en Hanoi antes de ir a la Ecole du Louvre de París. Su madre era pianista y Yannick Vu creció en una estructurada seguridad artística en la que no se evitaba el aspecto bohemio y se reconocía a la sensibilidad.

Cuando tenía ocho años, su familia se trasladó a Vence, en el sur de Francia, cerca de Saint-Paul de Vence, un lugar capaz de provocar en cualquiera un escalofrío artístico. Camino de la escuela pasaba por la Capilla de Matisse, con su tejado azul, su cruz y su creciente y según el itinerario que cogía, se encontraba con Marc Chagall que había salido a pasear *«Bonjour M. Chagall»* o con Dubuffet *«Bonsoir M. Dubuffet»*. A veces veía a Gordon Craig, con su capa negra formando torbellinos, andando delante de ella como una criatura de cuento y Chester Himes la saludaba cuando se cruzaban. Su padre la llevaba a todas las exposiciones de aquel pueblo artísticamente próspero; ciertamente, toda su educación, la atmósfera general de su vida estaba relacionada con la vida civilizada, con la importancia de la cotidianidad del arte, y ella ha utilizado siempre este legado incomparable para dotar a su vida de una forma y expresión propias.

Desde el principio quiso ser pintora y dejó el Institut de Lettres de Niza para irse a París donde expuso en el Salón de la Jeune Peinture de 1962: *«Era la autentica provinciana que se va a París»* dice, *«y fue muy duro; París parecía frío, inhóspito, mientras en Provence todo tenía una belleza natural».*

Poco después, en 1963 conocería al hombre que iba a ejercer una gran influencia en su vida, que cambiaría su rumbo y eclipsaría su talento insistentemente durante muchos años, el pintor Domenico Gnoli. Cualquier mujer que intenta reinventar la relación entre esposa-artista y marido se enfrenta a una lucha intensa; porque ser artista no implica sólo encontrar tiempo - aunque también sea importante - sino tener espacio y apoyo para permitir la creatividad y libertad del espíritu y este apoyo, ha sido brindado tradicionalmente por la mujer que es esposa a expensas de sus propias necesidades. Durante ocho años, hasta su trágicamente temprana muerte en 1970, Yannick Vu fue la exquisita femme d'artiste, viajando con Gnoli y propor-

but that is how it was. «*It makes life difficult when you live with someone who is so talented. At the time I was too young to realise that it could be negative. Now I know if one has certain gifts one should develop them. But things seemed to come so easily to Domenico and for someone like me who does everything with such pain, it became more difficult. I struggled to paint to my own satisfaction but everywhere I was defeated. It was fear and there was no escape*».

What has still never been fully assessed, indeed hardly realised is the extent of her own powerful personality, visual sensibility and rigorous integrity on his way of seeing, his style and perception though anyone who saw the power, the humour in her few surviving works could not fail to make the connections. Three years after Gnoli's death she married sculptor Ben Jakober, and with this marriage she entered into a new negotiation with her talent «*I admitted Domenico's influence; stopped being frightened and knew that I could never reach my own style without working through his*».

Slowly she gained confidence, and when the dealer Isy Brachot saw her work, he offered her a place in a group show of new artists; since then her work has been shown in the United States, Germany,

cionándole la estabilidad de un matrimonio feliz. «*Fue un verdadero flechazo; encontré a Domenico en un momento crucial de su carrera; tenía una urgencia real, pintaba sin parar.*» Ella no dice que su vida dependiera de ello, pero así era. «*Vivir con alguien tan dotado es muy difícil. En aquellos momentos, yo era demasiado joven para darme cuenta que podía ser negativo. Ahora sé que si alguien tiene un talento determinado, debe desarrollarlo. Pero las cosas parecían extremadamente fáciles para Domenico y, para alguien como yo, que todo me cuesta mucho sufrimiento, era todavía más difícil. Yo luchaba por pintar para mi propia satisfacción, pero siempre salía derrotada. Tenía miedo y no había escapatoria.*»

Lo que todavía no se ha constatado nunca, casi ni siquiera apuntado, es el alcance de su poderosa personalidad, la sensibilidad visual y la rigurosa integridad de su enfoque, su estilo y percepción, a pesar de que cualquiera que haya visto el poder, el humor de sus pocas obras sobrevivientes no pueda evitar estas conexiones.

Tres años después de la muerte de Gnoli, Yannick Vu se casó con el escultor Ben Jakober, con este matrimonio entró en nuevas negociaciones con su talento: «*Admití la influencia de Domenico; dejé de tener miedo y reconocí que nunca podría conseguir mi propio estilo sin trabajar antes el de él*».

Poco a poco fue adquiriendo confianza y, cuando el marchante Isy Brachot vio su obra, le ofreció un lugar en una muestra conjunta de nuevos artistas; desde entonces, sus obras han sido expuestas en los Estados Unidos, Alemania, Inglaterra, Bélgica, Suiza, Austria, España además de París.

Sus cuadros resplandecen en la tela - tienen un maravilloso sentido del color y están enclavados en un mundo entre la realidad y los sueños. Tiene una visión sin parpadeos que da mucha importancia a la vida y a menudo se percibe una sensación de grotesco, de perversidad incipiente en su obra. Avanza con cautela por el abrupto precipicio de pesadilla como si fuera natural: sólo la naturaleza es sobre natural en sus telas. Sus cuadros evocan la presencia de algo a punto de ocurrir; aquel momento legendario en que todo está en equilibrio, inmóvil en el reino del hechizador, aquel momento de inquietud justo antes de que vuele la bruja y convierta el lugar en caos. Las cabezas de esta exposición, aunque cada una de ellas tiene su espontaneidad particular, tienen esta misma calidad de calma.

England, Belgium and Spain as well as in Paris. Her paintings come blazing off the canvas, - she has a miraculous sense of colour - and are lodged in a world that lies between reality and dreams. She has an unblinking vision that makes life seem very large and there is a more often than not feeling of the grotesque, of incipient wickedness in her work. It edges along the sheer fall of nightmare as if it were natural - only nature is supernatural in her canvases.

Her pictures are filled with the presence of something about to happen; in that moment in the legend when everything is poised, frozen in the realm of the spell-binder that apprehensive moment just before the witch flies in and unfreezes the place into chaos. The heads in this show though they each have their own particular spontaneity have the same quality of calmness.

In 1985 Yannick Vu undertook a remarkable experiment establishing a symbiotic relationship with her own face which resulted in an extension of the term self-portrait into searching autobiography.

Every morning on rising, before adjusting to the day, over the course of a year she drew or painted what she saw in her own reflection; without dissembling, without pre-arrangement and, with a most rigorous objectivity. The drawings are a revelation, not just of one woman's face but of all the female faces, a flicker book of femininity which reveals the truth behind the nimbus around that word. Here is a naked face under egoing sea changes day by day from comely to homely, plain to beautiful, fired to tired, sad to glad, vulnerable to guarded. One morning it is a completely oriental face, narrow eyed, high boned that looks out, the next, a fashionable Western chic face; at all times, in all aspects it tells us something about ourselves. Day by day the inexorable diary charts the progress and depths and sub-text of her life, through the canvas of her face.

The end result is a testament about woman. She herself speaks how she was incited to sit down and meet her image and discover that *«between perception and translation intervened the betrayal of the hand which gave me this other face; that of a brother of sister never born, strangely close, amazingly distant, nearly alike but totally unrecognisable».*

The drawings are unredeemed by background, by extraneous detail *«I managed a dialogue»* she says somewhat dryly. *«During that time I reconciled the*

En 1985, Yannick Vu llevó a cabo un notable experimento estableciendo una relación simbiótica con su propio rostro que derivó en una extensión del autorretrato a una autobiografía investigadora. Durante un año, cada mañana al levantarse, antes de empezar el día, dibujaba o pintaba lo que veía en su propio reflejo; sin simulaciones, sin preparaciones previas y con una objetividad de lo más riguroso. Los dibujos son una revelación, no sólo de una cara de mujer sino de todas las caras femeninas, un abanico de feminidad que revela la verdad oculta tras la aureola que envuelve este mundo. Es una cara desnuda sometida a cambios diarios: atractiva o feúcha, sencilla o guapa, esplendente o cansada, triste o alegre, vulnerable o defensiva. Una mañana la cara que asoma es completamente oriental, de ojos sesgados y pómulos altos, la siguiente es una moderna cara chic occidental; siempre, en todos sus aspectos, nos dice algo sobre nosotros mismos. Día a día, el inexorable diario marca el progreso, profundidad y contexto de su vida a través de la tela de su cara. El resultado final es un testamento sobre la mujer. Ella misma habla de como se sintió incitada a sentarse y mirar su imagen para descubrir que *«entre la percepción y la traducción intervenía la traición de la mano que me daba esta otra cara: la de un hermano o hermana nunca nacidos, extrañamente cercana, asombrosamente lejana, casi parecida pero totalmente ajena ».*

No hay ningún escenario de fondo ni detalles externos para aliviar los dibujos. *«Establecí un dialogo»,* dice ella un poco secamente. *«Durante este tiempo reconcilié las dos mitades de mi misma, el este y el oeste, y descubrí que quizás había desatendido la*

two halves of myself, the east and the west, and found that perhaps I'd been neglecting the oriental part, didn't allow it enough expression and it found it in this calligraphy of the self, the multiplicity of the self reflected in the mirror. It's a question every one asks himself - «who am I?» and the lesson was to accept yourself - it was in a way like analysis, it was a dialogue between the human being I am and the human being I saw, you build up an analysis». It was as though the dual nature of all women's lives was further metaphorised by her own duality of nature - part occidental, part oriental.

Three summers ago her father began to model her children's heads in clay and watching him she became fascinated with the process of building a head, of fitting all the elements together and in particular the shape and meaning of the human head. She began to work in clay and hasn't stopped. «When I start a head I go very fast - I can hardly wait to finish - it's as if I had to build that person, if I stop too much I will lose the quality. A head shouldn't be a mask with every millimetre corresponding to reality; I am seeking the feelings it provokes in me, how I perceived the sitter. Its a mysterious process, its the personality I want to translate - not just the features and I'm always surprised at how it comes out. When I was drawing I was aggressive with myself; with clay one is far more gentle». What she has done is to build an analysis into each head, an analysis - not just of the special sitter at whom she looks with such concern but at the human condition; and in these pieces she reveals unfashionable attributes in art today, tenderness, amusement and love.

1988

parte oriental, no le había permitido expresarse bastante y la encontré en esta caligrafía del yo, en la multiplicidad del ego reflejado en el espejo. Es una pregunta que todo el mundo se hace - «¿Quien soy?», y la lección era aceptarse a si mismo -, era en cierto modo como un análisis, un diálogo entre el ser humano que soy y el ser humano que veía y así me iba haciendo una imagen». Era como su propia dualidad natural, una parte occidental y otra oriental, fuera una metáfora de la naturaleza dual de las vidas de todas las mujeres.

Hace tres años, en verano, su padre empezó a modelar las cabezas de sus hijos en arcilla y, al verlo, ella se quedó fascinada con el proceso de construcción de una cabeza, la inclusión de todos los elementos y, particularmente, la forma y significado de la cabeza humana.

Empezó a trabajar con arcilla y no ha parado desde entonces. «Cuando empiezo una cabeza voy muy deprisa, casi no tengo paciencia para esperar acabalarla, es como si tuviera que construir una persona y si me detengo demasiado, pierdo calidad. Una cabeza no debe ser una máscara en la que cada milímetro corresponda a la realidad; busco los sentimientos que me provoca, como percibo al modelo. Es un proceso misterioso y siempre me sorprende el resultado. Cuando dibujaba era agresiva conmigo misma; con la arcilla, se es mucho más amable ».

Lo que ha hecho es construir un análisis en cada cabeza, un análisis no sólo del modelo especial al que contempla con tanta atención sino de la condición humana; y en estas piezas revela atributos difícilmente encontrables en el arte de hoy: cariño, diversión y amor.

1988

BEN JAKOBER & YANNICK VU

WORKS 1985-1996

ESSAYS BY

DIETER RONTE
JOSÉ LUIS BREA
ACHILLE BONITO OLIVA
WERNER KRÜGER

BEN JAKOBER AND YANNICK VU: PHOTO BY ELISABETTA CATALANO 1993

LE VASE DE SOISSONS, 1985

ORATORIO DE SANTA ANA, ALCUDIA,1992/6

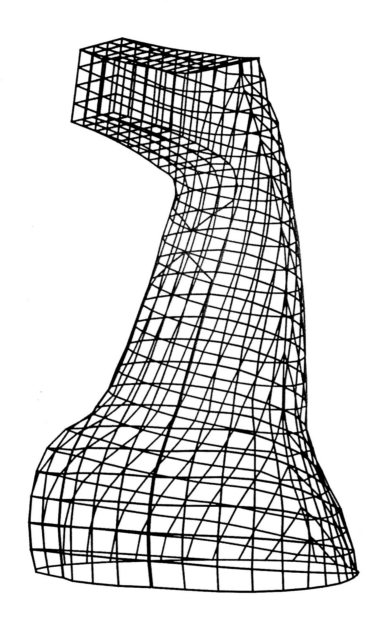

CAVALLO CAD1BL, 1993

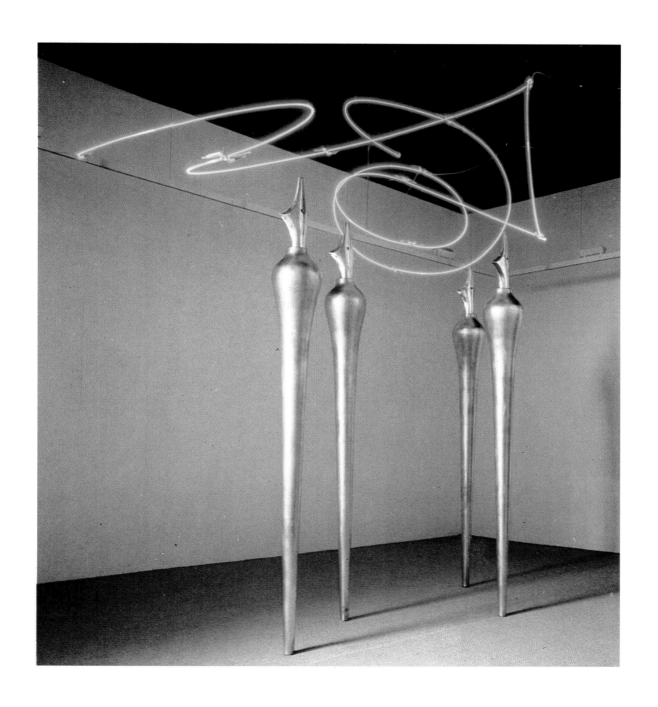

Q<small>UADRIGA</small>, 1993/4

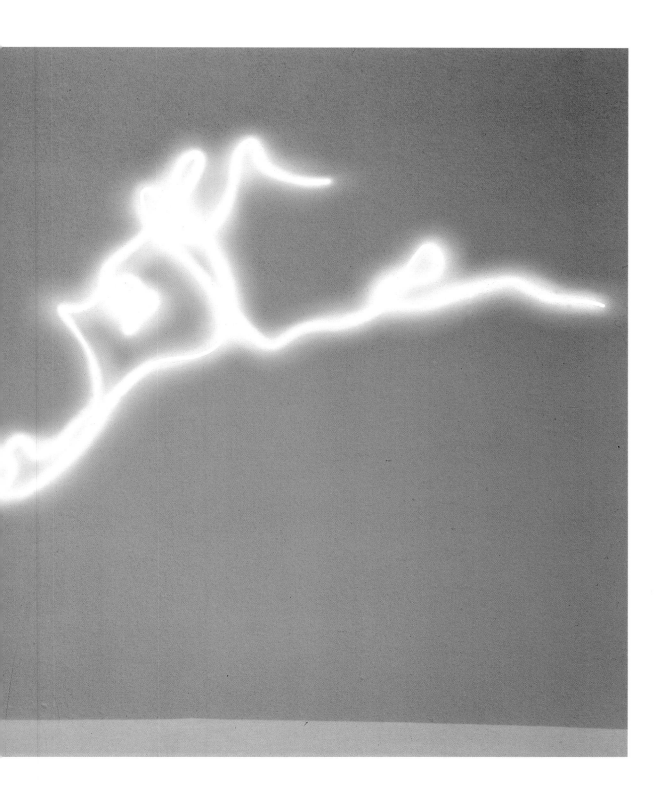

ZEN, 1993

Lyre, 1994

KOUROS, 1994

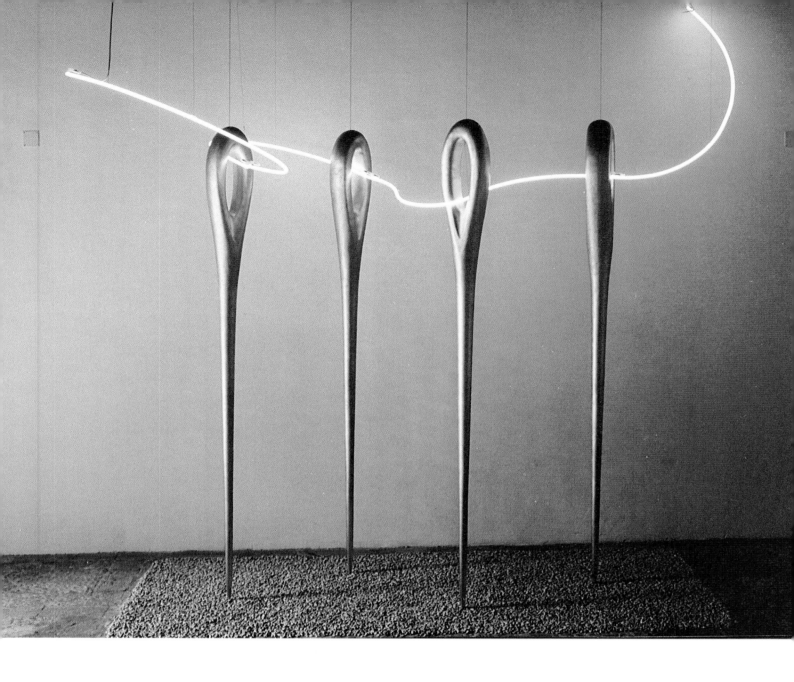

RITUAL, 1994

ORÁCULO, 1994

ÁNFORA, 1993

TARRED & FEATHERED, 1994

Omphalos I, 1994

ESCUDO, 1994

THE WRITING ON THE WALL II, 1994

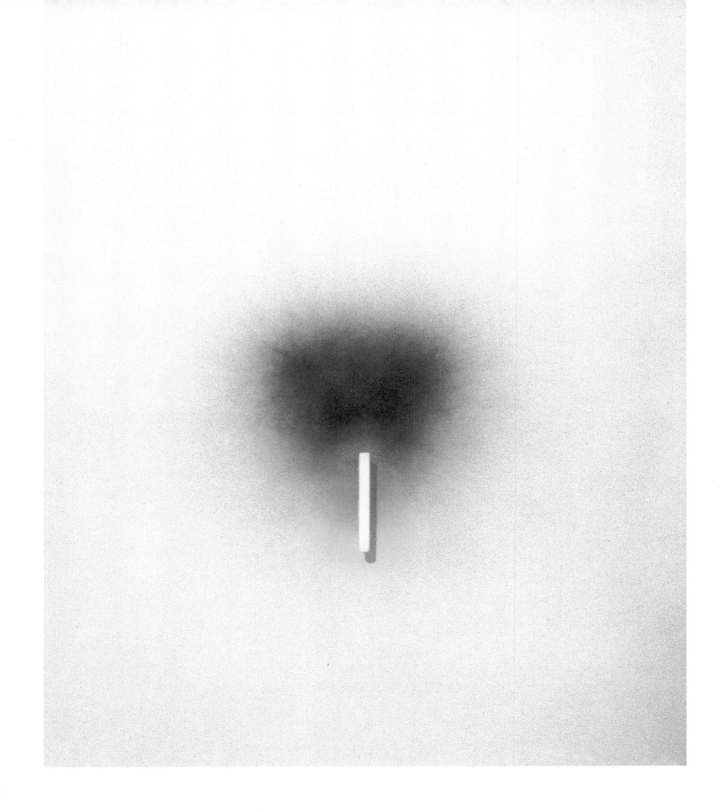

L'Origine du Monde, 1994 (After Courbet)

PLAZA PARTIDA, 1994

APOLLO & DAPHNE, 1994

JUDITH & HOLOFERNES, 1994

No God Door, 1995

FISH OR FOWL II, 1995

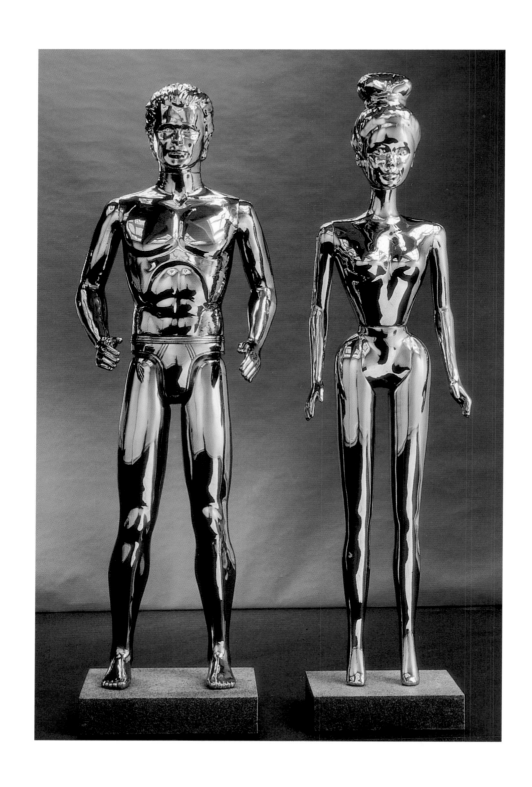

APOLLO & APHRODITE, 1995 (AFTER BARBIE & KEN, COPYRIGHT MATTEL INC)

Les Seins du Roi, 1995

SEA COMB III, 1995

WHITE GODDESS, 1995

SRY II, 1995

IMAGO PIETATIS, 1995

MEMORIAL AUTO DE FÉ, 1995
SPERMFREEZER, 1995 (OPPOSITE)

LA DIMORA DEI CORPI GRAVI (TRIBUTO A MASACCIO), 1994

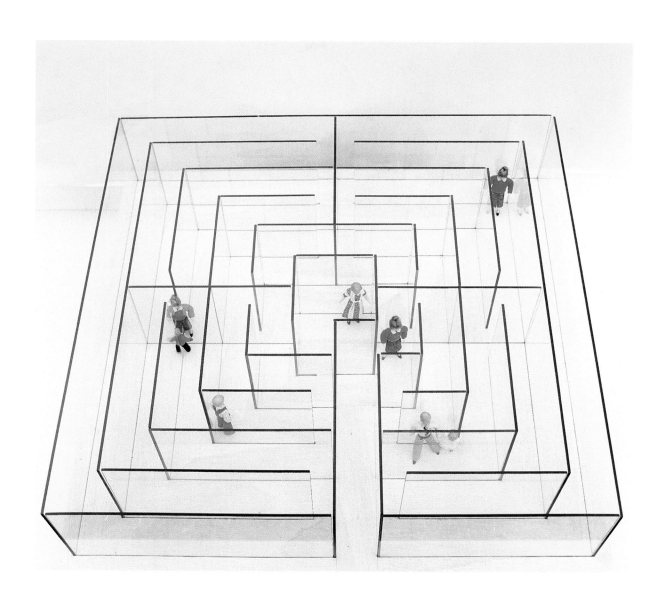

PROJECT RATOEIRA, 1995

GAME OF SUFFERING AND HOPE, 1996 [6]

GAME OF SUFFERING AND HOPE, DETAIL, 1996 [6]

APOLLO AND APHRODITE II, 1996

SEEING FOR NEW THINKING

DIETER RONTE

Seeing is an aesthetic process that can have creative consequences, though these are not usually apparent because seeing is increasingly utilitarian in our society. The media society exacts its tribute in the sense that our perception of reality through the retina depends on a system of values. In thousandths of a second we receive information through our eyes and must immediately process it with implicit obedience.

We do not process it in the «sense» that we reflect on or elaborate it, irradiate and comprehend it, but rather that its utilitarian character causes direct reactions; in traffic for instance, these reactions decide on life and death.

We are exposed to a flood of information that we could not cope with if rules had not been devised - so to speak ordained by the State - that vividly signpost and set apart right from left, red from green, top from bottom, curved from straight, entrance from exit, the various emergency exits, light switches and fire extinguishers. The information we receive through our retinas is vital because we must apply it in practice.

Artists have the opportunity of seeing everything differently, of receiving information, using it, often in quite a practical way but not directly and logically as the media do. Artists have a freer life, they think by seeing; they see because it changes their thinking.

For that reason artists often reject what they have seen, the déjà-vu, the familiar; they seek new spheres, prefer to discover rather than supinely submit to information. Ben Jakober and Yannick Vu, the artists from Majorca - both of whom «emigrated» there - learned in the Mediterranean sunshine to throw overboard acquired habits of seeing. They cast around for other possibilities, new facets of reality, because they refuse merely to depict the external appearance of what they see. It is their

Ver es un proceso estético que puede tener consecuencias creativas aunque, como el acto de ver es cada vez más utilitario en nuestra sociedad, quizás no sean siempre evidentes. La sociedad de los medios de comunicación se cobra un tributo en el sentido que nuestra percepción de la realidad a través de la retina depende de un sistema de valores. Recibimos información en milésimas de segundos a través de nuestros ojos y la procesamos inmediatamente con una obediencia implícita. No la procesamos en el «sentido» de reflexionar, elaborarla, ampliarla y comprenderla, sino que su carácter utilitario provoca reacciones directas; en el tráfico, por ejemplo, esas reacciones pueden decidir la vida o la muerte.

Estamos expuestos a un flujo de información que no podríamos manejar si no se hubieran creado unas normas - decretadas por el Estado, por decirlo así - que dan unas indicaciones claras y separan la derecha y la izquierda, el rojo y el verde, arriba y abajo, curvado y recto, la entrada de la salida, las distintas puertas de emergencia, los interruptores de la luz y los extintores. La información que recibimos a través de la retina es vital porque la tenemos que aplicar en la práctica.

Los artistas tienen la oportunidad de verlo todo de manera diferente, de recibir información y usarla aunque sea de un modo práctico, pero no directa y lógicamente como hacen los medios de comunicación. Los artistas tienen una vida más libre, piensan al ver y el hecho de ver cambia su manera de pensar.

Por esta razón los artistas suelen rechazar lo que han visto, lo déjà-vu, lo familiar; buscan nuevas esferas, prefieren descubrir más que someterse ciegamente a la información. Ben Jakober y Yannick Vu, los artistas de Mallorca - ambos «emigrados» - aprendieron bajo el sol mediterráneo a tirar por la borda los hábitos adquiridos del proceso de ver.

aim to transform, change, ask searching questions, to break open, irradiate, tear down and rebuild - in short, to supplement the evidence of their eyes with a different perception.

Both artists transmute what they find or see. But they work from the sure base of knowledge - they are firmly rooted in the earth, though their trees put out different shoots than the laws of nature prescribe. It is not the biological aspect of objects but the artefact, aesthetics as an extension of our senses, that serves the artistic purpose.

Fundamentally, both artists are skilled craftsmen, dynamic and active, workers who may perhaps work changes. The transformations, say, of helmets and faces are the same time reflections set in a temporal context; temporal because the transmutation comprises a change over time. This is perfected, elaborated, and repeated as a theme with variations in order to achieve extreme results. The results are almost playful but paradoxically bear the imprint of seriousness. The artists transform what they see and create visionary relationships that penetrate into deeper and deeper layers of our consciousness. They are nevertheless not imitators or nostalgics, they do not flee into the past, they do not evade the present, for it is their purpose to project into the future. But their future grows out of what they see - out of the past.

Both play with time. They circumvent the exactness of chronometer time, they invent an ageless primeval time. They condense while they expand. They operate an aesthetic recycling process in order to put across their messages, they place their artefacts outside of time in order to enter the future. Ben Jakober has preserved his link with objects; he can change objects, and those that he finds determine how he works, how he arranges them - in order or side by side. Jakober experiments, he is a seeker who takes objects seriously because he does not accept the curtailed, superficial messages that they give. Jakober wrestles with the objects he finds, he persuades them to abandon the character of their original purpose. That means that he breaks down their structure and rebuilds them anew. In the work of art, what is simple becomes manifold, what is primitive becomes full of significance, reduction becomes multiplicity. His works represents the «finds» of future archaeologists that relieve the stress of the present - perhaps also to the critical observer. The

Buscan otras posibilidades a su alrededor, nuevas facetas de la realidad, porque se oponen a pintar meramente el aspecto externo de lo que ven. Su objetivo es transformar, cambiar, hacerse preguntas, cuestionarse, romper cadenas, irradiar, destruir y reconstruir: en resumen, añadir una percepción diferente a lo que tienen ante los ojos.

Ambos artistas transmutan lo que encuentran o ven. Pero trabajan sobre una base de conocimiento cierta: están firmemente arraigados a la tierra, aunque las raíces de sus árboles sean diferentes de las prescritas por las leyes de la naturaleza. No es el aspecto biológico de los objetos sino el artefacto, la estética como extensión de nuestros sentidos, lo que cumple su propósito artístico.

Fundamentalmente, los dos artistas son artesanos habilidosos, dinámicos y activos, que trabajan con el ánimo de provocar cambios. Las transformaciones de cascos y caras, por ejemplo, son al mismo tiempo reflejos colocados en un contexto temporal; temporal porque la transmutación comprende un cambio en el tiempo. Lo perfeccionan, elaboran y repiten como tema con variaciones a fin de conseguir resultados extremos.

Los resultados son casi lúdicos pero, paradójicamente, llevan el sello de la seriedad. Los artistas transforman lo que ven y crean relaciones visionarias que penetran en las capas más profundas de nuestra conciencia. Sin embargo, no son imitadores ni nostálgicos, no huyen hacia el pasado, no evaden el presente, porque su objetivo es proyectarse hacia el futuro. Pero su futuro se desarrolla a partir de lo que ven, del pasado.

Ambos juegan con el tiempo. Burlan la exactitud del tiempo del cronómetro, inventan un tiempo primitivo sin edad. Condensan y al mismo tiempo expanden. Realizan un proceso de reciclaje estético a fin de transmitir sus mensajes, colocan sus artefactos fuera del tiempo a fin de entrar en el futuro. Ben Jakober ha conservado su vinculación con los objetos; puede cambiarlos, y los que encuentra determinan como trabaja, cómo los dispone: en orden o de lado. Jakober experimenta, es un investigador que se toma seriamente los objetos porque no acepta los mensajes abreviados y superficiales que transmiten. Jakober lucha con los objetos que encuentra, los convence de abandonar el carácter de su propósito original. Eso significa que rompe su estructura y los construye de nuevo. En la obra de arte, lo que es simple se convierte en múltiple, lo

dominance of the past, the bondage of the past that imprisons us, is relaxed and its place is taken by aesthetic manipulation that gives the artist and the observer an as yet unexplored freedom. Jakober reveals what he sees because he intervenes through his intellect. Jakober is a conceptional artist who would like to break through horizons (i.e. bonds) by means of his subjective and individual questioning. Thus he shatters conventions and the validity of agreed and accepted norms. For that reason his works move from one extreme to the other with uncomfortable demands and challenges but at the same time with a beauty and elegance that spring from the original purposes of the objects.

He takes away the inherent character of materials without destroying it.

He works like a surgeon, he transplants, mixes, he is a genetic engineer who penetrates the soul of objects. This encounter is both moral and amoral, it can be initiated or, equally, revoked at will. But Jakober does not accept the boundaries of the normal. He does violence to objects because he transforms them, he quotes at the same time as he transcribes. His working method is intellectual osmosis as the basis for shaping new realities.

The element of play that I have referred to is a part of his grappling with objects. Jakober's access to the reject products of our world is quick, sure and convincing and at the same time demonising. He takes a stand against things, never for them. Apparent compatibilities derive from links of form and not of content. Jakober sets iconography on a new plane, he breaks it down in order to make new points. Everyday things are just as much part of his messages as sacred things, the banal just as much as the exalted.

He works by destructive construction, as it were - in a basically positive manner. This oscillation between extremes, between what is thrown away and what can be reclaimed, between light and dark, individuality and generality, subjectivity and objectivity, privacy and marketability, releases forces by which his works can again and again be re-experienced.

If we take the viewpoint of our mundane civil code, Jakober works so to speak in a slightly criminal area. He is disrespectful, provocative, contrary; he loves contradictions, for he knows that out of opposites it is possible to generate the freedom in which

primitivo se llena de significado, la reducción se convierte en multiplicidad. Sus obras representan los «descubrimientos» de futuros arqueólogos que alivian la tensión del presente... quizás también para el observador crítico.

La dominación del pasado, la esclavitud del pasado que nos encarcela, se relaja y ocupa su lugar la manipulación estética que concede al artista y al observador una libertad de momento inexplorada. Jakober revela lo que ve porque interviene a través de su intelecto. Jakober es un artista conceptual al que le gustaría traspasar horizontes (es decir, librarse de ataduras) por medio de un cuestionamiento subjetivo e individual. Así destroza las convenciones y la validez de las normas acordadas y aceptadas. Por esta razón sus obras van de un extremo a otro, con exigencias y desafíos incómodos pero, al mismo tiempo, con una belleza y elegancia que surge de los propósitos originales de los objetos.

Jakober elimina el carácter inherente de los materiales sin destruirlos. Trabaja como un cirujano: trasplanta, mezcla, es un ingeniero genético que penetra en el alma de los objetos.

Este encuentro es moral y amoral a un tiempo, puede ser iniciado o, también, revocado a voluntad. Pero Jakober no acepta los límites de lo normal. Trata a los objetos con violencia porque los transforma, cita al mismo tiempo que transcribe. Su método de trabajo es una ósmosis intelectual que sirve de base para la conformación de nuevas realidades.

El elemento de juego al que me he referido es una parte de su lucha cuerpo a cuerpo con los objetos. El acceso de Jakober a los productos de desecho de nuestro mundo es rápido, seguro, convincente y, al mismo tiempo, endemoniado.

Siempre toma una postura contra las cosas, nunca a favor. Las compatibilidades aparentes derivan de los vínculos de forma y no de contenido. Jakober pone la iconografía en un nuevo plano, la destruye con el fin de señalar nuevos aspectos.

Tanto los objetos cotidianos como los objetos sagrados, lo banal como lo exaltado, forman parte de sus mensajes. Trabaja por construcción destructiva, es decir, de un modo básicamente positivo. Esta oscilación entre extremos, entre lo que se tira y lo que se puede recuperar, entre la luz y la oscuridad, individualidad y generalidad, subjetividad y objetividad, intimidad y comerciabilidad, libera fuerzas

seeing can be transformed into new knowledge. Jakober is just as much a fatalist as he is a rebel, just as much indebted to the past as he is in flight from it. His awareness of the present does not have a logical and linear structure but is an interdependent network. For Jakober thinks as an artist and, as such, formulates his messages not logically but laterally.

Yannick Vu, who was a painter for many years - and was certainly not uninfluenced by her former contact with the Italian Domenico Gnoli - has for some time been producing sculptures. Although she could be classified differently by academic criteria, this is the point of contact between her work and the object-sculptures of the man whose life she now shares.

But her figurative representation of what she sees also transcends superficial experience. Visual images as direct perception are not an adequate creative medium for representing the effects that can be produced in an expressive idiom. With all her elegance, she goes to extremes.

Like Jakober she reduces and compresses in order to challenge. Her aim is intensification as a principle, exaltation not in the idealising sense but in the aesthetic and expressive sense, and she does not intend to take the superficial physical characteristics of her models as her starting point. Vu works with models, well-known people, persons who really exist, but her treatment is more psychic, less cognitive or conceptual.

She formulates her messages much more directly and more emotionally, but they are nevertheless just as controlled; she also produces series of works, sculptures of heads are remodelled in many versions - she varies them, again and again she questions their basic essence.

To her also, what she sees is a field of experience that offers great opportunities to an artist who is prepared to forget the photographic image. She too is concerned to intensify reality for the sake of aesthetic knowledge.

This consistent striving for different possible statements is the path that she takes. Though objects are still recognisable as such, other conclusions are drawn. What is seen becomes what is thought, thinking becomes sensing, her interpretative perception does not merely depict reality but penetrates it. The face becomes a purifying mask, the head a hollow mould - this is magic exaltation in

mediante las cuales sus obras pueden volverse a experimentar una y otra vez.

Si tomamos el punto de vista de nuestro código civil mundano, Jakober trabaja por decirlo así en un área ligeramente criminal.

No muestra ningún respeto, es provocativo, contrario; le encantan las contradicciones, porque sabe que a partir de los opuestos puede generarse la libertad con la que ver puede transformarse en un conocimiento nuevo. Jakober es tan fatalista como rebelde, está tan endeudado con el pasado como en fuga de él. Su conciencia del presente no tiene una estructura lógica y lineal sino que es una red interdependiente. Porque Jakober piensa como artista y, como tal, no formula sus mensajes lógica sino lateralmente.

Yannick Vu, que hace muchos años que es pintora - y que ciertamente recibió una fuerte influencia de su anterior relación con el italiano Domenico Gnoli - ha realizado esculturas desde hace años. Aunque según criterios académicos podría clasificarse de otro modo, éste es el punto de contacto entre su obra y las esculturas-objeto del hombre con quien ahora comparte la vida. Pero su representación figurativa de lo que ve también trasciende la experiencia superficial.

Las imágenes visuales como percepción directa no son un medio creativo adecuado para representar los efectos que pueden producirse en un idioma expresivo. Con toda su elegancia, ella va hasta los extremos. Como Jakober, reduce y comprime con el fin de desafiar. Su objetivo es la intensificación como principio, la exaltación no en un sentido idealizador sino en el sentido estético y expresivo, y no pretende tomar las características físicas superficiales de sus modelos como punto de partida. Vu trabaja con modelos, con gente conocida, personas que existen de verdad, pero su tratamiento es más físico, menos cognitivo o conceptual.

Vu formula sus mensajes mucho más directa y emocionalmente, aunque sin duda controlados; también produce series de obras, las esculturas de cabezas son remodeladas en muchas versiones: las varía, una y otra vez se cuestiona su esencia básica. También para ella, lo que ve es un campo de experiencia que ofrece grandes oportunidades a un artista dispuesto a olvidar la imagen fotográfica. Esta lucha tenaz en busca de distintas declaraciones posibles es el camino que ella toma. Aunque los objetos siguen siendo reconocibles como tales,

the artefact. This attitude to life is profoundly creative. Experiencing oneself, recognising and assimilating the non-self, gazing at it and transforming it - the attempt at interpretation - is an artistic process and obeys an artistic purpose that confronts the observer with an experience that he would normally regard as a disturbance of his consciousness. But with her art, he has no need of the psychiatrist, for his vision remains on a normal plane.

This Utopian character is common to both the artists. They point the way forward, they do not describe the past, although their point of departure is what has already been produced, procreated, what is living or has been cast aside. There is a basically optimistic element in the works of both artists. Their art is not destructive, ultimately it is conditioned by ritual thinking.

Both seek a world of beauty and the power to express other possibilities so that they can escape the lost world of a nihilistic philosophy. Perhaps it is this flight that makes their shared life seem so harmonious, just as the light of the southern sun reflects that euphony that again and again so fascinates the central European.

But these artists are not running away. Their concrete messages are of this world, not esoteric or hermetically sealed off, but stated with care and precision - they are messages for us all. Nevertheless, they represent only possible ways of seeing in which the basis of thinking is different from that of our day-to-day experience.

The dream-like element thus proves to be a new reality, though naturally not as Sigmund Freud formulated it. The vision becomes the reality, and the reality the vision.

What is banal is exalted, without becoming a dream. The dream reality proves to be a plane that is a much better basis for reasoned controversy than the everyday plane. The thought obeys the function, the form the content, and art obeys imagination.

Vienna, April 1989

se sacan otras conclusiones. Lo que se ve se convierte en lo que se piensa, el pensamiento se convierte en sensación, su percepción interpretativa no sólo pinta la realidad sino que la penetra. La cara se convierte en una máscara purificadora, la cabeza en un molde hueco: ésta es la exaltación mágica en el artefacto.

Su actitud hacia la vida es profundamente creativa. Experimentar uno mismo, reconocer y asimilar el no-yo, observarlo y transformarlo—el intento de interpretación—es un proceso artístico y obedece a un propósito artístico que enfrenta al observador con una experiencia que normalmente se consideraría como una perturbación de su consciencia. Pero con su arte, Vu no necesita un psiquiatra, porque su visión permanece en un plano normal.

Esta personalidad utópica es común a los dos artistas. Miran hacia adelante, no describen el pasado, aunque su punto de partida es lo que ya ha sido producido, procreado, lo que vive o ha sido dejado de lado. Hay un elemento básicamente optimista en la obra de los dos artistas. Su arte no es destructivo, sino que está condicionado por el pensamiento ritual.

Ambos buscan un mundo de belleza y el poder de expresar otras posibilidades para poder escapar del mundo perdido de una filosofía nihilista. Quizás sea esta fuga lo que da un aire tan armonioso a su vida en común, como la luz del sol del sur refleja esta eufonía que una y otra vez fascina de tal modo al europeo central.

Pero esos artistas no huyen. Sus mensajes concretos son de este mundo, no son esotéricos ni herméticamente sellados sino que están fijados con cuidado y precisión: son mensajes para todos nosotros. Sin embargo, representan sólo maneras posibles de ver en las que la base de pensamiento es diferente de nuestra experiencia cotidiana. El elemento onírico muestra de este modo una nueva realidad, aunque naturalmente no como la formuló Sigmund Freud.

La visión se convierte en realidad y la realidad en visión. Lo que es banal es exaltado, sin llegar a convertirse en sueño. La realidad soñada resulta un plano mejor que el cotidiano para servir de base de la controversia razonada. La idea obedece a la función, la forma al contenido y el arte a la imaginación.

Viena, Abril 1989

IT WILL NEVER AGAIN BE A HORSE...

José Luis Brea

«I simply think water is the image of time, and each New Year's Eve, in a somewhat pagan way, I try to find myself near water, preferably close to a sea or ocean, to see how a new portion, a «cup» of time, emerges from it.»

Joseph Brodsky, Water's Print. Venetian Notes.

Imagine Scott Fitzgerald getting out of one of those drunken sessions of inspired conversation in the endless nights at Harry's Bar: he surely saw this head of a translucent monster emerging from the lagoon. So she - imaginary snake - had always been floating in the dreams of these secret, hidden, unreal seas waiting for this tension of the conscience that, like the very intensity of the gaze, has placed her there - to show us the reverse of all knowledge, the pure form of enigma.

Enigma, yes. The tension produced by interrogating oneself. Because, what is this we will see peering through the dark mirror of these waters? Not our own image, but this enigmatic, phantasmagoric, ephemeral Other - like snake of summer, Loch Ness monster - who gulped down shipwrecked Narcissus. The enigma, this unknown, this sign-wink made to us from the other side of the day by what is unknowable, inexplicable.

How could the West in its pride think that men would get to possess full knowledge? How could we think that we will keep being really human without this empty abyss that brings in fantasy, without this violence of blind vision that provides the power - reserved to art, to myth - organising representation, without the strength of the dark

«Sencillamente, creo que el agua es la imagen del tiempo, y cada víspera de año nuevo, de manera un tanto pagana, trato de encontrarme cerca del agua, preferiblemente cerca de un mar o un océano, para ver emerger de ella una nueva porción, una «taza» de tiempo».

Joseph Brodsky, Marca de agua, Apuntes venecianos.

Imaginad a Scott Fitzgerald saliendo de alguna de sus más perfectas borracheras de conversación encendida en las noches interminables del Harry's Bar: seguro que vio esta cabeza de monstruo translúcido emerger en la laguna. Pues ella - serpiente imaginaria - flotaba desde siempre en el sueño de esos mares, secreta y oculta, irreal, a la espera de esa tensión de la conciencia que, como intensidad misma de la mirada, la ha puesto allí - para mostrarnos el reverso de todo saber, la forma pura del enigma.

Enigma, sí. Tensión misma del interrogarse. Pues, ¿qué es lo que veremos, asomados al espejo oscuro de estas aguas? No nuestra propia imagen, sino este Otro enigmático, fantasmagórico y efímero - como serpiente de verano, monstruo del Lago Ness - que ha engullido al naufragado Narciso. El enigma, lo no-sabido, esa seña-guiño que lo incognoscible, lo inexplicable, nos hace desde el otro lado del día.

¿Cómo en su soberbia Occidente ha podido creer que nos sería dado a los hombres el llegar a poseer el saber en plenitud? ¿Cómo podemos haber creído que seguiríamos siendo verdaderamente humanos,

challenge which comes to liberate this void in which thinking produces the unexplained, the pure interrogation, the enigma?

Ruin, leftovers. What this figure attracts belongs to the past - not to this boastful parade made up by the history of the winners, but to the dispersed leftovers around the levelling furrow with which progress writes its passage through the world. What arises from this figure is the voice of what has not come to be, the same voice talking in the memory of the ruins to tell of the pride with which culture tries to silence that other major natural law, which wants everything to happen, everything to be transience, impermanence.

It is from that humble transience that this horse's head arises to talk to us about another eternity, another glory, the one built as a permanent catastrophe, the one in the light of which history will appear before the eyes of the new Benjamin angel as a unique and uninterrupted accumulation of leftovers, traces.

From this remote place in an eternal past, immortal in its full transitionness, she assaults us, breaking the dream of compact synchronisms with which Western culture is ornamented, constraining facts in a one way street under the weight of lineal history. Once that spirited dream is broken, this horse emerges from the dark womb of past times to show us that the world in which we live is always multiple and open: multisynchronous.

We should not forget that the origin of this sculpture is located in a double negative, in the drawing of a metallic structure conceived to keep the mould compressed, the interior of which has to hold, in negative, the hero's equestrian figure. Then, apparently, in this double negativity the result would be printed in positive. But only apparently.

To begin with, the inexact form of the outside meant to enclose inside it another exterior - that of the melted statue - does not reproduce at all exactly the figure of the horse to be theoretically «represented». Thus its «identity», as such a representation, is marked by how it differs from the really significant element, contained inside it. The form here only has meaning with laxity, with indifference - it does not possess the anguished drive of meaning. It is, at the most, serene memory, scarcely a lax remembrance of some object of the world: a horse, a sea dragon, a snake... ?

Secondly, we should bear in mind that this pheno-

sin ese abismo vacío que introduce la fantasía, sin esa violencia de la visión ciega que provee el poder - reservado al arte, al mito - que organiza la representación, sin la fuerza del desafío oscuro que viene a liberar ese hueco que en el pensamiento produce - lo inexplicado, la interrogación pura, el enigma?

Ruina, resto. Lo que esta figura atrae pertenece al pasado - pero no a ese fanfarrón desfile que constituye la historia de los vencedores, sino a los restos dispersos alrededor del surco arrasador con que el progreso escribe su paso por el mundo. Lo que en esta figura aflora es la voz de aquello que no ha llegado a ser, la misma voz que habla en la memoria de las ruinas para decir la soberbia con que la cultura pretende silenciar esa otra ley mayor de la naturaleza que quiere que todo pase, que todo sea fugacidad, impermanencia.

Es desde esa fugacidad humilde desde donde esta cabeza de caballo asciende, para hablarnos de otra eternidad, de otra gloria: aquella que se construye como catástrofe permanente, aquella a cuya luz la historia se aparecía a los ojos del ángel nuevo benjaminiano como acumulación única e ininterrumpida de residuos, de rastros.

Desde ese remoto lugar en un pasado eterno, inmortal en su plena fugacidad, ella nos asalta rompiendo el sueño de sincronías compactas con que la cultura occidental se adorna, constriñendo el devenir en calle de dirección única bajo el peso de la historia linealizada. Roto ese sueño soberbio, este caballo emerge desde el seno oscuro de otros tiempos, para mostrarnos que el que habitamos es siempre múltiple y abierto: multisíncrono.

No olvidemos que el origen de esta escultura se sitúa en un doble negativo, en el dibujo de una estructura metálica concebida para mantener comprimido el molde cuyo interior habría de albergar en negativo la figura ecuestre del héroe. Aparentemente, pues, en esa doble negatividad el resultado se positivaría. Pero sólo aparentemente.

En primer lugar, la forma inexacta del exterior que ha de encerrar en su interior otro exterior - el de la estatua fundida - no reproduce sino muy aproximadamente la figura del caballo al que, en teoría, «representaría». En cuanto tal representación, por tanto, su «identidad» está marcada por esa diferencia con el verdadero significante, en ella contenido. Aquí la forma sólo significa con laxitud, con indiferencia: no posee la angustiada voluntad del

menon of not constituting itself as a representation but precisely as that which makes it possible, shifts from the horizon of language to the most primeval stage of technique.

Certainly Leonardo's study is addressed to solving a technical problem - it is pure calculation of tensions and elasticities, of capacity of torsion and strength of structure. And also the constructive solution in the piece conceived by Yannick Vu and Ben Jakober depended on a detailed technical analysis. What does that mean? Probably, that technique could only be defined as the thing which fixes the conditions of language possibilities, which defines its era, which makes the imprint of time enter into the forms of the expressible, which makes us see that an element capable of celebrating the magic of representation is more than anything else what decides in the possibilities of the form the determination of a here, and above all of a now. Lastly, we should not fail to see the choice as a matrix for the constructive development of a technical device, bound to be wasted, lost, like the very mould which would hold it. It is thus that all its evocative, commemorative capacity will come less from its will to resist the pass of time than from its smooth accommodation, already present in its remote origin, to the ineluctable «becoming-nothing» of all remains. Maybe it was also the kind of eternity promised by Leonardo to the Earl when he wrote: «*Again, the bronze horse may be taken in hand, which is to be to the immortal glory and eternal honour of the prince your father of happy memory, and the illustrious house of Sforza*». So it is clearly, here and now, an antimonument. In it, recent art history in public spaces - with its impulse closely related to the tradition of earthworks, conceived to remove art from its institutional places, museums in particular - was crossed with the almost atavistic history of monuments, where the latter are constituted as places of anthropological reference of the symbolic order articulating topologies of the collective imaginary. How daring it is then, given the impossibility of constraining the versatility of this imaginary, to declare as Arlene Raven did that *«public art will never be a hero nor a horse»*. Is it maybe a matter of emptying art totally of any symbolic function - and of limiting its task to that defined by an exhausting operatic dialectics which fatally forces it to become (and to resist becoming) a mere Art-institution?

sentido. Es, si acaso, serena memoria, apenas laxa remembranza de algún objeto del mundo - ¿un caballo, un dragón marino, una serpiente, ...?

En segundo lugar, es preciso tener en cuenta que en este no constituirse como representación, sino como precisamente aquello que la hace posible, su naturaleza se desplaza desde el horizonte del lenguaje hasta el más anterior espacio de la técnica. En efecto, el estudio de Leonardo está dirigido a resolver un problema técnico - es puro cálculo de tensiones y elasticidades, de capacidad de torsión y fortaleza de la estructura. Y también en la pieza concebida por Yannick Vu y Ben Jakober la solución constructiva ha dependido de un exhaustivo análisis técnico. ¿Qué significa esto? Seguramente, que no podría definirse la técnica de otra manera que como aquello que sienta las condiciones mismas de posibilidad del lenguaje - aquello que, por tanto, define su epocalidad, aquello que hace ingresar en las formas de lo expresable la impronta del tiempo, que hace ver que un significante capaz de oficiar la magia de la representación es, antes que nada, aquello que en las posibilidades de la forma decide la determinación de un aquí, y sobre todo de un ahora.

Por último, no debe pasar desapercibida la elección, como matriz del desarrollo constructivo, de un dispositivo técnico destinado a ser desperdiciado, perdido, como el mismo molde que hubiera abrazado. Es así que toda su capacidad evocadora, conmemorativa, va a provenir menos de su voluntad de hacerle resistencia al paso del tiempo que de su suave acomodarse, ya presente en su remoto origen, al ineluctable «devenir-nada» de todo resto. Tal vez fuera ésta también, si, la clase de eternidad que Leonardo le prometía al conde cuando le escribía: «*Again the bronze horse may be taken in hand, which is to be to the inmortal glory and eternal honour of the prince your father of happy memory, and the illustrious house of Sforza*».

Pues aquí y ahora se trata, en definitiva, de un antimonumento. En él, la historia reciente del arte en los espacios públicos - en su arranque cercano en la tradición de los earthworks, concebida para alejar al arte de sus lugares institucionalizados, el museo en particular - se ha cruzado con la casi atávica de los monumentos, donde éstos se constituyen como lugares de referencia antropológica del orden simbólico que articula las topologías del imaginario colectivo. ¿Cómo atreverse a decir, siendo

The profile of a horizon, of course, has been here willingly drawn: the profile of the human traced through its symbols. But it would also be betraying the recent history of critical conscience not to assume that noble obligation which demands resistance to the purely commemorative monument. Without ceasing to be it, this head is it only - owing this as much to Leonardo as to Robert Smithson - from its negative, as the reverse of a pressure for order, as the relaxed delivery to destiny in entropy.

«Of the horse I shall say nothing, because I know the times...»
Leonardo, Letter to Ludovico Sforza, 1482
After all, the fate of art is always subject to the passing of times. The war brought by these times took away the eagerness with which Leonardo wanted to build this statue, for fifteen years. And their final impossibility was registered by Leonardo as an epitaph, maybe his own:
Epitaph
If I could not make
If I...
Maybe travellers who find today this trace of one of his ·more loved projects in the waters of Venice could learn something about him, and maybe when they see it they could say the words written by Masuo Bashô in his book of travels.
«Time passes, and generations pass, and nothing, not even their traces, lasts and is sure. But here the eyes stare with certainty and I remember a thousand years and the thought of those men comes to us... Awards of pilgrimages... Yes, the pleasure of living made me forget the tiredness of the way, and was about to make me cry».

1993

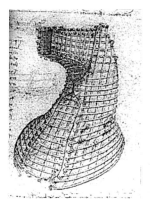

imposible limitar la versatilidad de este imaginario, aquello que sentenciaría Arlene Raven de que *«el arte público no será nunca más un héroe o un caballo»*? ¿Acaso descargando por completo al arte de toda función simbólica - y limitando su tarea a la definida por una agotadora dialéctica aporética que le impone fatalmente devenir (y resistirse a ello) mera institución-Arte?
Aquí, sin duda, no ha querido dejar de dibujarse el perfil de un horizonte: el de lo humano trazado a través de sus símbolos. Pero se habría hecho traición también a la historia reciente de la conciencia crítica si no se hubiera asumido esa obligación de nobleza que reclama resistencia al puro monumento conmemorativo. Sin dejar de serlo, esta cabeza sólo lo es - y en esto le debe no menos a Leonardo que a Robert Smithson - desde su negativo, como el rastro de su vaciado, como reverso de una voluntad de orden, como relajada entrega al destino en la entropía.
«Of the horse I shall say nothing, because I know the times...»
Leonardo, Letter to Ludovico Sforza, 1482.
Pues siempre, la suerte del arte está sujeta a la marcha de los tiempos. La guerra que aquellos trajeron se llevó por delante la ilusión con que Leonardo quiso, durante quince años, construir esta estatua. Y su definitiva imposibilidad la registró el propio Leonardo como epitafio, tal vez para si mismo:
Epitaph
If I could not make
If I...
Quizás los viajeros que se encuentren hoy en las aguas de Venecia este rastro del que fuera uno de sus más amados proyectos puedan saber algo de él, y quizás puedan a su vista decir lo que el sabio peregrino Matsuo Basho anotó en su cuaderno de viaje: *«El tiempo pasa y pasan las generaciones y nada, ni sus huellas, dura y es cierto. Pero aquí los ojos contemplan con certeza y recuerdo mil años y llega hasta nosotros el pensamiento de los hombres de entonces... Premios de las peregrinaciones... Sí: el placer de vivir me hizo olvidar el cansancio del viaje, y casi me hizo llorar».*

1993

IL CAVALLO DI LEONARDO

ACHILLE BONITO OLIVA

For the forty-fifth edition of the Biennial «The Cardinal Points of Art», I invited Ben Jakober and Yannick Vu to create a four handed work, a sort of visible concerto fluctuating on the water front of the Giardini di Castello, traditional space of the Venetian exhibition. Together the two artists produced *Il Cavallo di Leonardo*, starting from the drawings for the equestrian statue for Ludovico il Moro from the Madrid Codex. The project remained on paper, historic events made the construction of the great monument impossible. The two modern artists started with Leonardo's drawing and designed the head for the fourteen metre high sculpture installed on the water in the lagoon.

This perfectly interprets the spirit of my multicultural, transnational, multimedia Biennial project and produces a creative work dealing with change, solidarity and collaboration. The respect of Leonardo's spirit is particularly interesting, tied at all times to systematic control of the whole creative process, never leaving anything to chance from planning to execution. In this case too, the artists worked methodically, following all the phases from the initial project - elaboration and execution - thus retaining that essential condition of Renaissance artist, which Leonardo always wanted to confirm in his work, from analysis to synthesis. The work is at the same time the result of the passage from the projectual phase to the elaborative one, from the two dimensional stage - the image of the leonardesque codex stored in the Madrid National Library - to the three dimensional space where the work itself in its own identity of cage or metallic skeleton, finds its very expansion. In this case the transformation has been done through the intervention of computer technology giving precise indications concerning the volumetric parameters of the sculpture. Moreover this work engenders a big creative and cultural para-

Para la cuadraquintésima edición de la Bienal «Los Puntos Cardinales del Arte», he invitado a Ben Jakober y Yannick Vu a realizar una obra a cuatro manos, una especie de concierto visible fluctuante sobre el agua en el espacio frente a los «Giardini di Castello», lugar tradicional de la exposición veneciana. Los dos artistas han realizado juntos el *Cavallo di Leonardo*, partiendo del Codex de Madrid, quien conserva el dibujo, un proyecto para realizar la estatua ecuestre en honor del padre de Ludovico el Moro. El proyecto quedó sobre papel: los acontecimientos históricos impidieron la construcción del gran monumento. Los dos artistas modernos partieron del dibujo de Leonardo y desuniendo la cabeza, realizaron una escultura de catorce metros, puesta sobre el agua de la laguna. Esta obra interpreta plenamente el espíritu de mi proyecto multicultural, transnacional, multimedial de la Bienal. Al mismo tiempo realiza una obra creativa, apostando sobre el cambio, la solidaridad y la colaboración. Muy interesante es el respeto del espíritu leonardesco, sujeto siempre al control sistemático de todo proceso creativo, sin nunca dejar nada a la suerte, desde el planeamiento hasta la ejecución. También en este caso los dos artistas han tenido que trabajar sistemáticamente siguiendo todas las fases de proyección, elaboración y ejecución, por tanto conservando esta condición de artista renacentista que Leonardo siempre ha querido confirmar con su obra, del análisis a la síntesis. La obra es a la vez el resultado de un paso desde una fase proyectual hasta una fase ejecutiva, desde una fase bidimensional - la imagen sobre el folio del código leonardesco conservado en la Biblioteca Nacional de Madrid - hasta una tridimensional donde la escultura, en su misma identidad de jaula o armazón metálico, encuentra su expansión. En este caso el paso ha sido realizado por el intermediario de la intervención de la tecno-

dox: it starts from a project, goes through the resulting sculpture and returns to assert it's own projectual identity. In some way the artists realised a sheath of Leonardo's sculpture respectfully restituted; reporting the sculpture's plastic specificity to its final nature, the projectual one in which Leonardo abandoned it, compelled to forsake his fantasy on paper. The four handed work of Ben Jakober and Yannick Vu thus traces the double possibility of the sculpture - that of starting as a project to become reality, of confirming its projectual identity even at the level of materials used for its execution. It is no accident if the structure, the woven metal cage, that normally protects the sculpture becomes not only the covering but the core of Leonardo's horse. The frame allows transparency, brings conceptual lightness of the project and also enables it to preserve the volatile conceptual identity and at the same time becomes the only possible medium able to give it a concrete quality. Substantially wrapping has become content, the skeleton has turned into the flesh of the sculpture itself. This is the great intuition of Ben Jakober and Yannick Vu who through the weaving of the cage of their sculpture have also ideally protected what Leonardo wanted to realise but was never able to do. The case has thus become the embrace by contemporary art of Leonardo's classicism, a kind of respect capable of passing from the skeletal state to that of sculptoric substance. All said this sculpture also becomes the way to bridge a historic distance and celebrate the five hundredth anniversary (1493-1993), those centuries elapsed since Leonardo's projectual moment and the absolutely creative, original and autonomous execution of Ben Jakober and Yannick Vu.

1993

logía del ordenador que ha restituido las propuestas precisas sobre la volumetría de la escultura. Al mismo tiempo esta obra realiza una gran paradoja creativa y cultural: partir de un proyecto, pasar a través del resultado de la escultura y volver a afirmar su identidad de proyecto. Los artistas han realizado de algún modo el enjaulamiento de la escultura de Leonardo, restituido y respetado la identidad plástica de la escultura, su naturaleza definitiva, este proyecto que Leonardo abandonó, obligado a dejar su fantasía sobre el folio. El trabajo a cuatro manos de Ben Jakober y Yannick Vu, delinea entonces una doble posibilidad de la escultura, la de partir del proyecto por hacerse resultado y confirmar una identidad proyectual también al nivel de los materiales utilizados para su ejecución. No es casualidad si la jaula, el armazón metálico que normalmente protege la escultura se convierte no solo en envoltura, pero en la esencia misma de la estructura del caballo de Leonardo. El armazón permite transparencias, travesía de la mirada, ligereza, consiente conservar la identidad volátil leonardesca, la levedad conceptual del proyecto y a la vez se convierte en la única materia posible capaz de producir tangibilidad. Substancialmente la envoltura se hace contenido, el esqueleto se vuelve carne de la misma escultura. Esta es la gran intuición de Ben Jakober y Yannick Vu, quienes a través de la envoltura del armazón han protegido también idealmente lo que Leonardo quiso realizar pero nunca pudo. El armazón se hace entonces el abrazo del arte contemporáneo alrededor del gran clasicismo de Leonardo, una forma de respeto capaz de pasar del estado esquelético al de sustancia escultorea. Al final esta escultura se vuelve también el modo de colmar una distancia histórica, celebrar un aniversario, el quinto centenario (1493-1993), los siglos transcurridos desde el momento proyectual de Leonardo hasta la ejecución absolutamente creativa, autónoma y original de Ben Jakober y Yannick Vu.

1993

CHTHONIAN-APOLLONIAN

Yannick Vu

Some years ago, when for the first time Ben and I realised a sculpture together - *Le Vase de Soissons* - I wondered about the meaning of such a collaboration. Of the two of us, I think I was the one who most desired this common language. In a way, I was giving it an importance surpassing the frame of simple work. It seemed to me that this approach opened the path to a sort of reconciliation of the sexes in the territory of the work of art, which I anticipated as difficult as stimulating, and which Camille Paglia defined as «*a field of force disturbed by variations of masculinity and femininity, whirlpools clouding the surface like a smooth psychic pool*». Therefore, though pursuing very different paths, we occasionally renewed this joint venture - source of dialogue and enrichment but also of unavoidable tension, due, not to the distribution but to the intensification of expression - and above all carrier of a transforming power.

It might be this very tension, akin to an exquisite pain resulting from a crossed identification of one reflecting the other, tension born from the fleeting and random equilibrium between the feminine and the masculine, which made us conceive and realise together an exhibition project based on the subject «Chthonian-Apollonian», developed by Camille Paglia in her book «Sexual Personae».

The aim was not to compress our two forms of expressions into one - sort of hybrid or composite language - but to use at the same time a fragile and fortuitous meeting point where sexes happen to distribute symmetrically their energies, and also to say, each one with the other, or at the same time, something which surpasses one and of which one is intimately, obscurely convinced and deeply concerned.

For many men, I imagine, this task belongs to the domain of high fantasy. When I confided to a French writer that Ben and I were working together, he replied: «*I never could write with another person. It is something I simply can't even contemplate!*». But there was no irony in his voice. Simply this eventuality which he had never envisaged baffled him and made him thoughtful, as he if suddenly had been confronted by the irrational, which

Algunos años atrás mientras por primera vez Ben y yo realizábamos juntos una escultura - *Le Vase de Soissons* - me pregunté lo que podía significar tal colaboración.

De los dos pienso que fui la que más deseaba este lenguaje común. De un cierto modo le daba una importancia que traspasaba el marco del simple trabajo. Me parecía que este acercamiento abría la vía a una suerte de reconciliación de los sexos sobre un territorio - la obra de arte - que presentía tan difícil como estimulante y que Camille Paglia define como «*un campo de fuerza perturbado por variaciones de masculinidad y feminidad, remolinos enturbiando la superficie como un charco psíquico liso*». En continuación, aunque persiguiendo caminos muy diversos por ambas partes, reanudamos ocasionalmente este trabajo en común; cada vez fuente de diálogo, enriquecimiento, pero también de inevitable tensión, debido no a la repartición sino a la intensificación de la expresión y sobre todo, detentor de un poder transformador.

Tal vez sea esa misma tensión, semejante a un dolor exquisito resultando de una identificación en cruzado del uno reflejando el otro, tensión nacida del equilibrio fugaz y aleatorio entre el femenino y el masculino que nos determinó a concebir y realizar en conjunto un proyecto de exposición basado sobre el tema «Chthonian-Apollonian» desarrollado por Camille Paglia en su libro «Sexual Personae».

No se trataba de comprimir nuestras dos expresiones en una sola - especie de lenguaje híbrido o compuesto - pero de utilizar a la vez este punto de encuentro frágil y fortuito, donde los sexos consiguen repartir con simetría sus energías y de decir también cada uno con el otro, o al mismo tiempo que él, algo que a la vez lo sobrepasa y del cual es íntimamente, oscuramente convencido y que lo concierne profundamente.

Para muchos hombres imagino que tal empresa pertenece al dominio de la más alta fantasía. Cuando confié a un escritor francés que Ben y yo trabajábamos juntos, exclamó: «*¡Nunca podría escribir con otra persona! ¡Es algo que no puedo ni considerar!*». Pero no había ninguna entonación burlona en su voz, sencillamente esta eventualidad

generates disorder, as if everything which was not opposition could only belong to the dangerous field of symbiosis and consequently of regression.

In Totem and Tabu, Freud asserts that *«Art is the sole domain where the full power of ideas has been maintained until today.»* So we found it only natural to return to the source and invoke myths which assert the invariable essence of human nature and *«the magic intention of art».*

These few months of work have been the most productive since a long time, as if we had opened the gates of an immense reservoir where every situation found its counterpart.

Resorting to myths forced us to go back to the very beginning: the supremacy of the Mother Goddess, the Kingdom of the moon and tides, the King's sacrifice at dusk, dressed up with his most beautiful royal garbs and adorned with false breasts, in order to ensure the earth fertility by shedding his blood on the hardened soil.

Later we had to rediscover the luminous emergence of Apollo, the sun god of mice and men who, thanks to the Delphic oracle, dominated the life and heart of mortals eager to meet their fates.

Pillar by pillar we had to rebuild his silver temple, reflecting itself in the still waters, while the *Omphaloi* crossed the continents on a dangerous journey which inevitably brought them back to the centre of the world.

We had to rebuild the lyre used by Apollo, in order to reveal to simple mortals the ineluctable will of his father Zeus. We also had to follow Apollo on his dazzling pursuit of light, gloriously mounted on his gold *Quadriga.*

It equally gave us the opportunity to set out on a sort of courteous travel, no longer in parallel but convergent, which allowed us to formulate quietly what first of all unites, but also differentiates or separates, man from woman, because simply immanent to the condition of couple, in life as in work.

June 1994

nunca contemplada parecía entonces enturbiarle y se volvió pensativo, como si de repente había sido puesto en presencia de lo irracional que genera el desorden, como si todo lo que no era oposición podía sólo pertenecer al territorio peligroso de la simbiosis y por consecuencia a la regresión.

En «Tótem y Tabú» Freud afirma que *«El arte as el único dominio donde la toda-podestá de las ideas se ha mantenido hasta nuestros días».* Entonces nos ha parecido natural volver a la fuente recurriendo a los mitos que afirman la esencia invariable de la naturaleza humana y *«la intención mágica del arte».*

Estos últimos meses de trabajo han sido los más fructíferos desde hace mucho tiempo, como si hubiéramos abierto las compuertas de un inmenso depósito donde cada situación encontraba automáticamente su contrapartida. Recurrir a los mitos nos obligó volver al principio de todo y reencuentrar la dominación de la Diosa Madre, el reino de la luna y las mareas, el sacrificio del Rey al anochecer vestido de sus mas bellos atavíos y adornado de sus falsos pechos afín de asegurar la fertilidad por su sangre derramada sobre la dura tierra.

Luego tuvimos que redescubrir la emergencia luminosa de Apolo, dios solar de los ratones y los hombres, quien gracias al oráculo de Delfos dominó la vida y el corazón de los mortales ávidos de conocer sus destinos.

Columna por columna tuvimos que reconstruir su templo de plata reflejándose en las aguas impasibles, mientras los *Omphaloi* recorrían los continentes en un peligroso viaje que los devolvían sin fallar al centro del mundo.

Tuvimos que reconstruir la lira utilizada por Apolo con el fin de revelar a los simples mortales la ineluctable voluntad de su padre Zeus. Igualmente tuvimos que acompañar Apolo en su centelleante cabalgata persiguiendo la luz, gloriosamente montado en su *Quadriga* de oro.

Fue también la ocasión de emprender una suerte de periplo cortés, ya no mas en paralelo sino convergente, que nos ha permitido formular serenamente lo que ante todo reúne, pero también diferencia o separa el hombre y la mujer, porque simplemente inmanente a la condición de pareja en la vida como en el trabajo.

Junio 1994

CHTHONIAN APOLLONIAN

Achille Bonito Oliva

The work of art represents the ability of the individual to create out of himself a form able to speak and justify his own presence. The artist is the creator, the demiurge who through matter makes an involution outside his bodily domain, his maximum exaltation.

Form becomes abitus, a real ornamental covering justifying and allowing matter to take shape in an image. Western art has always worked on the development of a subjective pulse to exalt the difference between the ego and the world, to mark the potential expressivity of the subject.

In Ben Jakober and Yannick Vu's case, we find ourselves in an anomalous situation where art does not simply go through the strengthening of ego but through a first phase of weakening of the individual, by way of control and grief, the intertwining and dialogue of the two active forces, male and female: Ben and Yannick.

The building of a form is in the end a document of the transformation of I into we. We are not dealing with a work built by four hands, the result of a creative compromise, but of a balanced short circuit between forces able to confront themselves until the object finds it realisation.

The work of Ben Jakober and Yannick Vu cannot be defined as formal work, for they tend to work not so much on the strictly linguistic result as on anthropological complexity.

Ben and Yannick make works meant to represent the warring peace and the pacified war between male and female subjectivity through reference to myth. The identity of an art based on the concept of complexity, articulation, indeterminacy and ambiguity.

Male subjectivity is normally the bearer of a function of order, while the female is linked traditionally to the function of fecundity and childbirth.

In our case, matter and form, the Chthonian and the Apollonian find their integration in works surpassing in time the confrontation between the masculine and the feminine.

The confrontation of Ben Jakober and Yannick Vu

La obra de arte representa la capacidad del individuo para fundar fuera de si mismo una forma capaz de hablar y justificar su propia presencia. El artista es el creador, el demiurgo quien a través de la materia realiza una potenciación fuera del territorio corporal, su máxima exaltación.

La forma se convierte en abitus, en paramento real que justifica y autoriza la materia a concretarse en una imagen. El arte occidental desde siempre ha trabajado sobre el desarrollo de una pulsación subjetiva, para exaltar la diferencia entre el yo y el mundo, para marcar la potencia expresiva del sujeto. En el caso de Ben Jakober y Yannick Vu nos encontramos ante una situación anómala y que el arte no pasa simplemente a través de la potenciación del yo, sino por una primera fase de despotenciación del individuo, mediante el control y el duelo, el entrelazarse y el diálogo de dos fuerzas activas, la masculina y la femenina: Ben y Yannick. La construcción de una forma documenta al final la transformación del yo en el nosotros. No se trata de una obra construida a cuatro manos, producto del compromiso creativo, sino de un corto circuito equilibrado entre fuerzas capaces de confrontarse hasta que el objeto encuentre su realización.

No se puede definir formal la obra de Ben Jakober y Yannick Vu ya que tiende a trabajar no tanto sobre el resultado estrictamente lingüístico sino también sobre la complejidad antropológica. Ben y Yannick realizan obras que quieren representar la paz guerrera y la guerra pacificada entre la subjetividad masculina y la femenina mediante la referencia al mito. La identidad de un arte, basado en el concepto de complejidad, articulación, indeterminación y ambigüedad. Generalmente la subjetividad masculina es portadora de una función de orden, mientras que la femenina, por tradición está vinculada a la función de la fecundidad y del nacimiento. En nuestro caso, la materia y la forma, la Chthonia y lo Apolíneo encuentran su integración en obras que sobrepasan en el tiempo la confrontación entre lo masculino y lo femenino. La

takes place in the present time, but their resulting works require nonetheless mythological denomination, as they tend to have a double temporality. The double temporality of the creative process - integration of a double personal method, based on confrontation, dialogue, exchange - and that of the past, for recovering a denomination able to confirm the eternity of myth and the birth of a work of art that, by definition, is not masculine nor feminine, but androgynous.

Ben and Yannick work to waken up schematic, personal, and sexual subjectivity and in this way to achieve a more complex eroticism where it is possible to make the frontier qualities of both subjects talk.

Each work bears an organic Chthonian moment and an Apollonian and formal one. Each work documents the power of a myth that manages to coexist with its opposite: day and night, domestic and public, agricultural and industrial, each form is forceful enough to turn itself into its double.

Art in its whole creative process shows that, to reach the image, it should first of all weaken itself in relation to the real, introduce external stimulus and successively bring back to the light of the form its initial pulse.

Ben and Yannick document with this exhibition a temporality coming from a phase of willing weakening, the overcoming of a schematic individuality, consigned to a strictly sexual definition, to reach another one of creative omnipotence in which the intertwining, dialogue, confrontation and integration between two individualities come to conjugate a common one: from I to we.

When does the «we» stop and happily accept the result achieved? It is the work itself that recognises the end of the creative process and the achievement of the Apollonian, the pass from the Chthonian to the epiphany of form, indicating to both artists that the result has been reached.

The intertwining between Ben Jakober and Yannick Vu is not a metaphorically erotic one but the result of a measured meeting of two different creative measures, able to be synthesised in the formal result of a common work.

The works in this exhibition achieve and represent a stage in which the masculine and the feminine keep coexisting, not through didascalic forms, but through linguistic complexities evoking the force of myth in an absolutely necessary form.

confrontación de Ben Jakober y Yannick Vu se produce en el tiempo presente y sin embargo tiene como resultado unas obras que requieren la denominación mitológica porque tienden a tener una doble temporalidad. La del proceso creativo (integración de un método personal doble, basado en la confrontación, el diálogo, el intercambio) y la del pasado como recuperación de una denominación capaz de confirmar lo eterno del mito y el nacimiento de la obra de arte, que, por definición no es ni masculina ni femenina, sino andrógina.

Ben y Yannick trabajan para despotenciar la subjetividad esquemática, personal y sexual y acceder de este modo a un erotismo más complejo, en donde es posible hacer hablar las cualidades de frontera de los dos sujetos. Cada obra es portadora de un momento chthonio orgánico y de uno apolíneo y formal. Cada obra documenta la fuerza de un mito que logra coexistir con su contrario: diurno y nocturno, doméstico y público, agrícola e industrial: cada forma tiene la fuerza de volcarse en su doble. El arte en su proceso creativo total, para llegar a la imagen, demuestra que inicialmente tiene que despotenciarse respecto de lo real, introducir estímulos externos y sucesivamente volver a sacar a la luz de la forma su pulsión inicial. Ben y Yannick con esta exposición documentan una temporalidad que parte de una fase de despotenciación voluntaria, superación de una identidad esquemática, relegada a una definición estrictamente sexual, para llegar a otra de omnipotencia creativa en la que entrelazamiento, diálogo, confrontación e integración entre las dos individualidades logran conjugar una común: pasar del yo al nosotros. ¿Cuándo el «nosotros» se detiene y acepta con satisfacción el resultado alcanzado? Es una obra misma la que reconoce el final del proceso creativo y la consecución de lo apolíneo, el paso de lo chthonio a la epifanía de la forma, que indica a los dos artistas que han conseguido el resultado. El entrelazarse entre Ben Jakober y Yannick Vu no es un entrelazarse metafóricamente erótico, sino es el resultado de un encuentro calibrado entre dos medidas creativas distintas, capaz de sintetizarse en el resultado formal de una obra en común. Las obras de esta muestra realizan y representan un escenario en el cual lo masculino y lo femenino coexisten continuamente, no a través de formas didascálicas, sino por medio de complejidades lingüísticas que evocan la fuerza del mito en una forma absolutamen-

In this case, the myth is not regressive, it is not the return to the origins, but fecundity of an art able to stage the erotic force of two creative energies, between selection of materials and geometry of forms. The work by Ben Jakober and Yannick Vu becomes finally the place of future memory in which the audience will be able to find proof of a daily rescue, located in the productive fecundity of art.

We are not facing in this case a couple of artists, but a plural subject able to overcome the individual narcissism and reach a level of creative integration.

The formal disposition of the works documents a necessary eclecticism, due precisely to the fact that the creator subject goes from I to we. The domain of the works moves from a starting point, the *Totem*, to reach the *Shield*.

The epiphany of form allows both artists to stop in front of the result. The *Totem* is the opening point, an apotropaic and magical moment, the *Shield* is the closing moment, obstruction and circularity of a domain which no longer has any beginning or end, but expresses the laborious and grieving happiness of eternal return.

And so we have elementary materials together with others linked to high technology, all of them materially combined by the force of a creative intentionality which does not tend to the realisation of objects but that of conceptual mechanisms in which man can travel once more to recover the integrity of myth and possess it in its present.

The exhibition «Chthonian-Apollonian» represents a hymn to life and death: the certainty of continuity, beyond the barrier of inexorable time, guaranteed by works in which integration between masculine and feminine is achieved and whose proof is form. Ben and Yannick give us objects of a possible pyramid, in whose space they assert the fertile conflict of differences developed in the course of their time together, finally resolved in the form.

Art becomes a kind of missile carrying the Greek myth to our present and projecting it into the future through these works.

Long live Ben Jakober and Yannick Vu.

June 1994

te necesaria. En este caso el mito no es regresivo, no es retorno a los orígenes sino que es fecundidad de un arte capaz de poner en escena la fuerza erótica de dos energías creadoras, entre selección de los materiales y geometría de las formas. La obra de Ben Jakober y Yannick Vu se convierte finalmente en el lugar de la memoria futura en el cual el público podrá encontrar pruebas de un cotidiano rescate, emplazado en la fecundidad productiva del arte. En este caso no nos encontramos frente a una pareja de artistas, sino frente a un sujeto plural, capaz de superar el narcisismo individual y alcanzar un nivel de integración creativa.

El dispositivo formal de las obras documenta un carácter de eclecticismo necesario, debido precisamente al hecho de que el sujeto creador se desplaza del yo al nosotros. El territorio de las obras tiene un punto de partida que es el *Totem* para llegar al *Escudo*. La epifanía de la forma permite a los dos artistas detenerse ante el resultado. El *Totem* es el punto de apertura, momento apotropaico y mágico, el *Escudo* es el momento de cierre, obstrucción y circularidad de un territorio que ya no tiene comienzo ni fin, sino la laboriosa y doliente felicidad del eterno retorno.

Y he aquí que tenemos materiales elementales y otros que están ligados a la alta tecnología, todos ellos plásticamente pegados por la fuerza de una intencionalidad creadora que no tiende a la realización de objetos, sino más bien de dispositivos conceptuales en los que el hombre puede una vez más viajar para recobrar la integridad del mito y poseerlo en su presente. La muestra «Chthonian-Apollonian» representa un himno a la vida y a la muerte. La afirmación de una continuidad, más allá de la barrera del tiempo inexorable, garantizada por obras en las que se ha cumplido la integración entre lo masculino y lo femenino y cuyo testigo es la forma. Ben y Yannick nos dejan objetos de una posible pirámide, en cuyo espacio dan fe de la fértil conflictualidad de las diferencias que se han ido desarrollando en el transcurso del tiempo común resolviéndose finalmente en la forma.

El arte se convierte en una especie de misil que transporta el mito griego hasta nuestro presente y lo relanza hacia el futuro a través de estas obras. Larga vida a Ben Jakober y Yannick Vu.

Junio 1994
Traducido del italiano por Luigia Perotto

EARTH AND HEAVEN BETWEEN A WALL OF FOG AND LIGHTS

BEN JAKOBER AND YANNICK VU

WERNER KRÜGER

I. ORACLE

A question at least as ancient as theogonic and creationist myths which, in everlasting and vigorous eagerness, promise new approaches to a solution: man and woman, link to the earthly and the pressure for order, worship of Earth and Heaven - or transferred to the boundaries of ancient Greece, the Chthonian and the Apollonian: to release their polarisation and reconciliation of the conflicting space in which they are and achieve their quietness through harmonising and change.

The question was in the oracle. In the most important temple in ancient Greece, in Delphi, human beings tried to find answers to their questions. Apollo ruled in that place. At his service, the pythoness, likely inheritor of a Chthonian oracle of the oldest times, foretold the future. She was seated in the temple, on a tripod, holding a jar in her hands. Falling in a trance due to the effects of Apollo's effluvia, she answered cryptically the questions asked by those seeking advice.

Priests used to write the cryptic messages, either in verse or in prose, and completed them when they thought it necessary. The oracles were always ambiguous, admitting a number of interpretations, metaphorical and extremely obscure. The Delphic oracle was meant to speak «ex cathedra» and had a powerful influence on religion, ethics, politics and culture. It gave support to the «status» of divinities, strengthened their hierarchical structure and promoted the cult of gods and goddesses. In the end it was Apollo, the most powerful of all the gods, who decided human destiny, and his servant Pythia meekly carried out his orders, proclaiming his will.

From then on, as many believe, the roles of both sexes seemed settled and the antagonism between man and woman is now an inexhaustible subject for art, literature and science. Yannick and Ben Jakober study the conflict between the «Chthonian» and the «Apollonian» and, sensitive to the reality of our times, compact it into works of art showing the same mythical energy as the cryp-

I. ORÁCULO

Un problema por lo menos tan antiguo como los mitos teogónicos y creacionistas que, en perenne y esforzado afán, prometen nuevas aproximaciones a una solución: hombre y mujer, vinculación a lo térreo y voluntad de orden, culto a la Tierra y culto al cielo o - transpuesto a los confines del mundo griego - lo telúrico y lo apolíneo: liberar su polarización y conciliación del espacio conflictivo en que se encuentran y lograr su aquietamiento por su armonización y mudanza.

El problema ha quedado atollado en el oráculo. En el más importante santuario de los helenos, en Delfos, los humanos trataban de obtener respuestas a sus preguntas. Apolo dominaba este lugar. A su servicio, la pitonisa, presumiblemente heredera de un oráculo telúrico de tiempos más remotos, emitía sus vaticinios. Estaba sentada en el interior del templo sobre un trípode con una patera entre sus manos. Caída en estado de trance por los efluvios de Apolo, respondía crípticamente a las interrogantes que le planteaban quienes solicitaban su consejo. Los sacerdotes registraban los enigmáticos mensajes, los ponían en verso o exquisita prosa y, en caso necesario, los completaban. Los oráculos eran siempre ambiguos, admitían una pluralidad de interpretaciones y tenían carácter metafórico y extremadamente obscuro. El oráculo délfico pretendía hablar ex cátedra y tenía poderosa influencia sobre la religión, moral, política y cultura. Respaldaba el status de las divinidades, consolidaba su estructura jerárquica piramidal y promovía el culto a las mismas. En último término, era Apolo quien decidía sobre los destinos humanos, tenía un poder sin límites y su sierva, Pitia, cumplía sus mandatos proclamando dócilmente a viva voz su voluntad. Desde entonces, según creencia de muchos, los papeles de los sexos parecen irrevocable y sistemáticamente afianzados siendo lo antagónico entre hombre y mujer tema inagotable para el arte, la literatura y ciencia. Yannick y Ben Jakober estudian la conflictividad entre lo «telúrico» y lo «apolíneo» y la compactan - sensibilizados

tic messages of the Delphic oracle; that is to say, a way of expression cradled by the atmosphere of the «sacred spot» or similar to the forms left to posterity in written texts, or in reconstructions, archaic fragments and remains, objectivised and aestheticised, such as *Totems, Omphaloi, Oracles, Lyras.*

II. COLLECTIVE PSYCHE

Art only gains from the interpretations and scraps of empirical psychological data if it gives them a certain form, if it translates them into its own code and transcends their meaning. I will bring forward some of my subjective, emotional points of view: Psychology reveals secrets, whereas Art enriches them. Psychology gives off an icy cold, art transmits a warm energy. Both Psychology and Art rely on the same sources and are fed by their association with devils, myths, dreams and mystical enigmas, on which their existence is based and justified. But while Psychology rushes to catch its prey, Art fights for love.

Psychology treats head and soul as if they were master and servant, whereas Art is engaged in the respect for man as a whole: calm or uneasy, imperfect or idealised, good or bad, sick or healthy. The artist studies subtly the image of the damaged or intact man with the untiring perseverance of the creator who is not eager to judge, classify or empty. Art gives generously. Psychology, on the contrary, turns the subject into something to be analysed: the result is paralysis. It has the fantasy of a blackhead. Art tries to add beauty to the shining truth encouraging the discreet charm of antimony and harmony, of weakening and character, hatred and goodness, noble naiveté and comprehensive inspiration.

The artist's ego, like all egos, lies within the ocean of collective consciousness where the treasures of human condition are sleeping. Too much self-cen-

por las realidades de nuestro tiempo - en obras de arte que transmiten la misma energía mítica que los esotéricos mensajes del oráculo de Delfos; es decir un modo de expresión acuñado por el ambiente del «recinto sagrado» o similar a las formas legadas a la posteridad por escrito o en reconstrucciones, vestigios y fragmentos arcaicos, objetivados y estetizados: *Totem, Omfalos, Oráculo, Lira.*

II. PSIQUE COLECTIVA

De las interpretaciones y las escombreras de datos empíricos de la psicología, el arte sólo se beneficia si las configura estéticamente, las transmuta en sus propios signos y las trasciende. Avanzaré algunas valoraciones teñidas subjetiva y emocionalmente: la psicología desvela arcanos; el arte, en cambio, los enriquece. La psicología desprende un frío gélido, el arte emite con fuerza una cálida energía. Ambos beben en las mismas fuentes y se alimentan del trato con demonios, mitos, apariciones oníricas y enigmas místicos, con todo lo cual fundamentan y justifican su existencia. Ahora bien, la psicología se lanza a la captura de su presa, en tanto que el arte lucha por el amor. La psicología trata a la cabeza y al alma como si fueran amo y siervo, mientras que el arte está comprometido con el respeto por el hombre integral, tal como es: aquietado o conflictivo, imperfecto o idealizado, malo o bueno, enfermo o sano. Con total entrega estudia sutilmente la imagen del hombre dañado e intacto con la incansable perseverancia de un creador que no siente la ambición de juzgar, categorizar ni vaciar. El arte entrega invariable y generosamente. La psicología, por el contrario, se apropia sin cesar y analiza; el resultado es la parálisis. Tiene la fantasía de un comedón. El arte pretende dotar de belleza al resplandor de lo verdadero estimulando el discreto encanto de antinomia y armonía, de quebranto y carácter, odio y bondad, noble ingenuidad y comprensiva inspiración. El Yo del artista - como todos los demás egos - está integrado en el formidable océano de la conciencia colectiva donde duermen los tesoros de la condición humana. Demasiado egocentrismo, demasiada personalidad y un exceso de individualismo ciegan la visión para la psique colectiva. El Yo masculino y femenino materializado en lo personal provoca confrontaciones. C.G. Jung acude en nuestra ayuda ante este permanente estado de necesidad con el término de persona: «*Persona es, originariamente, la máscara que portaba el actor caracteri-*

tredness, too much character and an excess of individualism blind the vision for the collective psyche. The male and female ego when materialised in the personal produce confrontations. C.G. Jung comes to help us in this permanent state of necessity with the term «persona». «*Persona is, originally, the mask worn by the actor according to the role he was playing. Persona is a mask pretending individuality and convincing oneself and others to believe in such individuality; when, in fact, it is a role played by the speaker of the collective language.*» This theory seems to prove the ego theory wrong. But C.G. Jung gives the following explanation:
«*Though consciousness of the Ego is, to start with, identical with the person, this creation of commitment, like that which the individual has in public, playing a certain role, this unconscious ego, cannot be repressed to the point of being unnoticed. Its influence appears in the peculiar pattern of the contrasting and compensating contents of the unconscious*». And then, Jung apprehends the precise point of vital importance for the existence of the artist. «*The purely personal disposition of consciousness provokes two reactions in the unconscious which contain both personal repressions and incipient manifestation of individual development under the cover of collective fantasies.*»
Two strong personalities may upset each other, especially when protest becomes the last form of possible interaction between them. Jung occasionally registers disturbing stratagems of this kind in intellectual females: «*Such an intellect always tries to prove the other wrong; it appears rather critical with an unpleasant underlying tone, though wanting to be thought of as objective. This attitude usually upsets males, mainly when this kind of common criticism is about a delicate topic which would be better untouched, for a profitable conversation. This sort of feminine intellect, unfortunately, looks for the weak points as a weapon to hurt the male, forgetting the benefit that arguments can provide. In most cases it is not a conscious aim, but unconscious: to force men to prove their superiority in order to be worthy of admiration. Males are usually not aware that females want them to play the hero part, and the teasing makes them so uneasy that they prefer to avoid a new meeting with the woman concerned. Her only chance, then, is that the man who gives up beforehand and so is not worthy to be admired.*»

zando el papel que éste protagonizaba. Persona es una máscara que finge individualidad y hace creer a uno mismo y a otros que se es individual cuando en realidad no es sino un papel interpretado desde el que habla el lenguaje colectivo». Parece que esto hace caer por su base al Yo. Pero C.G. Jung nos tranquiliza con esta explicación: «*Pese a que la conciencia del Yo es, en un principio, idéntica con la persona - esa creación de compromiso como la que uno aparece ante la colectividad desempeñando un papel como tal -, ese Yo inconsciente no puede ser reprimido hasta el punto de no hacerse notar. Su influencia aparece por de pronto en la peculiar modalidad de los contenidos contrastantes y compensadores del inconsciente*». Y acto seguido, Jung aprehende con su pensamiento el punto preciso que reviste importancia existencial par el artista: «*El talante puramente personal de la conciencia suscita dos reacciones por parte del inconsciente que, además de represiones personales, contienen incipientes manifestaciones del desarrollo individual bajo el manto de fantasías colectivas*».
Dos caracteres fuertes es posible que lleguen a incomodarse mutuamente; sobre todo cuando la protesta llega a ser la última modalidad de trato posible entre aquéllos. Jung registra ocasionalmente maniobras perturbadoras de este tipo en mujeres intelectuales: «*Un intelecto así dispuesto siempre trata de demostrar al otro que se equivoca; se muestra preferentemente crítico con un desagradable tono personal subyacente, no obstante lo cual pretende ser tenido por objetivo. Esto, por regla general, pone a los hombres de mal humor, sobre todo cuando semejante crítica, lo que no es infrecuente, incide sobre el tema delicado que sería preferible no tocar en aras a una discusión provechosa. Mas constituye la peculiaridad de esta clase de intelecto femenino buscar, desafortunadamente, no tanto la utilidad de una discusión sino antes bien puntos flacos para aferrarse a los mismos e irritar de esta guisa al varón. En la gran mayoría de los casos no se trata de un propósito consciente sino de un objetivo inconsciente: el de forzar al hombre a que demuestre su superioridad para que de este modo resulte digno de admiración. El varón suele no percatarse de que quieren obligarle a asumir por la fuerza el papel de héroe, y los «alfilerazos» le causan tal desazón que en adelante prefiere dar un rodeo a un encuentro con la dama en cuestión. A ésta, finalmente, sólo le queda el hombre que se*

But digressions can also be useful to analyse the turbulence between the sexes. Powerful fantasies and wonderful dreams arise from the union of individuality and collective psyche. This was perhaps the kind of rapture reached by the prophetess when delivering her oracles. In any case, this is the state in which artists are capable of uttering their most relevant creations. Jung mentions as «*an infallible feature of collective images*», the cosmic vision, «*that is, the reference of dream and fanciful images to cosmic qualities such as infinity in time and space, high speed and kinetic extensions, astrological links, Chthonian, lunar and solar analogies, substantial changes in the proportions of the human body... The clear use of mythological and religious motifs when dreaming also reveals the activity of the collective unconscious*». Such is the state of mind of the creator who produces ideas and images we could never think of, which surprise, irritate us and perhaps even make us lose our bearings.

The collective psyche is a kingdom of adventures, of monsters, of walls of fog and light. Lucky those who practise their breathing in such spaces. We come back to Jung: «*To open the door to the collective psyche means the renewal of life for an individual. Once achieved, this renewal should be sustained: for some because it strengthens their feeling of life; for others because it promises a substantial enrichment of their knowledge, and for still others because a clue for the transformation of their life has been discovered... the dissolution of the persona in the collective psyche invites one to merge with the abyss and, the memory lost, be absorbed by it. This kind of mysticism is convenient to any person with superior qualities, in the same way that «longing for one's mother» is inborn in every human being as a way to look backwards towards the spring from which life emerged.*»

This kind of regressive longing is defined as incest by Freud. But it is precisely the best people who have always been able «*to be devoured by the motherly abyss monster*». Both heroes and artists fight the monster and win. Jung concludes: «*Genuine courage, the conquest of the treasure, the invincible weapon, the magic antidote or whatever desirable goods conceived by myth, come out only from the triumph over the collective psyche*». Also Freud states that the ego builds a façade of evenness, autonomy and precise borders facing out-

resigna de antemano y, por lo tanto, no merece ninguna admiración».

Pero también las digresiones pueden servir para analizar las turbulencias entre ambos sexos. De la conjunción entre individualidad y psique colectiva surgen portentosas fantasías y sueños prodigiosos. Tal vez fuera éste el estado de arrobamiento que alcanzaba la pitonisa cuando pronunciaba sus oráculos. En todo caso es el estado en que los artistas son capaces de sus máximas creaciones. Jung menciona como «*característica infalible de imágenes colectivas*» lo cósmico, «*es decir, la referencia de imágenes oníricas y fantásticas a calidades cósmicas como la infinidad en el tiempo y espacio, enormes velocidades y extensiones cinéticas, nexos astrológicos, analogías telúricas, lunares y solares, modificaciones substanciales de las proporciones del cuerpo humano, etc. También la clara utilización de motivos mitológicos y religiosos al soñar apunta a la actividad del inconsciente colectivo*». Tal es el estado de ánimo del creador que produce ideas e imágenes que jamás pudimos sospechar, que nos sorprenden, irritan y tal vez incluso nos desorientan y proyecten en el vacío.

La psique colectiva es el reino de las aventuras, de los monstruos y de las paredes de nieblas y luces. Son dignos de envidia quienes en esos recintos practican sus ejercicios respiratorios. Volvamos una vez más a Jung: «*Franquearle el acceso a la psique colectiva significa para el individuo una renovación de la vida. Se pretende retener esta renovación: unos porque intensifica su sentimiento vital, otros porque les promete un substancial enriquecimiento de su acervo de conocimientos y los de más allá por haber descubierto una clave para la transformación de sus vidas ... la disolución de la persona en la psique colectiva invita materialmente a fundirse con el abismo quedando absorbido por el mismo perdida de memoria. Este retazo de mística conviene a toda persona de calidades superiores del mismo modo que la «añoranza de la madre» es ingénita a todo ser humano como un volver la mirada atrás hacia el manantial del que se ha nacido*».

Esta modalidad de añoranza regresiva Freud la define como incesto. Ahora bien, precisamente los mejores están citados desde siempre para «*ser devorados por el monstruo del protoabismo materno*». Y tanto los héroes como los artistas vencen a este monstruo. Jung formula esta conclusión al

wards. The ego extends inwards and becomes *«a psychic unconscious being»*. Only once is the feeling of being safe from all the rest broken and the Ego strips off the mask, merging with the «you». According to Freud *«in the apogee of falling in love, the border between ego and the object menaces to fade. Contrary to all sensations, the one in love affirms that the «I» and «you» are the same entity and is determined to act as if it was really so»*.

The solution to the dilemma between man and woman is only utterable through love. In males, probably because of the repressive longing of mother Earth; in females, because of the prospective longing of the hero in the light. Momentary satisfaction of desire, change, assimilation and metamorphosis of the roles or their abandonment and liberation from stereotyped standardisation of the sexes. All his life the artist is trapped between Scylla and Charybdis, releasing tensions through Art. *«Males look for what makes them different from females by nature but they also look for what makes them equal»*, Simone de Beauvoir writes. But the mixture of feelings that nature inspires in man is well known. Nature is man's servant, though the servant kills the master. Man comes from nature, but nature causes man's ruin. Nature is the source of man's being and the kingdom he commands at his will, the matter in which the soul is caught and at the same time its highest reality. It is occasional appearance and idea, limitation and wholeness; it is the opposite of the spirit and the spirit itself. Alternatively ally and enemy, it appears as the dark troubled chaos from which life emerges, as this same life and the beyond always desired: woman as a mother, wife and idea is a

respecto: *«Sólo del triunfo sobre la psique colectiva resultan el genuino valor, la conquista del tesoro, del arma invencible, del antídoto mágico o cualesquiera que sean los bienes codiciables ideados por el mito»*.

También Freud nos confirma que el Yo se limita a erigir hacia fuera una mera fachada de uniformidad, autonomía y contornos precisos. Hacia dentro se prolonga convirtiéndose en un *«ente psíquico inconsciente»*. En un único caso queda roto este sentimiento de seguridad delimitada contra todo lo demás y se desprende el Yo de su fachada y antifaz fundiéndose con el Tú. Freud: *«En el apogeo del enamoramiento, la frontera entre el Yo y el objeto amenaza con desvanecerse. Contrariamente a todos los testimonios de los sentidos, el enamorado afirma que el Yo y el Tú son una misma cosa y está dispuesto a conducirse como si, efectivamente, fuera así»*.

La solución del dilema entre hombre y mujer sólo es posible por el amor. Supuestos: en el varón, posiblemente, por la nostalgia regresiva de la Madre Tierra; en la mujer, por la añoranza prospectiva del héroe en la luz.

Satisfacción momentánea del deseo, cambio, asimilación y metamorfosis de los papeles, así como abandono de los mismos y liberación de las tipificaciones estereotipadas de los sexos. A lo largo de toda su vida, el artista está atrapado entre Escila y Caribdis zanjando las tensiones con su arte. *«El varón busca en la mujer lo diferente a la vez como naturaleza y como su igual»*, escribe Simone de Beauvoir.

Pero sabida es la mezcla de sentimientos que la naturaleza inspira al hombre. El se sirve de ella, pero ella lo aniquila; él surge de la naturaleza, pero ella es causa de su ruina; ella es el manantial de su ser y el reino que él somete a su voluntad, la materia en que está presa el alma y a la vez la máxima realidad; es apariencia casual e idea, limitación y totalidad; ella es lo opuesto al espíritu y el espíritu mismo.

Alternativamente aliada y enemiga aparece como el oscuro caos agitado del que se alza la vida, como esta vida misma y como el más allá que la vida siempre anhela: la mujer como madre, esposa e idea es una imagen reducida de la naturaleza, tan pronto estas figuras se mezclen como se oponen entre sí y cada una tiene una doble faz.

Una doble faz: hombre y mujer, como el arte, destrucción y creación, amor y hastío, hermosura y fealdad. He aquí el verbo poético de Octavio Paz:

reduced image of nature, for these figures both mix and oppose each other and have a double face». A double face: man and woman, as art, destruction and creation, love and boredom, beauty and ugliness. Octavio Paz expresses the idea this way:

«Two bodies facing each other
are sometimes two waves
and the night is ocean.

Two bodies facing each other
are sometimes two stones
and the night a desert.

Two bodies facing each other
are sometimes roots
mingled in the night

Two bodies facing each other
are sometimes knives
and the night lightning.

Two bodies facing each other
are two falling stars
in an empty sky.»

Man and woman: two bodies loving and hating each other, two changeable, happy and deeply troubled souls working together - tensions as in nature, apart and together, as in a mirror-distorted bedroom whose wedding beds are set apart by the moon: a transparent solitude when together, painful absurdity, vitreous loneliness: *Plaza Partida.*

III. HERMAPHRODITES

Sibyl, mother of gods; Koros, personification of pride; Hermaphrodite, hybrid deity, by whose action temperament, associations and fantasies experience a powerful effervescence, far reaching ideas emerge, and the collective and individual consciousness are set free, opening cosmic dimensions to creativity. Fulfilment has its roots in simplicity, a basic axiom for an artist. Yannick and Ben Jakober's signs are extremely simple. But simplicity is treacherous. Even when the *«persona»* is shown wearing a mask which guarantees the opening towards the inner self, the Jakober's objects are only disguised as easily conceivable symbols, behind whose external appearance a

«Dos cuerpos frente a frente
son a veces dos olas
y la noche es océano.

Dos cuerpos frente a frente
son a veces dos piedras
y la noche desierto.

Dos cuerpos frente a frente
son a veces raíces
en la noche enlazadas.

Dos cuerpos frente a frente
son a veces navajas
y la noche relámpago.

Dos cuerpos frente a frente
son dos astros que caen
en un cielo vacío.»

Hombre y mujer: dos cuerpos que se aman y se odian, dos almas que cooperan, mudables, jubilosas y profundamente atribuladas; tensiones como en la naturaleza separadas y juntas, como en la alcoba dispuesta a imagen de espejismo, cuyos lechos de matrimonio están separados por una luna: una transparente soledad en compañía, dolorosa absurdidad, soledad vítrea: *Plaza Partida.*

III. HERMAFRODITAS

Cibeles, madre de dioses; Koros, personificación del orgullo; Hermafrodita, la deidad híbrida: por obra suya, temperamentos, asociaciones y fantasías experimentan una poderosa efervescencia, surgen ideas de vasto alcance y se sueltan las riendas de la conciencia colectiva e individual abriendo dimensiones cósmicas a la creatividad. La plenitud radica en la sencillez, axioma fundamental del artista. Los signos de Yannick y Ben Jakober son extremadamente simples. Pero la simplicidad es pérfida. Así como la *«persona»* se presenta enmascarada garantizando la apertura hacia el interior, los objetos de los Jakober sólo están camuflados como símbolos fácilmente aprehensibles detrás de cuya apariencia exterior se plantea una muchedumbre de grandes interrogantes. La obra de arte entendida como interrogante, no como respuesta, da sentido al trato con el arte. *«También él era un tipo admirable, ese adolescente»* - leemos en el *«Dorian Gray»* de Wilde - *«al que había conocido*

crowd of important questions are set forth. The work of art considered as a question mark rather than an answer gives sense to the form of engaging with art: «*He was also an admirable chap, this young man*», wrote Wilde in Dorian Gray, «*whom he had met by sheer chance at Basil's, or at least he could be shaped into an admirable chap. He had elegance, the white purity of boyish innocence and the beauty which preserves old Greek marble statues. There was nothing he could not become: he could become a titan or a plaything*». That is the fate of every work of art: either to be titanic or just a plaything, and it is the artist who predetermines it. And those of us engaging with the work of art enhance or diminish it. And again the characterisation Wilde makes of Basil: «*How interesting he was from the psychological point of view! The new way in art, the new approach to life, so rarely caused by the mere existence of a man who ignored all that: the silent spirit who lived in a grim landscape of forests and moved unseen in the open countryside suddenly appeared as a dryad with no fear because in the soul of his searcher had awakened the magnificent vision, the only vision in which wonders are shown. It was as if the simple shapes and images of reality were purified by achieving a kind of symbolic meaning, as if they were images in a different and more perfect form whose shadows turned them into reality... There was an irresistible attraction in that son of love and death*».
Something irresistible: the force field of art. The fascination of the double depth of everything valid:

por un extraño azar en el estudio de Basil o que al menos podía ser modelado hasta convertirlo en un tipo admirable. Tenía donaire, la blanca pureza de la inocencia muchachil y la belleza que conservan los antiguos mármoles griegos. Nada existía en que no hubiera podido ser convertido: era posible hacer de él un titán o un juguete». Es el destino de toda obra de arte: ser titánica o meramente lúdica y es el artista quien predetermina lo uno o lo otro. Y nosotros, que tratamos con la obra de arte, la realzamos o rebajamos. Y de nuevo la caracterización que Wilde hace de Basil: «*¡Qué interesante resultaba desde el punto de vista psicológico! El nuevo modo en el arte, la nueva manera de contemplar la vida, tan extrañamente suscitados por la mera existencia visible de un hombre que ignoraba todo esto: el espíritu silente que habitaba en un tenebroso paisaje de bosques y se movía sin ser visto en campo abierto aparecía de pronto como una dríade y sin temor porque en el alma de aquel que lo estaba buscando había despertado la prodigiosa visión, la única a la que las cosas portentosas se manifiestan. Era como si las meras formas e imágenes de las cosas fueran acrisoladas adquiriendo una especie de significación simbólica cual si ellas mismas fuesen imágenes de una forma diferente y más perfecta cuyas sombras las convertían en realidad... Había un irresistible atractivo en ese hijo del amor y de la muerte*». Algo irresistible: el campo de fuerza del arte. La fascinación del doble fondo de cuanto tiene validez general: es esto lo que percibimos en la obra de arte. Es probable que toda obra de arte tenga un eros bisexual para que su irresistible atracción llegue a actuar sobre hombres y mujeres. Este eros ambiguo también debe animar al artista para que pueda surgir una obra de arte de tan poderosa irradiación.

No es tan descarriado este parecer como algunos puedan suponer. Ya Aristófanes propugna en el «Banquete» de Platón la existencia de Hermafrodita que, si le concediéramos algo más de espacio, conseguiría realizar los más esplendorosos santuarios y altares y las más portentosas obras de arte. Aristófanes lamenta el empobrecimiento que, para el espíritu y el eros, significa la reducción de la naturaleza a lo masculino y femenino. «*Porque en un principio había tres géneros de humanos. Uno de ellos era el andrógino; su figura y nombre se componían de los otros dos, el masculino y el femenino, pero hoy día ya sólo es la voz que se usa*

that is what we perceive in the work of art. Every work of art, probably, must have a bisexual Eros so it can act both on men and women. This ambiguous Eros should also encourage the artist to create a work of art with powerful irradiation.

This is not as unlikely as many may think. Aristophanes, in Plato's Banquet refers to the existence of Hermaphrodite who, if he was given more space, would manage to build the most magnificent sanctuaries and altars and the most beautiful works of art. Aristophanes regrets the impoverishment that the reduction of nature to masculine and feminine means for spirit and Eros. *«For there were in the beginning three human genders: the androgynous - whose form and name were taken from both components, masculine and feminine, but nowadays this is only a word of abuse... Those three genders existed because the masculine was created by the Sun and the feminine by the Earth. But the gender taking part of both was created by the Moon, related to one and the other. And they were circular, as were their orbits, so as to be similar to their progenitors. They had powerful strength and thoughts. And what Homer says about Ephialtes and Otus must be understood as meaning that they tried to force access to Heaven in order to attack the gods.»* The merciless dilemma - even the sharp competition - between heavenly and earthly cults, between masculine and feminine, would not be able to wipe out the androgynous from Earth; that creature in the middle who really exists. Only the artist can take that risk because he is meant by nature to deal with the gods, and eventually even to fight against them. But it is understood that the bisexual Eros of a work of art unloads even more burden onto our shoulders, and that gives us a masochistic pleasure because it is a healing pain.

The artist cannot get out of it. Or should he behave as foolishly as Paul Valéry's milking cow? *«The cow only assimilates those perceptions for which she has an invariable answer, a programmed reflex which forms part of the course of some function of her organism. All the rest is indifferent to her. If she feels frightened by anything, she will run away and will never be tempted to return cautiously, moved by a certain intellectual voraciousness to find out and integrate that «something» into her own perception... The cow defines that new element for herself only through her running away as something from which to run away.»* The norm of beha-

para injuriar... Esos tres géneros existían porque el masculino era una creación del sol y el femenino, de la Tierra. Pero el que participaba de ambos era producto de la luna que tiene parte en aquél y en ésta. Y eran circulares, así como sus órbitas, para ser semejantes a sus progenitores. Tenían poderosa fuerza y fortaleza y también portentosos pensamientos. Y lo que Homero afirma de Efialtes y Otos hay que entenderlo en el sentido de que pretendían forzar para sí el acceso al cielo con el fin de atentar contra los dioses». El inmisericorde dilema - incluso la áspera competencia - entre los cultos celestial y terreno, entre lo masculino y lo femenino, manifiestamente tampoco podrían borrar de la Tierra al ser andrógino mediano que realmente existe. Sólo el artista puede arriesgarse a intentarlo porque es parte de su naturaleza medirse con los dioses y, ocasionalmente, enfrentarse a ellos. Pero se comprende que el eros bisexual de una obra de arte descarga sobre nuestros hombros aún más pedruscos, lo que nos produce un placer masoquista porque este dolor nos hace bien.

El artista no puede escurrir el bulto. ¿O es que debe portarse tan tontamente como la vaca lechera de Paul Valéry? *«La vaca sólo asimila aquellas percepciones para las que tiene una respuesta invariable, un reflejo programado que forma parte del curso de alguna función de su organismo. Todo lo demás le es indiferente. Si algo nuevo la asusta, pone pies en polvorosa y jamás estará tentada de regresar cautelosamente y movida por una cierta voracidad intelectual para conocer ese algo e integrarlo en su percepción... La vaca define para sí ese elemento nuevo exclusivamente por su huida como un algo del que hay que escapar».* La norma de conducta apuntada por Valéry, saludada con simpatía por el artista y por cuantos se ocupan en arte, es ésta: *«Entonces yo introduciría a la dama esquizofrenia personificada en la fovea centralis de mi espíritu y vería qué opinión me ha de merecer... Por lo demás, no es que quiera negarla. Psíquicamente soy un isleño. Juego a Robinson. Yo me tallo mi arco y mis flechas y abato mis pájaros... si es que hay alguno».* Todo un discurso en favor de la vida como hermafrodita.

La dicotomía del mundo y del arte en masculino y femenino, racional y emocional, así como en estructuras de dominio telúricas y apolíneas parece estorbar a la ciencia moderna. Hace tiempo que está buscando escapatorias. De modo análogo a

viour stated by Valéry and seen sympathetically by the artist and all those dealing with art is this: *«Then I would introduce the schizophrenic lady in the fovea centralis of my spirit and I would see what opinion she deserves of me... I do not want to deny her. I have an islander psyche. I play with Robinson. I cut my own bow and arrows and shoot my birds down... if there are any».* A great speech in favour of life as hermaphrodite.

The dichotomy of world and art in masculine and feminine, rational and emotional, as well as in Chthonian and Apollonian structures of dominion seem to upset modern scientists. They have been looking for ways of escape. In the same way as happens in art, the apologists of consensus align themselves in science. *«I think»* - writes the Austrian physician Wolfgang Pauli - *«that those for whom a thin rationalism has lost its power to convince and for whom the charm of the mystical approach experiencing the outer world as illusory in its urgent variety fails to be effective enough, do not have any other possibility than to expose themselves to these intensified contrasts and conflicts. Thanks to precisely that, the researcher can walk along an inner road to salvation, more or less consciously. Slowly, to compensate for the external situation, images, fantasies or inner ideas emerge which point to the poles of antagonistic binomials getting closer. Bearing in mind that all efforts to unify those binomials made in the History of Human Thought have failed, I will not dare to foretell the future. Contrary to the sharp division of the activities of the human spirit into watertight compartments from the seventeenth century onwards, I think, however, that the desired goal, consisting in the overcoming of antagonisms - of which a synthesis would also be a part, embracing both rational understanding and the unique mystical experience - is the explicit or implicit myth of our present era.»* Art does not create patterns and does not develop systems either. It leaves this task to science and takes advantages of its discoveries by way of metaphorical exploitation. Plotin, the neoplatonic philosopher, stated the idea of an intellectual architecture in the universal spirit, in which the protoimages and individual spirits are abolished, as well as the idea of the structure of the universal soul, under whose roof, individual souls find shelter. A beautiful thought that satisfies the desire of unity! *«The spirit is not only unity, but unity and plurality, so*

como sucede en el arte, también en aquélla van alineándose los apologistas del consenso. *«Creo»* - escribe el físico austríaco Wolfgang Pauli - *«que aquel para quien un angosto racionalismo ha perdido su fuerza de convicción y para quienes tampoco el encanto de una actitud mística que experimenta como ilusorio al mundo exterior en su acuciante variedad es suficientemente eficaz, no les queda otro remedio que exponerse de uno u otro modo a esos intensificados contrastes y conflictos. Precisamente gracias a ello, también el investigador puede caminar, más o menos conscientemente, por una vía salvífica interior. Paulatinamente van surgiendo, para compensar la situación exterior, imágenes, fantasías o ideas internas que apuntan a una aproximación entre los polos de los binomios antagónicos. Alertado por el fracaso de todos los esfuerzos de unificación prematuros en la historia del pensamiento, no osaré hacer pronósticos sobre el futuro. Contrariamente a la rigurosa división de las actividades del espíritu humano en compartimientos estancos a partir del siglo XVII, me parece, sin embargo, que la meta buscada consistente en la superación de los antagonismos - de la que también formaría parte una síntesis que abarca tanto al entendimiento racional como a la unitaria vivencia mística - es el mito manifiesto o implícito de nuestra propia época actual».*

El arte no proyecta modelos ni desarrolla sistemas. Deja este quehacer a la ciencia beneficiándose de sus realizaciones mediante su aprovechamiento metafórico. Al filósofo neoplatónico Plotino debemos la concepción de una arquitectura intelectual del espíritu universal, en la que quedan anulados las protoimágenes los espíritus particulares, así como la de la estructura del alma universal bajo cuyo techo habitan las almas individuales. ¡Hermoso pensamiento que satisface el anhelo de unidad! *«El espíritu no es sólo unidad, sino unidad y pluralidad, por lo que, necesariamente, también el alma tiene que ser una y plural y del alma una deben provenir las muchas como diferentes entre sí».* El alma racional *«tiene la rectoría formadora y disponedora de cuanto le está subordinado».* El naturalista y filósofo Rupert Sheldrake resume en perfecta coincidencia con nuestro tema; *«Del mismo modo que el concepto de campo universal plantea el problema de su relación con las leyes eternas, así - en lo concerniente al alma universal - surge el de su relación con el reino eterno de las*

the soul must be one and plural and from the one soul must come the many, differentiated amongst themselves». The rational soul «has the capacity to form and dispose of whatever comes under its command». Naturalist and philosopher Rupert Sheldrake sums it up in complete agreement with our theme: «In the same way that the concept of universal field presents the problem of its relationship with eternal laws, thus, as far as the universal soul is concerned, the idea of its relationship with the eternal Kingdom of Ideas emerges». He concludes: «It is obvious that we can simply consider the origin of the universe and the creative action in it as a perpetual mystery and be satisfied with such a thought. But if we keep questioning, we walk the lands of ancestral traditions of thought in which the last creative cause is called by very different names: the One, Brahman, the void, Tao, the eternal union between Shiva and Shakti, the Holy Trinity. In all those traditions, we sooner or later arrive at the borders of conceptual thought and at the perception of those borders. Only faith, love, ecstasy, contemplation, enlightenment or divine grace give us the capacity to cross those borders». In the «eternal Kingdom of Ideas», according to Sheldrake, the scientist forgets art, when it of all things offers a way to prospect and achieve findings beyond the border of conceptual thought.

IV. A SERENE COMMUNION

In Toni Morrison's novel Blue Eyes, a short scene brings us back to what the epigraph expresses. The scene describes the typical behaviour we have always observed in both sexes. «Three women are looking through two windows. They spot a clean, handsome young man new in town walking along the street and call him. He goes up to them. It is dark and warm inside. They offer him lemonade in a jam jar. While he is drinking, the eyes of the women cross the glass bottom and go up to his face floating on the sweet and viscous water. They give him his virility back and he does not hesitate». This is a successful, simple, suggestive, sensual and poetic account, a better example than the extensive lecture given by Camille Paglia on the cultural struggle between man and woman, using the Chthonian and Apollonian explanation. In her book «Sexual Personae», Paglia makes a hard settling of accounts with the less value of the Chthonian, for which the male sex would be res-

ideas». Su conclusión es ésta: «Es evidente que podemos considerar simplemente como un misterio perpetuo el origen del universo y la actuación creadora dentro del mismo dándonos por satisfechos con semejante visión. Mas si seguimos interrogando, nos situamos en el terreno de ancestrales tradiciones de pensamiento en las que la última causa creadora se designa con muy diversos nombres: lo Uno, brahmán, el vacío, el tao, la eterna unión entre Shiva y Shakti, la Santísima Trinidad. En todas estas tradiciones llegamos tarde o temprano a los confines del pensamiento conceptual y a la percepción de estas fronteras. Sólo la fe, el amor, la visión mística, la contemplación, la iluminación o la gracia divina nos dan la posibilidad de traspasar esos confines». En el «eterno reino de las ideas», Sheldrake, el científico, se olvida del arte. Y precisamente éste constituye una posibilidad muy peculiar de prospectar y conseguir hallazgos más allá de los confines del pensamiento conceptual.

IV. UNA SERENA COMUNIÓN

Una breve y punto menos que nimia escena en la novela de Toni Morrison «Ojos muy azules» nos hace retornar a lo que expresa el epígrafe de estas líneas. Describe un comportamiento típico como desde siempre lo observamos en uno y otro sexo. «Tres mujeres están asomadas a dos ventanas. Ven el estirado y limpio cuello de un mozo nuevo en la localidad al que llaman. Este acude adonde están ellas. Dentro reinan la oscuridad y un calor tibio. Le ofrecen limonada en un tarro de mermelada. Mientras bebe, los ojos de las mujeres atraviesan el fondo del vaso y flotando en el agua dulce y viscosa suben hacia el joven. Le devuelven su virilidad que él acepta sin pensar». Esta narración es acertada, sencilla, de certera plasticidad, así como de sugestiva y sensual belleza lingüística y resulta casi más plausible que la extensa lección que Camille Paglia imparte sobre la lucha cultural entre hombre y mujer, ejemplificada con recurso a los principios telúrico y apolíneo. En su libro «Sexual Personae», Paglia procede sin miramientos a un duro ajuste de cuentas con la minusvalía de lo telúrico, de la que el sexo masculino sería concausante y corresponsable. De este libro, la chispa saltó a Yannick y Ben Jakober. Teniendo en cuenta el análisis pagliano se ocuparon de este estado de cosas sentido como escandaloso y volvieron a bucear en la mitología griega para llamar nuestra atención

ponible. The spark of this book caught fire in Yannick and Ben Jakober. Bearing in mind Paglia's analysis, they set out to work on that state of things felt as scandalous and dived back into Greek mythology to call our attention to familiar metaphors, using the means and experiences of modern images. As for the radicalism of the representation, Paglia and Yannick and Ben Jakober are in agreement. Paglia, however, keeps provocation, dogmatic toughness and polemics for herself. She lectures us forcefully: *«Masculine projects of erection and ejaculation are the paradigm of all cultural projects and concepts, from art to fantasy, from hallucination to obsession. Women have proved to be less active with concepts, not because men have prevented them, but because they do not need concepts in order to exist. I will not consider the question of brain differences. It is likely that conceptuality and sexual drive come from the same portion of the masculine brain. Fetishism, for example, an attitude that like almost all sexual perversions is limited to men, is an activity clearly generating concepts and symbols. This gives the measure of the great male consumerism of pornography.»*

There are several reasons for masculine dominance. Paglia, an expert in psychology, states the weak point of the sex she belongs to: *«Metaphors born from male concentration and imagination are echoes from the body as well as the spirit. Were this not so, the male would be helpless and at the mercy of women. Were it not so, women would have been the centre of creativity long ago. Cultures, systems and structured hierarchies would not exist. The more the modern woman thinks with Apollonian brightness, the more she takes part, ironically, in the historical denial of her sex».* Two classic

sobre metáforas familiares valiéndose para ello de medios y experiencias de imagen actuales. En cuanto al radicalismo de la representación, Paglia, así como Yannick y Ben Jakober, están de acuerdo. Sin embargo, Paglia reserva para sí la provocación, la dureza dogmática y la polémica. De manera bastante drástica nos alecciona: *«Los proyectos masculinos de erección y eyaculación son el paradigma de todos los proyectos y conceptos culturales comenzando por el arte hasta la fantasía, el alucinamiento y la obsesión. No por habérselo impedido los hombres, las mujeres se han mostrado menos activas en lo conceptual, sino porque no necesitan conceptos para existir. No entro en la cuestión de las diferencias cerebrales. Es posible que la conceptualidad y el furor sexual procedan de la misma porción del cerebro masculino. El fetichismo, por citar un ejemplo, una práctica que - como casi la mayoría de las perversiones sexuales - está limitada al varón, es una actividad claramente generadora de conceptos y símbolos. Este hecho da la medida de la gran clientela masculina de la pornografía».* Hay varias razones para la dominancia masculina. Paglia, versada en psicología, expone cuál es, hablando propiamente, el punto débil del sexo a que ella pertenece: *«Las metáforas que nacen de la concentración e imaginación masculinas son ecos tanto del cuerpo como del espíritu. Si esto no fuera así, el varón estaría, desamparado, a merced de la mujer. De no ser así, hace tiempo que la mujer sería el centro de toda creatividad. No habría culturas, sistemas ni jerarquías estructurados piramidalmente. Cuanto más la mujer moderna piensa con claridad apolínea, tanto más participa, irónicamente, en la negación histórica de su sexo».* Dos ejemplos clásicos de los principios dualistas interpretados por Paglia: *«La Venus de Willendorf es toda cuerpo; Nefertiti, toda cabeza. Willendorf es telúrica mágico-ventral; Nefertiti, apolínea mágico-cefálica».*

He aquí un sugestivo discurso que se propone catalogar, categorizar y sistematizar el arte. No entro en la cuestión de si sirve para ver mejor. Yannick y Ben Jakober, afortunadamente, nos ahorran conceptos y orientan nuestra atención hacia imágenes y esculturas en el sentido más propio de estos términos. Llegados a este punto, salen a nuestro encuentro estas frases de Rilke: *«Dichosos los que saben que detrás de todas las lenguas está lo indecible y que desde ahí nos llega grandeza tornándose complacencia. Independientemente de*

examples of the dualist theses stated by Paglia: «*The Venus of Willendorf is all body; Nefertiti all head. Willendorf is Chthonian, womb-magic; Nefertiti, Apollonian cephalo-magic*».

So it is a suggestive discourse trying to classify and set art into categories and systems. I will not go into the question as to whether it helps to see better. Yannick and Ben Jakober, fortunately, save us from concepts and address our attention towards images and sculptures in the proper sense of these terms.

Rilke's statements come to us at this point: «*Happy those who know that behind all languages lies the unspeakable, and from there greatness reaches us, turning into indulgence. Regardless those bridges we build with different materials; in such a way that from every rapture we watch a serene communion.*» Art escapes us if we think we can apprehend it as the chain reaction of its inherent confrontations.

The artist is aware of that and protects his work from the dangerous rational zone. Where art comes from, how it is born and how it can be assumed - these constitute an arcane. But to approach art with dignity is an attitude to be achieved through practice, if it is not innate. What is important is that the relationship between the «*I*» and the «*you*» is intact. «*I remember that, among my childhood experiences* -writes Rabindranath Tagore-, *I came to the conclusion that unselfish love is beauty seen from inside. When my mother was peeling fruit with loving care and placing it on a white stone dish, caringly shaking a fan to protect it from flies, while my father was eating, her innocent love radiated a beauty superior to every outer form. In my childhood I could feel the power of such beauty which was above every word, doubt or estimation. That beauty was music and only music.*» So ends the dispute between the Chthonian and the Apollonian - and I hope Yannick and Ben Jakober forgive me for it - with the prayer of an exceptional man.

June 1994

estos puentes que construimos con diversas materias: de tal modo que desde todo arrobamiento contemplamos una serena comunión». El arte se nos escapa si creemos poder aprehenderlo como una reacción en cadena de las confrontaciones que le son inherentes. El artista sabe esto y protege cada una de sus obras contra la zona peligrosa que es lo cerebral. De dónde viene el arte, cómo nace y de qué modo puede ser asumido constituye un arcano. Pero enfrentarse al mismo con dignidad es algo que puede adquirirse ejercitándolo si es que semejante actitud no es ya de suyo innata. Lo que importa es que la relación del Yo al Tú sea intacta. «*Recuerdo de entre las experiencias de mi infancia*», relata Rabindranath Tagore, «*que todo amor abnegado es la belleza vista desde dentro. Cuando mi madre disponía en el blanco plato de piedra las frutas que ella misma había pelado cuidadosamente con sus amorosas manos y movía suavemente el abanico para ahuyentar las moscas mientras mi padre estaba sentado a la mesa y comía, su amor ancilar irradiaba una belleza superior a toda forma exterior. Ya en mi temprana infancia, yo podía sentir el poder de esa belleza que estaba por encima de cualesquiera palabras, dudas y cálculos. Toda ella era música y sólo música*». La controversia entre lo telúrico y lo apolíneo termina de este modo - y que Yannick y Ben Jakober me perdonen - con la oración de un hombre excepcional.

Junio 1994

Notes

[1] Cover, pp. 60, 314, 315. *Smoke Towers* was a proposal to reactivate for a whole day the 29 Majorcan coastal defence towers built in the XVI and XVII centuries using coloured smoke. In the same line *Smoke Signals* was designed to be initiated during MEDIALE, a communications exhibition, from 14 floating platforms anchored on the Binnen Alster in Hamburg, but it had problems due to adverse weather conditions so that the computer photomontage is a better record of the proposal than the actual result.

These projects received The Pilar Juncosa and Sotheby's Special Prize for 1993.

[2] pp. 76, 79. The main theme of the exhibition in 1984 at the Galería Privat was the Cage (*Gàbies* in Catalan). A pyramid of recuperated and painted chicken crates was installed on the second floor terrace of the gallery in the old city of Palma. The day of the inauguration a metal cage also pyramidal in form was placed in a nearby square. In it were 100 multicoloured homing pigeons. 20 had been brought from each of five villages on the island and dyed one of five colours with innocuous organic materials. The street was hung with clothes dyed in the same 5 colours. When the cage was opened each segment became one of the cardinal points ostensibly to guide the pigeons. They were to fly back to their homes creating a coloured flying sculpture over the island. The cage was carried back like a Calvary procession to the gallery.

[3] pp. 89, 128. The main piece for the exhibition in the Misericordia Chapel in Palma in 1986 was a sculpture made of yellow neon tubes over a metal structure in the form of a helmet placed before the altar below the cupola. In the nave there were 50 black slates placed on gold painted easels. 50 children were invited to draw their vision of the helmet. These images were fixed and remained on view.

[4] pp. 108, 139, 140, 141. MVSEV was an installation created for the Misericordia Cultural Centre in Palma de Majorca in 1991.

The project was a visual exploration of the panorama of museums and exhibition spaces around the world dedicated to modern and contemporary art and was curated by Aurora García.

The Misericordia centre was divided into three rooms, in which the artist intervened in the following manner:

In the first room he placed a large map of the world in a light box with 500 red fibre optic dots indicating the position of the existing modern and contemporary art museums in the world.

The second and larger room harboured a television monitor fed by its corresponding video tape player in each of the ten existing naves. The images reproduced were those of ten exhibitions taking place in outstanding inter-

Notas

[1] Portada y pp. 60, 314, 315. *Torres de Humo* fue una proposición de reactivar a lo largo de todo un día 29 torres costeras mallorquinas de defensa de los siglos XVI y XVII utilizando humos de color. En la misma línea *Señales de Humo* diseñado para ser disparado durante MEDIALE, una manifestación de y sobre la comunicación, desde 14 balsas ancladas en el Binnen Alster de Hamburgo tuvo problemas meteorológicos en su realización, por lo tanto el fotomontaje queda como mejor testigo de la proposición que el resultado final. Estos proyectos recibieron el Premio Especial Pilar Juncosa y Sotheby's 1993.

[2] pp. 76, 79. El tema principal de una exposición en 1984 en la Galería Privat fue la Jaula (*Gàbies* en catalán). Una pirámide de jaulas pintadas para el transporte de pollos fue montada en una terraza en el segundo piso de la Galería en el centro del casco antiguo de la ciudad. El día de la inauguración otra jaula de metal de forma piramidal fue puesta en una plaza cercana. Contenía 100 palomas mensajeras multicolores, 20 venían de cada uno de 5 pueblos de la isla y habían sido tratados con tintes orgánicos. A través de la calle estaban tendidos vestidos pintados con los mismos 5 colores. Cuando la jaula fue abierta los segmentos indicaban los cuatro puntos cardinales para ayudar a las palomas a situarse. Debían regresar a sus hogares creando una escultura coloreada volante encima de la isla. La jaula fue llevada a hombros a la Galería como en la procesión de un Calvario.

[3] pp. 89, 128. La pieza principal de la exposición en la Capella de la Misericordia en 1986 era una escultura con tubos de neón amarillos sobre una estructura de hierro en forma de casco colocado delante del altar bajo la cúpula. En la nave había 50 pizarras negras apoyadas en caballetes dorados en los que 50 niños fueron invitados a dibujar con tiza su visión del casco. Estas imágenes fueron fijadas y quedaron expuestas.

[4] pp. 108, 139, 140, 141. MVSEV era una instalación creada por Ben Jakober para el Centro Cultural de La Misericordia en Palma de Mallorca en 1991.

Se trataba de una exploración visual del panorama de los museos y espacios de exposiciones de arte moderno y contemporáneo en el mundo.

El espacio de La Misericordia constaba de tres salas, en las cuales el artista intervino de la siguiente manera:

En primer lugar, al ingreso, se dispuso un mapamundi de metacrilato iluminado y montado sobre una estructura de aluminio. En él, unos 500 puntos rojos de fibra óptica señalaban la situación real de los museos de arte moderno y contemporáneo en el mundo.

La segunda sala, de dimensiones mucho mayores, acogía 10 monitores de televisión, cada uno de ellos alimentado por su correspondiente videorreproductor. La decena de pantallas allí situadas reproducían de modo continuado,

national art centres. These videos having been filmed by supporting teams allowed the MVSEV visitor to contemplate ten exhibitions which were held at exactly the same time in distant places.

In a dialogue with the programme and within the same space, a series of wall sculptures representing the plans of ten museums selected by the artist were displayed.

Finally in the third room there was a stainless steel sculpture based on the number of the museums existing in each country. In the same room, a monitor linked to a video camera, reproduced images of the public actually visiting the MVSEV exhibition, thus enabling in a manner of synthesis, the opening of another discourse concerning exhibitions where the spectator is also a participant. Complementing this installation a large number of giant billboards all over the island bore the word MVSEV with an arrow showing the direction of the Cultural Centre.

This installation later travelled to Arnolfini in Bristol and the Museum Moderner Kunst Stiftung Ludwig Palais Liechtenstein, Vienna.

[5] pp. 141. Pierre Restany invites Ben Jakober to send a sculpture to his exhibition «Le Coeur et la Raison» in Morlaix. Jakober prefers to install a video monitor with a sign saying MVSEV. A video is taped of the inauguration, interviews with the artists and a dissertation by Pierre Restany. The same day an edited version of the film was shown on the screen.

[6] pp. 280, 281. The installation of *Game of Suffering and Hope* consists of:

2 Electronic Skeet shooting machines each loaded with 800 Skeets or Targets, one with black ones the other with fluorescent orange ones.

Each machine is placed in an identical space 7.74 m long, 4.66 m wide and 3 m high. These are placed end to end separated by a passageway 2 m wide. The walls of this passage are made of unbreakable glass.

Each machine is programmed to throw alternatively a skeet at variable intervals of about every 60 seconds in the direction of the transparent separation where the very crumbly target is shattered on impact and falls to the floor in a heap of debris. A sensor triggered by the impact will simultaneously set off the flash of a strobe light. The public will view this match by passing through the passage and thus see the plates shatter on either side of them at various heights because the machines are programmed to vary the point of impact haphazardly.

las imágenes correspondientes a otras tantas exposiciones de arte que al mismo tiempo se celebraban en destacados centros del ámbito internacional. Dichas imágenes fueron captadas en vídeo con la colaboración de equipos formados a tal fin, y ofrecían al espectador de MVSEV la posibilidad de contemplar, igualmente desde la sala, otras diez exposiciones que en el mismo momento se celebraban en lugares muy alejados y diversos.

En diálogo con esta programación y dentro del mismo espacio, había una serie de esculturas murales que representan los planos de 10 museos del mundo seleccionados por el artista.

Por último, en la tercera sala, se había ubicado una escultura de acero inoxidable que venía a ser el exponente de la cantidad de museos existentes en cada país representado. Próximo a ella, un monitor alimentado por cámara de vídeo recogía esta muestra concreta, sirviendo con ello, y a modo de síntesis, a la apertura de otro discurso expositivo donde igualmente era protagonista el espectador.

Ya fuera del recinto, esta instalación se complementaba y apoyaba por medio de carteles fijados en vallas publicitarias de la isla, y cuyo lema era la palabra MVSEV.

Esta instalación posteriormente fue presentada en el Arnolfini de Bristol y el Museum Moderner Kunst Stiftung Ludwig Palais Liechtenstein, Viena.

[5] pp. 141. Pierre Restany invita a Ben Jakober a enviar una escultura a su exposición «Le Coeur et la Raison» en Morlaix. Jakober prefiere instalar un monitor de televisión con unos carteles MVSEV. Se graba un vídeo de la inauguración, entrevistas con los artistas participantes y una disertación de Pierre Restany. A partir de este mismo día la cinta editada aparecía en la pantalla.

[6] pp. 280, 281. La instalación *Juego del Sufrimiento y de la Esperanza* consiste en:

2 máquinas electrónicas de tiro al pichón, ambas cargadas con 800 skeets o platos, una con platos negros y la otra con platos de color naranja fluorescente.

Cada máquina está colocada en un lugar idéntico 7.74 m de largo, 4.66 m de ancho y 3 m de alto. Estos espacios se colocan uno a continuación del otro separados por un pasillo de 2 m. de ancho cuyas paredes son de cristal irrompible

Cada máquina está programada para tirar alternativamente un plato a intervalos variables de unos 60 segundos en la dirección de la separación transparente donde se rompe al impacto y cae al suelo en un montón de escombros. Un sensor activado por el impacto simultáneamente dispara un destello de luz estroboscópico. El público verá este partido pasando por el pasillo y así viendo los platos estrellarse a ambos lados a alturas diversas porque las máquinas están programadas para variar el punto del impacto al azar.

Torres de Humo, 1991[1]

BEN JAKOBER

Cover. Torres de Humo, 1991, computer assisted photomontage of satellite photograph.
The unrealised project is to reactivate the 29 Majorcan coastal defence towers by emitting smoke of different colours for a whole day

60. Smoke Signals, 1991
(Computer assisted photomontage)
Different coloured smoke emitted on rafts floating on the Binnen Alster

63. Anatomie de L'Optimiste, 1981
38 x 18 x 22 cm
Glass, polyurethane, metal, marble, acrylic
Collection: Mr and Mrs Charles Gordon, Monte Carlo
Photograph: François Walch

64. Discours sans Préjudice, 1981
84 x 69 cm
Wood, polyurethane, resin, acrylic
Photograph: Pedro Coll

65. Leda, 1982
38 x 16 x 14 cm
Polyurethane, resin, acrylic
Private Collection: Paris
Photograph: Pedro Coll

66. Adoration des Stalactites, 1982
200 x 200 x 100 cm
Polyester base, plastic figures
Destroyed
Photograph: Pedro Coll

67. Fig. 1, Cumulus Vulgaris, 1982
235 x 125 cm
Polyurethane, polyester, acrylic
Private Collection: Paris
Photograph: Pedro Coll
Fig. 2, Fétiche, 1983
17 x 18 x 18 cm
Found object, resin, acrylic
Collection: Klaus Littmann, Basle
Photograph: Pedro Coll

68. The Altdorf Legend, 1983
189 x 32 x 32 cm
Wood, ceramic, resin, feathers, acrylic
Collection: Romano Vila, Basle
Photograph: Pedro Coll

69. Transhumance, 1983
175 x 21.5 x 40 cm

Artist's photographs, wood, found objects
Collection: Fundación Yannick y Ben Jakober
Photograph: Peter Knapp

70. Moondial, 1983
5.63 x 0.87 m
Bronze
Collection: Tatiana Prinzessin von Hessen, Majorca
Photograph: Francisco Catalá Roca

71. Homo Faber Detail Essentiel N° 2, 1983
2.5 x 1.15m x 25 cm
Bronze
Collection; (1/2) Joan Melis, Escalante, Cantabria
Photograph: Francisco Catalá Roca

73. Fool's Euphoria, 1983/4
100 x 134 x 150 cm
Bronze
Collection: (2/6) SCI du Parc Rothschild, Paris
Photograph: Francisco Catalá Roca

74. Leçons de Philosophie (7 elements), 1984
Varying from 75 x 90 x 53 cm to 162 x 132 x 90 cm
(Installation area 400 x 300 cm)
Polyester
Exhibited: XLII Biennale di Venezia, 1986
Collection: Musée d'Art Moderne, Brussels
Photograph: P.H. Saba

75. We are not Alone, 1984
12 elements varying from 106 x 40 x 40 cm to 280 x 40 x 40 cm
(Installation area: 150 x 450 cm)
Polyester
Private Collection: Hamburg
Photograph: Francisco Catalá Roca

76 - 77. View of the Gàbies street manifestation, Palma de Majorca, 1984

79. Gàbies (281 pieces), 1984
Each: 76.5 x 56 x 31 cm
(Installation area: 480 x 510 x 420 cm)
Wood, paint.
Destroyed
Photograph: Francisco Catalá Roca

80. Baseless, 1984
275 x 105 x 105 cm
Palm wood
Destroyed
Photograph: Francisco Catalá Roca

81. 300.000.000 Years, 1984
(5 elements)
Each 75 x 38 x 38 cm
1. Wrought iron cage, bone
2. Wrought iron cage, stones
3. Son Carrió Marfil stone
4. Pine
5. Yellow Binissalem stone
Collection: Kunsthalle Hamburg
Photograph: Francisco Catalá Roca

82. Out of Ord Er III, 1984
40 x 40 x 84 cm
Stone, bronze
Collection: Esther Grether, Basle

83. Memory, 1985
143 x 77 x 7 cm
Majorcan Pigeon grey stone
Collection: Philip Niarchos, Greece
Photograph: Francisco Catalá Roca

84. Observatory, 1985
195 x 350 x 260 cm
Binissalem stone
Collection: Radiodetection Ltd, Bristol

85. ∏ 2, 1985
228 x 200 x 40 cm
Binissalem stone
Collection: F.A.E. Musée d'Art Contemporain, Pully/Lausanne
Photograph: Edouard Baumgartner

86. God Slept Here, 1985
72 x 46 x 13 cm
Concrete
Collection: Yannick Vu, Majorca
Photograph: Francisco Catalá Roca

87. Rosetta AD 1986, 1985
114 x 72 x 28 cm
Black granite
Collection: Museum Moderner Kunst, Vienna
Photograph: François Walch

88. BC2001, 1987
168.8 x 275 x 182 cm
Wrought iron
Collection: City of Palma de Majorca
Photograph: Joan-Ramon Bonet
89. The Golden Image, 1986

153 x 238 x 166 cm
Iron, neon tubes
Collection: Ultima Hora, Palma de Majorca
Relatividad, 1986
(52 elements)
Each: 165 x 60 x 70 cm
(Installation area: 9 x 6 m)
52 Easels and blackboards
Destroyed
Photograph: Francisco Catalá Roca

91. BC1, 1986
153 x 238 x 166 cm
Wrought iron, patina
Collection: E.P.A.D. Paris
Photograph: Yves Breton

92. Fig. 1, BC5, 1986
24 x 21 x 31 cm
Bronze on white stone pedestal
Collection: (1/6) François Durand-Ruel, Paris
Photograph: Francisco Catalá Roca
Fig. 2, BC2, 1986
33 x 21 x 27 cm
Bronze on white stone pedestal
Collection: (1/6) Geneviève Page, Paris
Photograph: Francisco Catalá Roca
Fig. 3, BC13, 1986
35 x 19 x 23 cm
Bronze on white stone pedestal
Collection: (2/6) Cooper Fund, Chicago
Photograph: Francisco Catalá Roca
Fig. 4, BC6, 1986
29 x 21 x 24 cm
Bronze on white stone pedestal
Collection: (2/6) Basilio Baltasar, Palma de Majorca
Photograph: Francisco Catalá Roca

93. BC3, 1986
30 x 23 x 24 cm
Bronze on white stone pedestal
Collection: (4/6) Museum Beelden Aan Zee, Holland
Photograph: Francisco Catalá Roca

94. BC14, 1986
67 x 17 x 12 cm
Bronze
Collection: (1/6) Romano Vila, Basle
Photograph: Francisco Catalá Roca

95. BC7, 1986
33 x 21 x 17 cm
Bronze on white stone pedestal

Collection: (4/6) Laurence Scherrer, Paris
Photograph: Francisco Catalá Roca

96. Endless Bota Column, 1992
454 x 21 x 21 cm
Endless Prop Column, 1992
430 x 75 x 75 cm
Endless TV Column, 1992
438 x 21 x 21 cm
Bronze
Collection: Hans Herman Stober, Berlin
Photograph: Javier Romero

97. BCXXXXL, 1988
180 x 280 x 92 cm
Wrought iron
Collection: Seoul Olympic Park, Korea

99. D.P. Obelisk 158, 1988
158 x 22 x 22 cm
Collection: José García, Majorca
D.P. Obelisk 217, 1988
217.5 x 30.5 x 30.5 cm
Collection: Prince Zourab Tchkotoua, Majorca
H.P. Obelisk 196, 1988
196 x 27 x 27 cm
Collection: Eric Franck, Geneva
I.B.M. Obelisk 230, 1988
230 x 32.3 x 32.3 cm
Collection: Loro Piana, Italy
H.P. Obelisk 217, 1988
217.5 x 30.5 x 30.5 cm
Collection: Eric Franck, Geneva
H.P. Obelisk 242, 1988
242.5 x 34 x 34 cm
Collection: Drulet/del Amo, Chicago
Circuit boards, wood
Photograph: François Walch

100. Retrieval VIII, 1989
(3 elements)
Each 133 x 39 x 7 cm
Marlin granite
Photograph: François Walch

101. Retrieval IX, 1988
(4 elements)
Each 40 x 40 x 8 cm
Granite
Collection: Henry Buhl, New York
Photograph: François Walch

102. Fulgurations III, 1989
172.5 x 233.5 x 7 cm
Circuit boards on plywood, copper leaf

on wooden frame
Collection: Fundación Yannick y Ben Jakober
Photograph: Bruno Jarret

103. Dram Z80, 1990
103.5 x 114 x 4.5 cm
Circuit boards, heat sinks frame, metalisation (bronze) by electrolysis, patina
Collection: Roger Paluel-Marmon, Paris
Photograph: Bruno Jarret

104. Biblioteca Mallorquina, 1989
235 x 145 x 90 cm
Binissalem stone, terracotta books
Collection: City of Pollença, Majorca
Photograph: Pere Colom

105. Biblioteca Nostra, 1991
185 x 140 x 126 cm
Binissalem stone, terracotta
Collection: Centro Cultural «Sa Nostra», Palma de Majorca

106. Sahara, 1990
43.5 x 99.5 x 32 cm
Stainless steel, copper tube, compressor, ventilator
Photograph: Pere Colom

107. Art - Argent, 1989
3 elements each
159 x 36.5 x 20 cm
Stainless steel on granite with electric fan
Photograph: Bruno Jarret

108-109. View of the MVSEV installation at the Centre Cultural de la Misericòrdia, Palma de Majorca, 1991
Photograph: Andreu Catalá

110. Mazzocchio III, 1993
8.50 x 2.50 x 2.50 m
Iron
Collection: City of Prato, Italy
Photograph: Andreu Catalá

111. Mazzocchio, 1991
75 x 350 cm
Black and white marble
Collection: Giuliano Gori, Pistoia
Photograph: Bruno Jarret

112. La Coupe de Paolo Uccello, 1991
253 x 179.5 x 179.5 cm

Stainless steel rod ø 12 mm
Photograph: Javier Romero

113. La Copa de Paolo Uccello, 1991
10.30 x 7.18 x 7.18 m
Steel pressure tube painted black
Collection: Consellería de Obras
Públicas, Palma de Majorca
Photograph: Andreu Catalá

114. Fig. 1, Raglan, 1992
24.5 x 24.5 x 0.4 cm
Oxidised iron
Photograph: Andreu Catalá
Fig. 2, Spiegazioni, 1992
19 x 17 x 0.4 cm
Oxidised iron
Photograph: Andreu Catalá
Fig. 3, Fantasia, 1992
23.6 x 16 x 0.4 cm
Oxidised iron
Photograph: Andreu Catalá
Fig. 4, Ralois, 1992
29 x 17 x 0.4 cm
Oxidised iron
Photograph: Andreu Catalá

115. Tre Quarti di Circolo, 1992
22.5 x 34 x 0.5 cm
Oxidised iron
Photograph: Andreu Catalá

116. Mappamundi, 1992
14 x 22 x 12 cm
Brass, patina
Photograph: Andreu Catalá

117. Chartres, 1992
167.5 x 167.5 x 3 cm
Glazed tiles (15 x 15 cm) on fibreboard
Photograph: Andreu Catalá

YANNICK VU

163. Autoportrait Nº 1, 8.11.1986
35 x 27 cm
Oil on canvas
Photograph: Francisco Catalá Roca

164. Fenêtre, 1962
100 x 116 cm
Oil on canvas
Collection: Fundación Yannick y Ben
Jakober
Photograph: Andreu Catalá

165. Portrait de Domenico, 1963
24 x 29 cm

Tempera, acrylic and sand on canvas
Collection: Fundación Yannick y Ben
Jakober
Photograph: Andreu Catalá

166. Petite Fille qui Boît du Lait,
1964
54 x 65 cm
Oil on canvas
Collection: Fundación Yannick y Ben
Jakober
Photograph: Andreu Catalá

167. Grosse Tête de Bébé, 1963
60 x 73 cm
Oil on canvas
Collection: Fundación Yannick y Ben
Jakober
Photograph: Andreu Catalá

168. Femme dans la Baignoire,
1964
65 x 92 cm
Oil on canvas
Collection: Fundación Yannick y Ben
Jakober
Photograph: Andreu Catalá

169. Coin, 1965
65 x 100 cm
Oil on canvas
Collection: Fundación Yannick y Ben
Jakober
Photograph: Andreu Catalá

170. Petite Fille au Fauteuil, 1972
54 x 65 cm
Oil on canvas
Destroyed

171. Portrait de Bay, 1978
81 x 65 cm
Oil on canvas
Collection: Mr and Mrs Qués, Palma
de Majorca
Photograph: Micer

172. Bébé de Profil, 1972
38 x 46 cm
Oil on canvas
Collection: Fundación Yannick y Ben
Jakober
Photograph: Andreu Catalá

173. Kentucky Hurricane,
1978
130 x 195 cm
Oil on canvas
Private Collection: Palma

175. Jeune Tahitienne à Table,
1978
130 x 89 cm
Oil on canvas
Collection: Fundación Yannick y Ben
Jakober
Photograph: Micer

177. L'Odalisque, 1979
162 x 114 cm
Oil on canvas
Collection: Fundación Yannick y Ben
Jakober
Photograph: Micer

178. El Varón, 1980
162 x 114 cm
Oil on canvas
Collection: Prof. Michael H. Davis,
Cleveland, Ohio
Photograph: Micer

179. Céleste, 1980
107 x 86 cm
Oil on canvas
Private Collection: Majorca
Photograph: Micer

180. El Conjunto Corazón, 1979
100 x 81.5 cm
Oil on canvas
Private Collection: Majorca
Photograph: Micer

**181. Nature Morte à la Tête de
Napoléon**, 1979
100 x 100 cm
Oil on canvas
Collection: Princess Z. Tchkotoua,
Majorca
Photograph: Micer

182. Portrait de Kira, 1979
130 x 97 cm
Oil on canvas
Private Collection: Madrid
Photograph: Micer

183. Suspense, 1979
130 x 97 cm
Oil on canvas
Private Collection: Majorca
Photograph: Micer

184. The Pacifier, 1979
72 x 60 cm
Oil on canvas
Collection: Fundación Yannick y
Ben Jakober
Photograph: Micer

185. La Chair du Fruit, 1982
73 x 92 cm
Oil on canvas
Collection: Juan Truyols, Palma de Majorca
Photograph: Micer

186. L'Eau I, 1983
101.5 x 136.5 cm
Oil on canvas
Collection: Fundación Yannick y Ben Jakober
Photograph: Francisco Catalá Roca

187. L'Eau II - San Giuseppe et l'Eau, 1983
101.5 x 136 cm
Oil on canvas
Collection: Fundación Yannick y Ben Jakober
Photograph: Francisco Catalá Roca

188. El Perro Inglés, 1981
184 x 140 cm
Oil on canvas
Palau Sollerich Museum, Palma de Majorca
Photograph: Micer

189. La Plage, 1984
21 x 20.5 cm
Ink and oil paint on paper
Collection: Fundación Yannick y Ben Jakober
Photograph: Andreu Catalá

190. Cactus Surface, 1984
170 x 180 cm
Oil on canvas
Collection: Regina Spelman, Hamburg
Photograph: Francisco Catalá Roca

191. Venus Cactus, 1985
191 x 45.5 x 40 cm
Copper
Collection: Museum Beelden Aan Zee, Holland
Photograph: Francisco Catalá Roca

192. Yannick Nº 1, 1986
23.5 x 14 x 20 cm
Terracotta
Collection: Fundación Yannick y Ben Jakober
Photograph: Andreu Catalá

193. Ben Nº 1, 1986
26.5 x 18 x 22 cm

Terracotta
Collection: Fundación Yannick y Ben Jakober
Photograph: Andreu Catalá

194. Daisy Nº 2, 1987
35 x 24 x 24 cm
Terracotta
Private Collection: Majorca

195. Maima à trois Mois, 1987
54 x 45.5 x 45 cm
Terracotta
Private Collection: Majorca

197. Yannick avec Perles, 1987
30 x 16.5 x 20 cm
Terracotta
Collection: Fundación Yannick y Ben Jakober
Photograph: Andreu Catalá

198 - 199. Head installation at the Littman Gallery, Basle, 1988

200. Dwelling, 1987
60 x 21 x 39 cm
Terracotta

201. Omphalos, Traversée Nocturne, 1994
23.5 x 31.5 cm
Water-colour, chink ink, varnish on paper

202. Tierra del Fuego, 1994
33 x 45 cm
Water-colour, tempera, Indian ink on paper

203. Temple 3, 1994
44.5 x 32 cm
Indian ink on paper

204. Les Seins du Roi, 1995
28 x 23.5 cm
Indian ink on paper
Collection: Werner Krüger, Majorca

205. On the Moon, 1995
32.5 x 44.8 cm
Indian ink and tempera on paper

206. Quadriga au Bord du Volcan, 1995
23.5 x 28 cm
Indian ink and water-colour on paper

207. Quadriga dans la Tempête,

1995
23.5 x 28 cm
Indian ink and water-colour on paper

208. Echouée sur la Plage, 1995
19.5 x 32 cm
Indian ink and water-colour on paper
Collection of the artist

209. Cerca de Artá, 1995
24 x 32 cm
Indian ink and water-colour on paper

210. White Goddess Nº 7, 1995
23 x 30 cm
Indian ink on paper
Collection of the artist

211. Requin Farceur, 1995
32 x 25 cm
Indian ink on paper
Collection of the artist

212. L'Arrivée des Omphaloi, 1995
31.5 x 24 cm
Indian ink on paper
Collection of the artist

213. Le Débarquement des Omphaloi, 1995
24.5 x 32 cm
Indian ink on paper
Collection of the artist

214. Quadriga à Juan les Pins, 1995
21 x 30 cm
Water-colour on paper
Collection: Lady Latymer, Artá, Majorca

215. Plaza Partida sur la Mer, 1995
35 x 25.2 cm
Indian ink on paper

217. Fall Nº 2, 1995
35 x 25 cm
Indian ink on paper

218. Le Long Fleuve Rouge, 1995
34 x 25 cm
Indian ink and water-colour on paper

219. Flying White Goddess Nº 2, 1995
22.5 x 32 cm
Indian ink and water-colour on paper

BEN JAKOBER &
YANNICK VU

234. Le Vase de Soissons, 1985
(4 elements)
Each 400 x 115 x 61 cm
Bronze
Collection: Château de Maucreux,
France
Photograph: François Walch

235. Oratorio Santa Ana, 1992/6
Panels: 197 x 197 x 4 cm
Enamelled ceramic (with Coty Oliver)
Cross: 215 x 138 x 15 cm
Wood, nails, neon
Collection: Parroquia Sant Jaume,
Alcudia
Photograph: Andreu Catalá

236. Cavallo CAD1BL, 1993
159.5 x 96.5 cm
CAD drawing on polyester

237. Cavallo CAD10COL, 1993
102 x 89.5 cm
CAD drawing on paper
Collection: Lady Latymer, Artá
Photograph: Joan-Ramon Bonet

238 - 239. Il Cavallo di Leonardo,
1992
14 x 8.90 x 7.70 m
1 1/2 " Galvanised tube
Collection: Gardini, Ravenna
Photograph: Alberto Favaretto

240 - 241. Il Cavallo di Leonardo,
ON THE LAGOON, 1993
Photomontage

243. Quadriga, 1993/4
350 x 500 x 180 cm
Cast aluminium, neon
Collection: Caja de Ahorros
«Sa Nostra», Palma de Majorca
Photograph: Andreu Catalá

244 - 245. Zen, 1993 (computer assisted photomontage)
model: 80 cm high
Granite, stainless steel, aluminium
wire for neon

247. Sea Comb, 1993
192 x 106 x 50 cm
Iron, lacquered wood

249. Totem, 1994
213 x 248 x 58 cm
Wrought iron, olive wood

250. Black Goddess, 1994
147 x 66 x 65 cm
Bronze
Collection: (1/6) Bernard Duc, Hong
Kong

251. Lyre, 1994
180 x 99 x 49 cm
Iron, lacquer
Private collection, Majorca

252. Kouros, 1994
200 x ø 100 cm
Cast aluminium
Photograph: Andreu Catalá

253. Ritual, 1994
320 x 450 x 200 cm
Cast aluminium, neon
Photograph: Andreu Catalá

254. Oráculo, 1994
320 x 420 x 410 cm
Polyester, wood

255. Ánfora, 1993 (Project)
Model: 75 x 22.5 x 22.5 cm
Final version: 15m high
Stainless steel

256. Tarred & Feathered, 1994
158.6 x 79 x 76 cm
Wood, tar, chicken feathers

257. Omphalos I, 1994
15 x 31 x 26.5 cm
Bronze
Private Collection: London

258. Escudo, 1994
197.5 x 70 x 15 cm
Polyester, lacquer
Photograph: Andreu Catalá

259. The Writing on the Wall II,
1994
355 x 400 x 50 cm
Lacquered wood, cast aluminium,
neon
Photograph: Joan-Ramon Bonet

260. L'Origine du Monde, 1994
(After Courbet)
120 x 100 x 8 cm
Canvas, smoke, neon tube
Photograph: Andreu Catalá

261. Plaza Partida, 1994
185 x 500 x 220 cm
Stainless steel, glass
Collection: Museum Moderner Kunst
Stiftung Ludwig, Vienna
Photograph: Isidro Cladera

262. Apollo & Daphne, 1994
2 elements each 80 x 80 x 80 cm
Black & white marble
Photograph: Andreu Catalá

263. Judith & Holofernes, 1994
2 elements each 45 x 38 x 23 cm
Black and white marble
Photograph: Bruno Jarret

264. No God Door, 1995
64.5 x 44.5 x 9.5 cm
Bronze
Photograph: Andreu Catalá

265. Fish or Fowl II, 1995
79 x 88 x 36 cm
Terracotta

266. Apollo & Aphrodite, 1995
(after Barbie & Ken, copyright Mattel
Inc)
232 x 50 x 40 cm & 228 x 68 x 50 cm
Nickel plated resin on granite base
Photograph: Yves Breton

267. Les Seins du Roi, 1995
80.5 x 70 x 50 cm
Wood, metal, patinated terracotta,
cord
Photograph: Andreu Catalá

268. Sea Comb III, 1995
32 x 15 x 7 cm
Bronze
Photograph: Andreu Catalá

269. White Goddess, 1995
60 x 36 x 45 cm
Bronze
Photograph: Andreu Catalá

270. SRY II, 1995
14 x 42 x 16 cm
Bronze

271. Imago Pietatis, 1995
14.5 x 15 x 3.5 cm
Bronze

272. Memorial Auto de Fé, 1995
(Project)

(Photograph of model) 28 x 75 x 75 cm
Final version: 7 m ø base with 12 polished concrete hexagonal elements 1.60 m high
Photograph: Andreu Catalá

273. Spermfreezer, 1995
85 x 187 x 85 cm
Iron, ceramic
Collection: Bernard Duc, Hong Kong
Photograph: Andreu Catalá

274. Sant Sebastià, 1996
190 x 127 x 40 cm
Wood, paint, neon
Collection: Agnès Catineau, Paris
Photograph: Andreu Catalá

275. La Dimora dei Corpi Gravi,
(Tributo à Masaccio), 1994
2.50 x 5 x 2.10 m
Brass discs, nylon thread, painted walls
Collection: Giuliano Gori, Fattoria di Celle, Italy
Photograph: Aurelio Amendola

277. Jalousie, 1996 (for Pièce Unique)

(Computer assisted photomontage)
242 x 305 x 35 cm
Cast polished aluminium, steel frame, electric motor

279. Project Ratoeira, 1995
Model (photograph of model): 95.5 x 95.5 x 20 cm
For final version 9.55 x 9.55 x 20 m
Glass
Photograph: Andreu Catalá

280 - 281. Game of Suffering and Hope, 1996
Project for the Biennale São Paulo 1996
(computer assisted photomontage of the model)
Model: 160 x 90 x 20 cm
Final version: 3 x 4.66 x 17.48 m
Glass, Skeet machines, clay pigeons

282 - 283. Apollo & Aphrodite II, 1996
(computer assisted photomontage)
Project for La Place Vendôme, Paris
280 x 20 x 2 m
Cast polished aluminium on steel platform

314 - 315. Torres de Humo, 1991
Profile view
(Computer assisted photomontage)

The illustrations where the photographer is not mentioned are by Studio B. Keaton.

Photograph: Joan-Ramon Bonet

158 Fig 1, 2. *Santa Catalina, Santa Ana,* 1992
43.5 x 43.5 x 4 cm
Metacrylic on plywood
Collection: Kitty Lillaz
Photo: Pere Colom

220. Fig. 1, *Nous sommes très Nombreux* with children, 1981
200 x 150 cm
Oil on canvas
Collection: Antonia Corró, Majorca
Photograph: Peter Knapp
Fig. 2, *Madrugada* with Oscar, 1981
195 x 130 cm
Oil on canvas
Collection: Toni Muntaner, Santanyi

223. Oscar in the sea at Sa Bassa Blanca

224. Fig. 1, *Autoportrait N° 1,* 11-2-1986
55 x 46 cm
Oil on canvas
Photograph: Francisco Catalá Roca
Fig. 2, *Autoportrait N° 1,* 6-3-1986
100 x 81 cm
Oil on canvas

225. Fig. 1, *Yannick N° 9,* 1987
24 x 14 x 18.5 cm
Terracotta
Private collection: Majorca
Fig. 2, *Yannick N° 11,* 1988
32 x 16 x 21 cm
Terracotta
Private collection: Majorca
Fig. 3, *Yannick N° 10,* 1987
28.5 x 20 x 18 cm
Terracotta
Private collection: Majorca

227. Yannick Vu with unfinished *Maima à Un An,* 1987
52 x 37 x 40 cm
Terracotta
Private collection: Majorca

228. View of Yannick Vu's studio with the Autoportrait series

229. Fig. 1, View of Yannick Vu's exhibition at Galerie Littmann, Basle, 1988
Photograph: Hans-Ruedi Disch

Fig. 2, View of Yannick Vu's exhibition at Galerie Würthle, Vienna, 1989
Photograph: Gino Molin-Pradel

233. Ben Jakober and Yanick Vu, Photograph: Elisabetta Catalano 1993

284. Fig. 1, *Yannick N° 2,* 1986
23 x 15 x 20 cm
Ben N° 1, 1986
26.5 x 18 x 22 cm
Terracotta
Collection: Fundación Yannick y Ben Jakober
Fig. 2, *BC11,* 1986
42 x 81 x 37 cm
Bronze
Collection: (6/6) Laurence Scherrer, Paris
Photograph: Francisco Catalá Roca

289. Fig. 1, Yannick Vu with *Il Cavallo di Leonardo* during construction at Mira
Fig. 2, Installation of *Il Cavallo di Leonardo* in front of the Giardini for the Biennale di Venezia 1993
Photograph: Alberto Favaretto

292. Fig. 1, Leonardo da Vinci's drawing which inspired *Il Cavallo di Leonardo,* Folio 157r, Madrid Codex
Fig. 2, *Il Cavallino di Leonardo,* 1993
140 x 89 x 79 cm
Iron and Venini glass
Collection: (1/6) Philip Niarchos
Photograph: Alberto Favaretto

293. Ben Jakober, Yannick Vu and Achille Bonito Oliva beside *Il Cavallo di Leonardo*
Photograph: Laurence Scherrer

294. View of *Il Cavallo di Leonardo* from the lagoon during the Biennale di Venezia 1993
Photograph: Alberto Favaretto

297. Fig. 1 and Fig. 2, Views of the *Chthonian/Apollonian* exhibition at Galerie Montenay, Paris in 1995
Photograph: Yves Breton

301. *Wall Piece,* 1995
70 x 70 x 3 cm
Bronze

304. *Headstand Support,* 1995
4.5 x 18 x 15 cm
Bronze

Collection: (1/6) Prince Zourab Tchkotoua, Majorca

306. *Kouros and Ritual*
200 x 100 cm x 100 cm
at Centre Cultural Contemporani Pelaires, Palma de Majorca 1994,
Photograph: Andreu Catalá

310. View of the *Chthonian/Apollonian* drawings on exhibition at the Centre Cultural Contemporani Pelaires, Palma de Majorca, 1994

311. Ben Jakober and Yannick Vu with *Pigeon,* 1983
120 x 240 cm
Bardiglio marble
Collection: Fundación Yannick y Ben Jakober

321. *Game of Suffering and Hope,* Yannick Vu, 1996
Indian ink on paper
30,5 x 45 cm

333. Yannick Vu and Ben Jakober with *Apollo and Aphrodite,* Paris 1995
Photograph: Yves Breton

The illustrations where the photographer is not mentioned are by Studio B. Keaton.

BEN JAKOBER

(Benedict Peter Benjamin Jakober)

1930 Born in Vienna (Austria). Parents Henry and Olga are of Hungarian origin. British Nationality in 1947.

1935 Hegelgasse school, Vienna.

1937 Institut Montana, Zugerberg, Switzerland.

1939 Arrives in England and goes to Belmont school.

1942 Mill Hill school, Higher certificate.

1948 Military Service in the British Army, receives a commission. Posted to Tripoli, acting Captain.

1950 La Sorbonne, Paris.

1952 Works in his fathers grain and oil business in London. Travels in India. Meets Domenico Gnoli and they become lifelong friends.

1955 Arrives in Paris. Employed by the Edmond de Rothschild group. Specializes in construction and finance. Becomes a shareholder and director and retires in 1968.

1968 Goes to live at «Mortitx», a mountain farm in Majorca and leads an isolated existence.

1969 Discovers Land Art and with the aid of a one armed dynamiter creates his first work: two dams in which the water when seen from a certain angle merges with the sea on the horizon. The water from the dams is used to irrigate a previously infertile valley.

1970 Domenico Gnoli dies in New York.

1971 Yannick Vu comes to live at «Mortitx». Extensive travel in Morocco.

1972 Travel to Niger to make a film with Mati Klarwein and a team of 4 technicians. Marries Yannick Vu at Tlalpan (Mexico).

1973 Birth of Maima and adoption of Reza.

1980 Moves to Sa Bassa Blanca, a house designed by Hassan Fathy the great Egyptian arquitect.

1982 Makes first sculptures - the «Slop Art» series.
First (individual) exhibition at the FIAC Paris (Octave Negru).

1983 Receives a commission for a monumental sculpture *Urizen* for the Balearic University Campus. Pierre Restany writes the first text about Ben Jakober for the catalogue of the exhibition in Prato (Metastasio). Giuliano Gori acquires *Family Tree* for the «Fattoria di Celle», Pistoia.
Joint exhibition with Yannick Vu in Vienna (Brandstätter). Francisco Catalá Roca starts to photograph all Ben Jakober's work, later his son Andreu Catalá takes over.

1984 Collaboration with the architect Claude Parent for a monumental project marking the geographical centre of France (*Le Nombril de la France*). Unrealized.
Exposition - Happening at Galería Privat and in the streets of Palma. Multicoloured (organic dyes) pigeons are released so they fly back to their homes around the island and the streets are hung with coloured clothes (cf video). Sculpture *Pigeon* for «La Colombe d'Or», Saint Paul de Vence.

Invited to participate in the major touring exhibition «L'Art et le Temps». *300.000.000 Years* is exhibited at Palais des Beaux Arts, Brussels; Louisiana Museum, Humlebaek; Museum Moderner Kunst Vienna; The Barbican, London etc. Works in metal and stone and begins collaboration with the Parellada foundry in Barcelona. Exhibition at Galerie Littmann, Basle. Frederic Grunfeld writes in the catalogue.

1985 Interest in computer circuits. Transfers the images to stone *(Memory)*.

1986 «Archéologie du Présent» series begins and is shown in a solo exhibition at the FIAC, Paris (Levy). Commission for *BC1*, a large scale sculpture for La Défense, Paris (installed 1988). *Rosetta AD 1986* has its first showing at the Salon de Montrouge. The project to bury this piece under the foundations of I.M. Pei's Pyramid for the Louvre is then thwarted by a change of government.
Selected by Arturo Schwarz to participate in the XLIInd Biennale di Venezia (Art & Alchemy) with *La Voie Sèche* and *Leçons de Philosophie*. The latter is acquired by the Musée d'Art Moderne, Brussels.
Installation at the Capella de la Misericordia, Palma includes *Relatividad* (50 slate blackboards on gilded easels on which 50 children draw their vision of *Golden Image*, a large neon helmet). (cf video). Francisco Calvo Serraller writes in the catalogue. Exhibition at Kultur Kontor, Hamburg. The Kunsthalle acquires *300.000.000 Years* and Kunsthalle Bremen acquires *Bande à Part*.

1988 Commission for Radiodetection, Bristol. *Observatory* is inaugurated by H.R.H. The Prince of Wales. The large scale sculpture *BCXXXXL* is purchased for the Seoul Olympic Park. It is exhibited at ARCO, Madrid before being shipped (Galerie Eric Frank with Victor Mira).

1989 First exhibition in New York (Access). Shows computer circuits engraved on granite slabs and large obelisks made of circuit boards. Shows with Yannick Vu in Vienna (Würthle). Museum Moderner Kunst acquires *Rosetta AD1986*.

1990 City of Palma acquires *BC2001* a large steel helmet. It is now installed in front of the Cathedral.
The public of the town of Pollensa votes to buy *Biblioteca Mallorquina*. It's installed at the entrance of the Claustro de Santo Domingo.

1991 *MVSEV* installation at the Misericorida. 10 TV monitors show videos of exhibitions on at the same time in 10 museums around the world. Billboards all around the city carry the word «MVSEV» with an arrow «----->». (cf video). Aurora García is the curator and writes in the catalogue. The «Ventilografs» series is shown in Zaragoza (Torreón Fortea). Participates in the inaugural exhibition with ∏2 which is permanently installed at F. A. E. Musée d'Art Contemporain, Pully, Lausanne.

Biblioteca Nostra an eight ton stone sculpture is acquired and installed at Centro Cultural «Sa Nostra». Installation with video for Pierre Restany's «Le Coeur et la Raison», Musée des Jacobins, Morlaix.

1992 Maima Jakober dies tragically. In consequence Ben Jakober works on the *«Cruxigrams»* series - black and white crosses in ceramic tile, wood, plastic or metal. They are shown in Palma in November (Guaita), later going on to Hamburg (Levy) and Vienna (Steinek). The Museum Moderner Kunst, Vienna buys *San Miguel*. Texts in the catalogue are by Michael Peppiatt, Basilio Baltasar and Santiago B. Olmo.

La Copa de Paolo Uccello, a 10 metres high sculpture is commissioned and installed by the Balearic Autonomous Government on the Andratx motorway. The *Endless Columns* are shown at EXPO Sevilla (Balearic Pavillion). *Endless Columns* and a small version of *Copa de Paolo Uccello* are shown at Salas del Arenal, EXPO Sevilla. The small version of *Copa de Paolo Uccello* participates in «Paolo Uccello, Battaglie nell'arte del XX Secolo», curated by Achille Bonito Oliva at Erice, the exhibition then moves to Rome (Sala Bramante). In 1993. *Chiesa Madre* a work in the Cruxigrams series participates in «Paesaggio con Rovine» curated by Achille Bonito Oliva in Gibellina. The piece is permanently installed in the town.

1993 The *Smoke Signals* project is developed for MEDIALE, Hamburg. *MVSEVM* installations at Arnolfini, Bristol and Museum Moderner Kunst (Hercules Saal), Vienna. Design for editions of *MVSEVM Scarf* and *MVSEVM Wrist Watch.*

1994 In March the Miró Foundation awards the Pilar Juncosa & Sothebys Special Prize to Ben Jakober. The jury includes Margit Rowell, Maria Lluïsa Borràs, Emilio Fernández Miró, Tobias Meyer and Pablo J. Rico Lacasa.

Silk screen print of *Mazzocchio* for the Miró Foundation. Elected associate member of the Royal Society of British Sculptors.

YANNICK VU

1942 Born in Montfort-Lamaury (France). Her father Vu Cao Dam is a Vietnamese painter born in Hanoi. Her mother is a French pianist. Lives in Paris

1949 Lives in Béziers

1951 Lives in Vence. From 1952 to 1957 follows classes at the Institut Montaigne in Vence.

1957 Lives in Saint Paul de Vence. Studies at the Institut de Lettres in Nice.

1962 Lives in Paris. Participates to the Salon de la Jeune Peinture. Meets Domenico Gnoli and Ben Jakober.

1963 Lives between Deyà (Majorca), Paris, and Rome, with Domenico Gnoli whom she marries in 1965 in

New York till his death there in 1970. During these years they travel extensively for his assignments as an illustrator.

1970 Travels to India.

1971 Lives at Mortitx, Majorca, with Ben Jakober. With him and a small crew, they travel to Niger to make a film about the Peuls.

1972 Marries Ben Jakober in Tlapan (Mexico) after a long journey through Panama, Guatemala, Honduras and Mexico.

1973 Birth of Maima and adoption of Reza. She starts a collection of portraits of children from of XVIth-XIXth centuries.

1975 Lives between Huahiné (French Polynesia) and Mortitx (Majorca). Resumes painting.

1980 Moves to Sa Bassa Blanca, (Majorca) built on the plans of the Egyptian architect Hassan Fathy. Shows at the Galerie Brachot, Paris.

1982 Paints mostly oils and regularly exhibits her work in Paris, Brussels, Hamburg.

1985 Series of charcoal drawings and oils on the self-portrait theme.

1986 Series of sculptures in patinated terra-cotta.

1990 Writes the text for an exhibition of Domenico Gnoli's works at Fundación Caja de Pensiones, Madrid.

1991 Writes the catalogue and organises the exhibition «NINS» of her collection of children portraits at the Misericordia in Palma de Majorca.

1992 Maima Jakober dies tragically in a traffic accident.

1995 Rizzoli publishes her book written in 1992 «Piccoli Principi Nella Grande Pittura Europea» -a history of Europe illustrated by 101 children portraits dating from the XVth to the XIXth century chosen from various Museums and private collections.

1996 Writes the catalogue and organises «NINS», a travelling exhibition showing part of the collection of children portraits from the Fundación Yannick & Ben Jakober funds.

YANNICK VU & BEN JAKOBER

1986 Commission for *Le Vase de Soissons* first joint project, for Le Parc de Maucreux, France. Before shipping the work is included in the exhibition «Tristán» at the Misericordia where Ben Jakober and Yannick Vu meet Achille Bonito Oliva.

1987 Commission for *Fountain* for New York (Asher Edelman).

1988 Fondation Vincent Van Gogh, Arles acquires *Hommage à Van Gogh* for their permanent collection.

1993 Ben Jakober and Yannick Vu are invited by Achille Bonito Oliva and the Biennale committee to install a monumental work on the lagoon at the entrance of the XLV Biennale di Venezia. Inspired by a Leonardo da Vinci drawing of the armature for the mould of a horses head they make various models, then draw up computer assisted working plans,

which allows the sculpture to be built at a naval shipyard in Mira. It is towed on a barge to the Giardini passing in front of San Marco. The fourteen metre *Il Cavallo di Leonardo* becomes the emblem of the Biennale and its image is reproduced in hundreds of newspapers and magazines around the world. After the Biennale the sculpture is permanently installed in Ravenna on the property of the sponsor's family. José Luis Brea writes on the subject in the Biennale catalogue. Simultaneously an exhibition, curated by Gae Aulenti, of the preparatory drawings of *Il Cavallo* is shown at Palazzo Salviati on the Canal Grande, also shown there is the first glass and iron version of *Il Cavallino* (an edition of 6 produced in collaboration with Venini (Murano). This exhibition travels to the Centro Cultural Italiano, Madrid in February 1994. A silk screen print of *Il Cavallo di Leonardo* is designed for the City of Palma. The Fundación Yannick & Ben Jakober is constituted.

1994 Yannick Vu and Ben Jakober decide to continue working as a team signing their work jointly. Joint exhibition «Chthonian - Apollonian» Ben Jakober-Yannick Vu at the Centre Cultural Contemporani Pelaires. Catalogue with texts by Werner Krüger, Achille Bonito Oliva and Fernando Schwartz.
The «Sa Nostra» Bank buys *Quadriga* a large aluminium and neon sculpture to install in the entrance of their new headquarters. H.M. The King of Spain inaugurates the space. Installation of *Mazzocchio* in the large space of the Miró Foundation, Palma. Catalogue with text by Maria Lluïsa Borràs and Pablo J. Rico Lacasa. This work is purchased by the Unione Industriale Pratese for permanent installation against the City wall at Prato.
Ben Jakober and Yannick Vu participate in and make a special piece for «Tributo a Masaccio» at Erice curated by Achille Bonito Oliva. The work is acquired by Guiliano Gori and is permanently installed at Fattoria di Celle.

1995 A CAD Drawing of the *Cavallo* series is acquired by the Uffizi in Florence and participates in the «Risarcimento» exhibition in the Sala delle Reali Poste. Ben Jakober and Yannick Vu's «Chthonian - Apollonian» in a modified form is exhibited at Galerie Montenay, Paris, *Apollo & Aphrodite* (after Barbie & Ken copyright Mattel Inc) are shown for the first time. Ben Jakober and Yannick Vu participate in «Nutrimenti dell'Arte» (curator Achille Bonito Oliva's hommage to Rabelais) at Erice and Gibellina with separate works from 1982.

1996 February, exhibition of the *Cavallo di Leonardo's* drawings, models, and a reduced version of the sculpture at the «Istituto Italiano di Cultura» in Paris. Ben Jakober and Yannick Vu exhibit *Jalousie* at the Gallery «Pièce Unique», Paris, in June. They participate in the São Paolo Biennial with the installation *Game of Suffering and Hope*.

BEN JAKOBER

(Benedict Peter Benjamin Jakober)

1930 Nace en Viena (Austria). Sus padres Henry y Olga son de origen húngaro. Toman nacionalidad británica en 1947.

1935 Colegio de la Hegelgasse Viena.

1937 Institut Montana, Zugerberg, Suiza.

1939 Llega a Inglaterra. Frecuenta el colegio Belmont.

1942 Colegio Mill Hill. Certificado superior.

1948 Servicio Militar en el Ejército Británico. Es ascendido a teniente. Enviado a Trípoli donde tiene el grado de Capitán interino.

1950 La Sorbonne, París.

1952 Trabaja en el negocio de cereales y oleaginosas de su padre en Londres. Viaja a la India. Conoce a Domenico Gnoli, serán amigos hasta la muerte de éste.

1955 Llega a París. Empleado en el grupo de Edmond de Rothschild. Se especializa en construcción y finanza. Llega a ser Director y accionista. Se retira en 1968.

1968 Va a vivir en «Mortitx», una finca de montaña en Mallorca y vive una existencia aislada.

1969 Descubre el Land Art. Con la ayuda de un dinamitero manco hace su primera obra: dos pantanos - el agua de los cuales visto desde un cierto punto de vista se confunde con la línea del horizonte del mar. El agua de los pantanos sirve para regar un valle anteriormente infértil.

1970 Domenico Gnoli muere en Nueva York.

1971 Yannick Vu se instala en «Mortitx». Hacen un largo viaje a Marruecos.

1972 Viajan a Níger para rodar una película con Mati Klarwein y un equipo de 4 técnicos.
Se casa con Yannick Vu en Tlalpan (México).

1973 Nace Maima y proceden a la adopción de Reza.

1980 Se transladan a Sa Bassa Blanca, una casa diseñada por Hassan Fathy, el gran arquitecto egipcio.

1982 Primeras esculturas - la serie «Slop Art». Primera exposición (individual) en la FIAC, París (Octave Negru).

1983 Recibe el encargo para una escultura monumental *Urizen* para el campus de la Universidad de les Illes Balears.
Pierre Restany escribe el primer texto sobre Ben Jakober en el catálogo de la exposición en Prato (Metastasio). Giuliano Gori adquiere *Family Tree* para la Fattoria di Celle, Pistoia.
Expone junto con Yannick Vu en Viena (Brandstätter).
Francisco Catalá Roca empieza a fotografiar todas las obras de Ben Jakober, posteriormente su hijo Andreu Catalá toma el relevo.

1984 Colabora con el arquitecto Claude Parent para un monumento marcando el centro geográfico de Francia (*Le Nombril de la France*). No se realiza.
Exposición - Acontecimiento en la Galería Privat de

Palma y las calles alrededor. Palomas coloreadas con pigmentos orgánicos son liberadas y vuelan a sus puntos de partida en la isla. En las calles se coloca ropa teñida con los mismos colores. (cf video). Escultura *Pigeon* para La Colombe d'Or de Saint-Paul de Vence.

Es invitado a participar en la exposición de Michel Baudson, «L'Art et Le Temps». Su pieza *300.000.000 Years* es expuesta en el Palais des Beaux Arts, Bruselas y sigue a Louisiana Museum, Humlebaek; Museum Moderner Kunst, Viena; The Barbican, Londres etc. Trabaja en metal y piedra, y empieza su colaboración con la Fundición Parellada de Barcelona.

Expone en la Galerie Littman de Basilea. Frederic Grunfeld escribe en el catálogo.

1985 Se interesa en los circuitos informáticos y transpasa estas imágenes a piedra (*Memory*).

1986 Empieza la serie «Arqueología del Presente». Exposición individual en la FIAC París (Levy).

Encargo para *BC1*, escultura grande para La Défense, París (se coloca en 1988).

Rosetta AD1986 es exhibida por primera vez en el Salon de Montrouge. El proyecto de enterrar la pieza dentro de las cimentaciones de la pirámide de I.M. Pei es abortado por un cambio de gobierno.

Es seleccionado por Arturo Schwarz para participar en la XLII Biennale di Venezia (Arte y Alquimia) con *La Voie Sèche* y *Leçons de Philosophie*. Este último es adquirido por el Museo de Arte Moderno de Bruselas.

La instalación en la Capilla de la Misericordia de Palma incluye *Relatividad* (50 pizarras sobre caballetes dorados en los cuales cincuenta niños dibujan su versión de *Golden Image*, un gran casco de neón) (cf video). Francisco Calvo Serraller escribe en el catálogo.

Exposición en el Kultur Kontor, Hamburgo. La Kunsthalle adquiere *300.000.000 Years* y la Kunstalle Bremen *Bande à Part*.

1988 Encargo para Radiodetection, Bristol. *Observatory* es inaugurado por S.A.R. el Príncipe de Gales.

La escultura a grande escala *BCXXXXL* es comprada para el Parque Olímpico de Seúl. Antes de ser embarcada se exhibe en ARCO Madrid (Galerie Eric Franck con Victor Mira).

1989 Primera exposición en Nueva York (Access). Exhibe circuitos informáticos grabados sobre lozas de granito y grandes obeliscos hechos con placas informáticas.

Expone en conjunto con Yannick Vu en Viena (Würthle). El Museum Moderner Kunst adquiere *Rosetta AD1986*.

1990 La ciudad de Palma adquiere *BC2001*, un gran casco de hierro. Ahora está colocado delante de la Catedral. El público de Pollensa vota para que la villa compre *Bibioteca Mallorquina*. Está instalada delante de

la entrada del Claustro de Santo Domingo.

1991 Intalación *MVSEV* en la Misericordia. 10 monitores de TV muestran videos de otras exposiciones visibles al mismo tiempo en 10 Museos alrededor del mundo. Vallas publicitarias a través de la ciudad llevan carteles con la palabra «MVSEV» y una flecha «---->». (cf video). Aurora García es comisaria y escribe el texto del catálogo.

La serie «*Ventilografs*» se expone en Zaragoza (Torreón Fortea).

Participa en la exposición inaugural con ∏2 que se instala definitivamente delante de la entrada del F.A.E. Musée d'Art Contemporain, Pully/Lausanne. *Biblioteca Nostra*, una escultura de piedra de ocho toneladas es adquirida y colocada en el Centro Cultural «Sa Nostra» en Palma.

Instalación con video para «Le Coeur et la Raison» de Pierre Restany, Musée des Jacobins, Morlaix.

1992 Maima Jakober muere trágicamente en un accidente. En consecuencia Ben Jakober trabaja en la serie *Cruxigrams*, cruces blancas y negras en cerámica, madera, metacrilato y metal. Se exponen en noviembre en Palma (Guaita) y luego siguen a Hamburgo (Levy) y Viena (Steinek). El Museum Moderner Kunst de Viena adquiere *San Miguel*. Los textos en el catálogo son de Michael Peppiatt, Basilio Baltasar y Santiago B. Olmo.

La Copa de Paolo Uccello, escultura de más de 10 metros de altura es encargada e instalada por la Consellería de Obras Públicas del Govern Balear en la Autopista de Poniente.

Las *Endless Columns* son expuestas en el Pabellón de Baleares de la EXPO Sevilla. *Endless Columns* y una versión más pequeña de *Copa de Paolo Uccello* son exhibidas en las Salas del Arenal, EXPO Sevilla.

La versión pequeña de *La Copa de Paolo Uccello* participa en «Paolo Uccello - Battaglie Nell'Arte del XX Secolo» a cura de Achille Bonito Oliva en Erice. La exposición sigue a Roma en 1993 (Sala Bramante).

Chiesa Madre, un trabajo en la serie de los «Cruxigrams» participa en «Paessagio con Rovine» a cura de Achille Bonito Oliva en Gibellina. La pieza está definitivamente instalada en esta ciudad.

1993 El proyecto *Señales de Humo* es desarrollado para Mediale Hamburgo. `Instalaciones de *MVSEVM* en Arnolfini, Bristol y Museum Moderner Kunst, Viena (Hercules Saal). Diseño del *Pañuelo MVSEVM* y el *Reloj de Pulsera MVSEVM*.

1994 En marzo la Fundació Miró otorga el Premio Especial Pilar Juncosa y Sothebys a Ben Jakober. El jurado incluye Margit Rowell, Maria Lluïsa Borràs, Emilio Fernández Miró, Tobias Meyer y Pablo J. Rico Lacasa. Serigrafía del *Mazzocchio* para la Fundació Miró. Ben Jakober es elegido miembro asociado de la Royal Society of British Sculptors.

YANNICK VU

1942 Nace en Montfort Lamaury (Francia).
Su padre Vu Cao Dam es un pintor vietnamita nacido en Hanoi.
Su madre es una pianista francesa.
Vive en París.

1949 Vive en Béziers.

1951 Vive en Vence. Desde 1952 hasta 1957 sigue los cursos del Institut Montaigne de Vence.

1957 Vive en Saint Paul de Vence. Estudia en el Institut de Lettres de Nice.

1962 Vive en París. Participa en el Salon de la Jeune Peinture.
Conoce a Domenico Gnoli y a Ben Jakober.

1963 Vive entre Deià en Mallorca, París y Roma con Domenico Gnoli con quien se casa en 1965 en Nueva York hasta su muerte en la misma ciudad en 1970.
Durante estos años viajan extensamente para los trabajos de Domenico como ilustrador.

1970 Viaja a India.

1971 Vive en Mortitx, Mallorca con Ben Jakober. Ambos con un pequeño equipo de rodaje viajan a Níger donde hacen una película sobre los Peuls.

1972 Se casa con Ben Jakober en Tlapan (México) después de un largo viaje por Panamá, Guatemala, Honduras y México.

1973 Nacimiento de Maima y adopción de Reza. Empieza una colección de retratos de niños desde el siglo XVI hasta el siglo XIX.

1975 Vive en Huahiné (Polinesia) y Mortitx (Mallorca). Vuelve a pintar.

1980 Se muda a Sa Bassa Blanca (Mallorca) construido sobre los planos del arquitecto egipcio Hassan Fathy.
Expone en la Galerie Brachot de París.

1985 Hace una serie de dibujos al carboncillo y cuadros al óleo sobre el tema del autorretrato.

1986 Serie de esculturas en barro cocido patinado.

1990 Escribe el texto para la exposición de la obra de Domenico Gnoli en la Fundación Caja de Pensiones, Madrid.

1991 Escribe el catálogo y organiza la exposición «Nins» de su colección de retratos de niños en la Misericordia, Palma de Mallorca.

1992 Maima Jakober muere trágicamente en un accidente de tráfico.

1995 Rizzoli publica su libro escrito en 1992 «Piccoli Principe Nella Grande Pittura Europea», una historia de Europa ilustrado con 101 retratos de niños que datan desde el siglo XV al XIX elegidos entre varias colecciones privadas y de museos.

1996 Escribe el catálogo y organiza la exposición itinerante «Nins», de retratos de niños con parte de los fondos de la Fundación Yannick & Ben Jakober.

YANNICK VU & BEN JAKOBER

1986 Encargo para *Le Vase de Soissons* primer proyecto conjunto para el parque de Maucreux, Francia. Antes de ser enviado se expone en el Patio de la Misericordia formando parte de la exposición «Tristán» donde conocen a Achille Bonito Oliva.

1987 Encargo para *Fountain* para Nueva York (Asher Edelman).

1988 Fondation Vincent Van Gogh, Arles adquiere *Hommage à Van Gogh* para su colección permanente.

1993 Los dos artistas son invitados por Achille Bonito Oliva y el comité de la Bienal para instalar una obra monumental sobre la laguna a la entrada de la XLV Bienal de Venecia. Inspirados por un dibujo de Leonardo da Vinci en el que se ve la armadura de un molde para una cabeza de caballo, hacen varios modelos, luego con la ayuda de un ordenador dibujan los planos de ejecución lo que permite la construcción de la escultura en un astillero de Mira. Después la escultura es transportada en barca a los Giardini pasando delante de San Marco. La escultura de catorce metros *Il Cavallo di Leonardo* se convierte en la imagen emblemática de la Bienal y es reproducida en cientos de periódicos y revistas a través del mundo. Después de la Bienal la escultura es instalada definitivamente en la finca del esponsor en Ravenna. José Luis Brea escribe sobre el tema en el catálogo de la Bienal.
Simultáneamente una exposición a cura de Gae Aulenti muestra los dibujos preparatorios del *Cavallo* en el Palacio Salviati junto al Gran Canal. También se exhibe el primero de la serie de 6 piezas en hierro y vidrio del *Cavallino* fruto de una colaboración con Venini (Murano). Esta exposición sigue después del Centro Cultural del Instituto Italiano en Madrid en febrero 1994.
Diseñan una serigrafía de *Il Cavallo di Leonardo* para el Ayuntamiento de Palma.
Se constituye la Fundación Yannick y Ben Jakober.

1994 Yannick Vu y Ben Jakober deciden seguir trabajando juntos y firmar conjuntamente las obras.
Exposición conjunta de Ben Jakober y Yannick Vu «Chthonian/Apollonian» en el Centre Cultural Contemporani Pelaires. El catálogo contiene textos de Werner Krüger, Achille Bonito Oliva y Fernando Schwartz. La Caja de Ahorros «Sa Nostra» compra *Quadriga* una escultura grande de aluminio y neón y la instala en la entrada de su nueva sede. S.M. el Rey Juan Carlos I inaugura el edificio.
Instalación del *Mazzocchio* en la sala grande de la Fundació Miró en Palma. El catálogo contiene textos de Maria Lluïsa Borràs y Pablo J. Rico Lacasa. Esta obra es comprada por la Unione Industriale Pratese para su instalación permanente apoyada en las murallas de Prato.
Ben Jakober y Yannick Vu participan con una pieza

hecha a propósito para «Tributo a Masaccio» en Erice a cura de Achille Bonito Oliva. La obra es instalada de manera definitiva en Fattoria di Celle por Giuliano Gori.

1995 Un dibujo CAD de la serie *Il Cavallo di Leonardo* es adquirido por Gli Uffizi en Florencia y participa en la exposición inaugural «Risarcimento» en la «Sala delle Reali Poste».

La exposición de Ben Jakober y Yannick Vu «Chthonian/Apollonian» en formato modificado es expuesto en París (Montenay). *Apollo & Aphrodite* (después de Barbie & Ken copyright Mattel Inc) se expone por primera vez.

Ben Jakober y Yannick Vu participan en «Nutrimenti dell'Arte» (un homenaje de Achille Bonito Oliva a Rabelais) en Erice y Gibellina con obras distintas con fecha 1982.

1996 En febrero se exhibe en el Istituto Italiano di Cultura de París los dibujos, modelos y una versión reducida de la escultura *Il Cavallo di Leonardo*.

Ben Jakober y Yannick Vu exhiben *Jalousie* en la Galería «Pièce Unique» de París en junio.

Participan en la Biennale de São Paulo con la instalación *Game of Suffering and Hope*.

BEN JAKOBER

INDIVIDUAL EXHIBITIONS

1982 FIAC, Galerie Octave Negru, Paris
1983 Galeria Metastasio, Prato
Galerie Brandstätter, Vienna
1984 Galería Privat, Palma de Majorca
Galerie Littmann, Basle
1985 Galerie Isy Brachot, Brussels
Galería Sen, Madrid
1986 Kultur Kontor (Schön Unendlich), Hamburg
FIAC, Galerie Thomas Levy, Paris
Capella de la Misericòrdia, Consell Insular, Palma de Majorca
1987 Galerie Eric Franck, Geneva
Galerie Littmann, Basle
1988 ARCO, Galerie Eric Franck, Madrid
Galleria Unimedia, Genoa
1989 Access Gallery, New York
Galerie Würthle, Vienna
1990 Galerie Montenay, Paris
1991 MVSEV, Centre Cultural de la Misericòrdia, Palma de Majorca
Joan Guaita Art, Palma de Majorca
Torreón Fortea, Zaragoza
1992 Joan Guaita Art, Palma de Majorca
1993 MVSEVM Arnolfini, Bristol
Galerie Thomas Levy, Hamburg
MVSEVM, Museum Moderner Kunst Stiftung Ludwig, Palais Liechtenstein, Vienna

Galerie H.S. Steinek, Vienna
1994 Fundació Pilar i Joan Miró a Mallorca, Palma de Majorca

GROUP SHOWS

1982 Fundación March, Palma de Majorca
1983 «La Sculpture est une Fête», Museum Belfort
1984 «L'Art et le Temps», Palais des Beaux Arts, Brussels
1985 Salon de Montrouge, Paris
«Dinge des Menschen», Recklinghausen Museum
Biennale de Sculpture de Belfort
«Tiden - den 4 dimension», Louisiana Museum, Humlebaek
«Natura Morta/Natura Viva», Galería René Metrás, Barcelona
«Zeit die Vierte Dimension», Städtische Kunsthalle, Mannheim
«Zeit die Vierte Dimension», Museum Moderner Kunst, Vienna
«Surrealisme/Realisme», Galería Maeght, Barcelona
1986 «Art and Time», Barbican Centre, London
Salon de Montrouge, Paris
XLII Biennale di Venezia, Venice
1987 «Zauber der Medusa», Kunstlerhaus, Vienna
«Der Bilderbuch-Indianer», Kunstmuseum Chur
1988 Sidaide, Halle Sud, Geneva
Minos Art Symposium, Greece
Olympiad of Art, Seoul
«15 Masters of Contemporary Sculpture», Hyundai Gallery, Seoul
«Col.lecció Cryns», La Lonja, Palma de Mallorca
1989 «Révolution: Flash-Back», Paris Art Center, Paris
1990 Salon de Montrouge, Paris
Jeune Sculpture 1990/1, Paris
1991 «Poliset», Padiglione d'Arte Contemporanea, Ferrara
«Sélection», FAE Musée d'Art Contemporain, Pully/Lausanne
«Pierre Restany, Le Coeur et la Raison», Musée des Jacobins, Morlaix
«Les Couleurs de l'Argent», Musée de la Poste, Paris
XV Biennale Internazionale del Bronzetto, Padova
«Médecins sans Frontières», Musée d'Art Contemporain de Dunkerque
1992 «Arts i Oficis», Palau Sollerich, Palma de Mallorca
«Les Arts a l'última Dècada», EXPO 92, Balearic Pavilion, Sevilla
«Balearic Byways» IMF Center, Washington
«Balears», Salas del Arenal, Spanish section EXPO 92, Sevilla
«Paolo Uccello, Battaglie nell'Arte del XX Secolo», Erice, Sicily
«Paesaggio con Rovine», Museo Civico di Gibellina,

Sicily
1993 «Paolo Uccello, Battaglie nell'Arte del XX secolo nei Luoghi Romani de Santa Maria del Popolo», Sala Bramante, Rome
«MEDIALE», (Medien Kunst und Medien Zukunft), Hamburg
6 Biennale d'Arte Contemporanea, Comune di Marostica, Vicenza
1994 «Zapatos», Fundació Pilar i Joan Miró, Palma de Mallorca
1995 Palau Sollerich, Palma de Majorca
«Nutrimenti dell'arte», Fondazione Orestiadi, Gibellina

WORKS IN MUSEUMS

Museo Nacional Centro de Arte Reina Sofía, Madrid
Musée d'Art Moderne, Brussels
Museum Moderner Kunst, Palais Liechtenstein, Vienna
Musée d'Art Autrichien du XIX et XX Siècle, Vienna
Kunsthalle Bremen
Kunsthalle Hamburg
FAE Musée d'Art Contemporain, Pully/Lausanne
Fattoria di Celle, Pistoia
Centre Cultural de la Misericòrdia, Palma de Majorca
Centre de Cultura «Sa Nostra», Palma de Majorca
Fundació Pilar i Joan Miró a Mallorca, Palma de Majorca

WORKS IN PUBLIC PLACES

Colombe d'Or, Saint Paul de Vence
University of Baleares, Palma de Majorca
Radiodetection Ltd, Bristol
E.P.A.D., Paris
Seoul Olympic Park
Consellería de Obras Públicas (Autovia de Poniente), Palma de Majorca
City of Palma de Majorca
City of Prato (FI), Italy
City of Gibellina, Sicily

YANNICK VU

INDIVIDUAL EXHIBITIONS

1982 Galerie Isy Brachot, Paris
Galerie Isy Brachot, Brussels
1983 Galerie Brandstätter, Vienna
Galerie Thomas Levy, Hamburg
1985 FIAC, Galerie Isy Brachot, Paris
1986 Galerie Thomas Levy, Hamburg
1988 Galerie Littmann, Basle
1989 Galerie Würthle, Vienna
1991 NINS. Centre Cultural de la Misericòrdia, Palma

GROUP SHOWS

1962 Salon de la Jeune Peinture, Paris
1965 Yannick Vu, Domenico Gnoli, Deyá Museum, Majorca
1980 «Accrochage 80», Galerie Isy Brachot, Paris
1982 Louis Meisel, New York
1983 «Mágica Mallorca», Galería Privat, Palma de Majorca
1984 «Deiá 1934-1984», Galería Privat, Palma de Majorca
Privat Christmas Exhibition, Palma de Majorca
1985 Salon de Montrouge, Paris
«Natura Morta - Natura Viva», Galería René Metrás, Barcelona
«El Retrato», Galería Privat, Palma de Majorca
Galería Maeght, Barcelona
1986 Salon de Montrouge, Paris
«70 Sculptures Polychromes», Mairie d'Eymoutiers, France
1987 Galerie Thomas Levy, Madrid
1988 Sidaide, Halle Sud, Geneva
Minos Art Symposium, Greece
«Col.lecció Cryns», La Lonja, Palma de Majorca
1992 «Balearic Byways», IMF Center, Washington
«50 Propostes Pictoriques a Mallorca», Sala de Exposiciones, Calvià
1995 Palau Sollerich, Palma de Majorca
«Nutrimenti dell'arte», Fondazione Orestiadi, Gibellina

WORKS IN MUSEUMS

Museum Belden Aan Zee, Holland

YANNICK VU & BEN JAKOBER

JOINT EXHIBITIONS
INDIVIDUAL

1993 XLV Biennale di Venezia, Venice, «Il Cavallo di Leonardo»
1994 «Il Cavallo di Leonardo», Instituto Italiano de Cultura, Madrid
«Chthonian/Apollonian», Centre Cultural Contemporani Pelaires, Palma de Majorca
1995 Galerie Montenay, Paris
1996 «Il Cavallo di Leonardo», Istituto Italiano di Cultura, Paris
«Jalousie», Galerie «Pièce Unique», Paris

GROUP

1986 «Tristán», Consell Insular, La Misericordia, Palma de Majorca

1988 «Hommage à Van Gogh», Fondation Van Gogh, Arles
1993 «Collection Fondation Vincent Van Gogh - Arles»,
Sala San Prudencio, Vitoria
«Collection Fondation Vincent Van Gogh - Arles»,
Sala San Fernando, Sevilla
«Vincent van Gogh», Galerie Yahia, Tunisia
«En tres dimensions», Torre dels Enagistes,
Manacor
1994 «En tres dimensions», Ses Voltes, Palma de
Majorca
«Tributo a Masaccio», La Salerniana, Erice, Sicily
1995 «Risarcimento», Salle delle Reali Poste, Gli Uffizi,
Firenze
1996 Bienal de São Paulo

WORKS IN MUSEUMS

Fondation Vincent van Gogh, Arles
Gli Uffizi, Florence
Fattoria di Celle, Santomate di Pistoia

WORKS IN PUBLIC PLACES

Château de Maucreux, France
Head office Caja de Ahorros «Sa Nostra», Palma de
Majorca

BEN JAKOBER

EXPOSICIONES INDIVIDUALES

1982 FIAC, Galerie Octave Negru, París
1983 Galeria Metastasio, Prato
Galerie Brandstätter, Viena
1984 Galería Privat, Palma de Mallorca
Galerie Littmann, Basilea
1985 Galerie Isy Brachot, Bruselas
Galería Sen, Madrid
1986 Kultur Kontor (Schön Unendlich), Hamburgo
FIAC, Galerie Thomas Levy, París
Capella de la Misericòrdia, Consell Insular, Palma
de Mallorca
1987 Galerie Eric Franck, Ginebra
1988 ARCO (con Victor Mira), Galerie Eric Franck,
Madrid
Galleria Unimedia, Genova
1989 Access Gallery, Nueva York
Galerie Würthle, Viena
1990 Galerie Montenay, París
1991 MVSEV Centre Cultural de la Misericòrdia, Palma
de Mallorca
Joan Guaita Art, Palma de Mallorca
Torreón Fortea, Zaragoza
1992 Joan Guaita Art, Palma de Mallorca
1993 MVSEVM Arnolfini, Bristol
Galerie Thomas Levy, Hamburgo
MVSEVM Museum Moderner Kunst Stiftung

Ludwig Palais Liechtenstein, Viena
Galerie H.S. Steinek, Viena
1994 Fundació Pilar i Joan Miró a Mallorca, Palma de
Mallorca

EXPOSICIONES COLECTIVAS

1982 Fundación March, Palma de Mallorca
1983 «La Sculpture est une Fête», Museum Belfort
1984 «L'Art et le Temps», Palais des Beaux Arts,
Bruselas
1985 Salon de Montrouge, París
«Dinge des Menschen», Recklinghausen Museum
Biennale de Sculpture de Belfort, Francia
«Tiden - den 4 dimension», Louisiana Museum,
Humlebaek
«Natura Morta/Natura Viva», Galería René
Metrás, Barcelona
«Zeit die Vierte Dimension», Städtische
Kunsthalle, Mannheim
«Zeit die Vierte Dimension», Museum Moderner
Kunst, Viena
«Surrealisme/Realisme», Galería Maeght,
Barcelona
1986 «Art and Time», Barbican Centre, Londres
Salon de Montrouge, París
XLII Biennale di Venezia, Venecia
1987 «Zauber der Medusa», Kunstlerhaus, Viena
«Der Bilderbuch-Indianer», Kunstmuseum Chur
1988 Sidaide. Halle Sud, Ginebra
Minos Art Symposium, Grecia
Olimpiada del Arte, Seúl
«15 Masters of Contemporary Sculpture», Hyundai
Gallery, Seúl
«Col.lecció Cryns», La Lonja, Palma de Mallorca
1989 «Révolution: Flash-Back», Paris Art Center, París
1990 Salon de Montrouge, París
Jeune Sculpture 1990/1, París
1991 «Poliset», Padiglione d'Arte Contemporanea,
Ferrara
«Sélection», FAE Musée d'Art Contemporain,
Pully/Lausanne
«Pierre Restany, le Coeur et la Raison», Musée des
Jacobins, Morlaix
«Les Couleurs de l'Argent», Musée de la Poste,
París
XV Biennale Internazionale del Bronzetto, Padova
«Médecins sans Frontières», Musée d'Art
Contemporain de Dunkerque
1992 «Arts i Oficis», Palau Sollerich, Palma de
Mallorca
«Les arts a l'última dècada», EXPO 92, Pabellón
Balear, Sevilla
«Balearic Byways», IMF Center, Washington
X Bienal Internacional del Deporte en las Bellas
Artes, Barcelona
«Paolo Uccello Battaglie nell'arte del XX secolo»,

Erice, Sicilia
«Paesaggio con Rovine», Museo Civico di Gibellina, Sicilia
1993 «Paolo Uccello Battaglie nell'arte del XX secolo nei luoghi romani de Santa Maria del Popolo», Sala Bramante, Roma
«MEDIALE» (Medien Kunst und Medien Zukunft), Hamburgo
6 Biennale d'Arte Contemporanea, Comune di Marostica, Vicenza
1994 «Zapatos», Fundació Pilar i Joan Miró, Palma de Mallorca
1995 Palau Sollerich, Palma de Mallorca
«Nuttrimenti dell'arte», Fondazione Orestiadi, Gibellina

OBRAS EN MUSEOS

Museo Nacional Centro de Arte Reina Sofía, Madrid
Musée d'Art Moderne, Bruselas
Museum Moderner Kunst, Palais Liechtenstein, Viena
Musée d'Art Autrichien du XIX et XX Siècle, Viena
Kunsthalle Bremen
Kunsthalle Hamburg
FAE Musée d'Art Contemporain, Pully/Lausanne
Fattoria di Celle, Pistoia
Centre Cultural de la Misericòrdia, Palma de Mallorca
Centre de Cultura «Sa Nostra», Palma de Mallorca
Fundació Pilar i Joan Miró a Mallorca, Palma de Mallorca

OBRAS EN LUGARES PUBLICOS

Colombe d'Or, Saint Paul de Vence
Universidad de las Baleares, Palma de Mallorca
Radiodetection Ltd, Bristol
E.P.A.D., París
Parque Olímpico de Seúl, Corea
Consellería de Obras Públicas (Autopista de Poniente), Palma de Mallorca
Ciudad de Palma de Mallorca
Ciudad de Prato (FI), Italia
Ciudad de Gibellina, Sicilia

YANNICK VU

EXPOSICIONES INDIVIDUALES

1982 Galerie Isy Brachot, París
Galerie Isy Brachot, Bruselas
1983 Galerie Brandstätter, Viena,
Galerie Thomas Levy, Hamburgo
1985 FIAC, Galerie Isy Brachot, París
1986 Galerie Thomas Levy, Hamburgo
1988 Galerie Littmann, Basilea
1989 Galerie Würthle, Viena
1991 NINS, Centre Cultural de la Misericòrdia, Palma de Mallorca

EXPOSICIONES COLECTIVAS

1962 Salon de la Jeune Peinture, París
1965 Yannick Vu, Domenico Gnoli, Museo de Deyá, Mallorca
1980 «Accrochage 80», Galerie Isy Brachot, París
1982 Louis Meisel, Nueva York
1983 «Mágica Mallorca», Galería Privat, Palma de Mallorca
1984 «Deiá 1934-1984», Galería Privat, Palma de Mallorca
Privat Christmas Exhibition, Palma de Mallorca
1985 Salon de Montrouge, París
«Natura Morta - Natura Viva», Galería René Metrás, Barcelona
«El Retrato», Galería Privat, Palma de Mallorca
Galería Maeght, Barcelona
1986 Salon de Montrouge, París
«70 Sculptures Polychromes», Mairie d'Eymoutiers, Francia
1987 Galerie Thomas Levy, Madrid
1988 Sidaide, Halle Sud, Ginebra
Minos Art Symposium, Grecia
«Col.lecció Cryns», La Lonja, Palma de Mallorca
1995 «Nutrimenti dell'Arte», Fondazione Orestiadi, Gibellina
Palau Sollerich, Palma de Mallorca

OBRAS EN MUSEOS

Museum Beelden Aan Zee, Holanda

YANNICK VU & BEN JAKOBER

EXPOSICIONES INDIVIDUALES

1993 XLV Biennale di Venezia, Venecia, «Il Cavallo di Leonardo»
1994 «Il Cavallo di Leonardo», Instituto Italiano de Cultura, Madrid
«Chthonian/Apollonian», Centre Cultural Contemporani Pelaires, Palma de Mallorca
1995 Galerie Montenay, París
1996 «Il Cavallo di Leonardo», Istituto Italiano di Cultura, París
«Jalousie», Galerie «Pièce Unique», París

EXPOSICIONES COLECTIVAS

1986 «Tristán», Consell Insular, La Misericordia, Palma de Mallorca
1988 «Hommage à Van Gogh», Fondation Van Gogh, Arles
1993 «Collection Fondation Vincent Van Gogh - Arles», Sala San Prudencio, Vitoria
«Collection Fondation Vincent Van Gogh - Arles», Sala San Fernando, Sevilla
«Vincent van Gogh», Galerie Yahia, Túnez

«En tres dimensions», Torre dels Enagistes, Manacor
1994 «En tres dimensions», Ses Voltes, Palma de Mallorca
«Tributo a Masaccio», La Salerniana, Erice, Sicilia
1995 «Risarcimento», Salle delle Reali Poste, Gli Uffizi, Firenze
1996 Bienal de São Paolo

OBRAS EN MUSEOS

Fondation Vincent van Gogh, Arles
Gli Uffizi, Florencia
Fattoria di Celle, Santomato di Pistoia

OBRAS EN LUGARES PUBLICOS

Château de Maucreux, Francia
Sede Social Caja de Ahorros «Sa Nostra», Palma de Mallorca

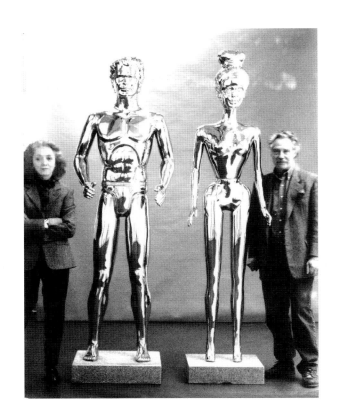

BIBLIOGRAPHY

BEN JAKOBER

Pierre Restany, in catalogue Galleria Metastasio, Prato 1983.

Donald Cammell, in catalogue Galerie Brandstätter, Vienna 1983.

Giorgio Cortenova, FLASH ART Italian edition, February 1984.

Basilio Baltasar, EL PAIS SEMANAL, Barcelona 13-5-1984 (ill.).

Siegmar Gassert, in catalogue Galerie Littmann, Basle 1984.

Pierre Restany, in catalogue Galerie Littmann, Basle 1984.

Frederic V. Grunfeld, in catalogue Galerie Littmann, Basle 1984.

Michel Baudson, DOMUS, January 1985 (ill.).

Michel Baudson, in catalogue Galerie Brachot, Brussels 1985.

Elizabeth Védrenne, DECORATION INTERNATIONALE, April 1985 (ill.).

Dieter Ronte, in catalogue «Zeit Die Vierte Dimension», Kunsthalle Mannheim, Museum Moderner Kunst, Vienna, August 1985 (ill.).

Michel Baudson, ARTEFACTUM, September 1985 (ill.).

Francisco Calvo Serraller, in catalogue Galería Sen, Madrid 1985.

Francisco Calvo Serraller, EL PAIS, 29-11-1985 (ill.).

Axel Thorer, AMBIENTE, December 1985 (ill.).

Basilio Baltasar, LAPIZ, December 1985 (ill.).

Maria Lluïsa Borràs, LA VANGUARDIA, 21-1-1986 (ill.).

John Hoole, in catalogue «Art and Time», Barbican Centre, January 1986.

Arturo Schwarz, in catalogue «Arte e Alchimia», Venice Biennale, October 1986 (ill.).

Jürgen Schilling, in catalogue Kultur Kontor, October 1986.

Pierre Restany, in catalogue FIAC, October 1986.

Hans Theodor Flemming, DIE WELT, 10-10-1986 (ill.).

Guy Dumur, FEMME, October 1986 (ill.).

Francisco Calvo Serraller, in catalogue Misericordia, December 1986.

Basilio Baltasar, in catalogue Misericordia, December 1986.

Polly Devlin, INTERNATIONAL HERALD TRIBUNE, 9-1-1987 (ill.).

Werner Hoffmann, Wolfgang Drechsler, in catalogue «Zauber der Medusa», Kunstlerhaus Wien, May 1987 (ill.).

Jürgen Schilling, in catalogue Littmann, November 1987.

Francisco Calvo Serraller, EL PAIS extra ARCO, 11-2-1988 (ill.).

Giorgio Cortenova, in invitation Unimedia, April 1988.

Georg Syamken, in catalogue Kunsthalle Hamburg, June 1988 (ill.).

Dr Dora Iliopolou-Rogan, in catalogue «Minos Art Symposium», June 1988 (ill.).

Viana Conti, FLASH ART ITALIAN EDITION, Summer 1988 (ill.).

Ante Glibota, in catalogue «Olympiad of Art», September 1988 (ill.).

Maria Lluïsa Borràs, LA VANGUARDIA, 27-9-1988 (ill.).

Michèle Cone, in catalogue Access Gallery, March 1989.

Dieter Ronte, in catalogue Galerie Würthle, May 1989.

Michèle Cone, ART PRESS, June 1989.

Ante Glibota, in catalogue «Révolution: Flash-Back», July 1989 (ill.).

Basilio Baltasar, in catalogue «Vírgenes, Diosas y Hechiceras», August 1989 (ill.).

Francisco Calvo Serraller, EL PAIS - Artes, 10-2-1990 (ill.).

Gilbert Lascault, in catalogue Galerie Montenay, March 1990 (ill.).

Yannick Vu, in catalogue Galerie Montenay, March 1990 (ill.).

Aurora García in catalogue «Mvsev», April 1991 (ill.).

Andreu Manresa, EL PAIS, 6-4-1991.

Maria Lluïsa Borràs, LA VANGUARDIA, 16-4-1991 (ill.).

Josep Melià, in catalogue «Ventilografs», Torreón Fortea, Zaragoza, May 1991 (ill.).

Denis Baudier, ART PRESS, June 1991 (ill.).

Serge Bramly, LES AVENTURES DE L'ART, June 1991 (ill.).

Gilda Williams, FLASH ART International, Summer 1991 (ill.).

Pierre Restany in catalogue «15 Biennale Internazionale del Bronzetto», Padova 1991 (ill.).

Camilo José Cela Conde in catalogue «Arts i Oficis», Palma de Majorca 1992.

Achille Bonito Oliva in catalogue «Paolo Uccello Battaglie nell'arte del XX secolo», Erice 1992.

Michael Peppiatt in catalogue «Cruxigrams», Palma de Majorca 1992.

Basilio Baltasar in catalogue «Cruxigrams», Palma de Majorca 1992.

Yannick Vu in catalogue «Cruxigrams», Palma de Majorca 1992.

Carl-Jürgen Tohmfor in catalogue «Cruxigrams», Palma de Majorca 1992.

Robert Hewison, THE SUNDAY TIMES, 24-1-1993 (ill.).

Achille Bonito Oliva in catalogue «Paolo Uccello Battaglie nell'arte del XX secolo nei luoghi romani di Santa Maria del Popolo», Rome 1993.

Ernesto L. Francalanci in catalogue «La Macchina del Senso», 6ª Biennale d'Arte Contemporanea, Marostica 1993.

Paul Kruntorad, DER STANDARD, 24/25-4-93 (ill.).

Kristian Sotriffer, DIE PRESSE, 28-4-93 (ill.).

Achille Bonito Oliva, «Propaganda Arte», Edizioni Carte Segrete 1993.

Maria Lluïsa Borràs in catalogue «Mazzocchio», June 1994.

SCULPTURE 108, Summer 1994 (ill.).

Roger Bevan, THE ART NEWSPAPER, July-September 1994 (ill.).

RISK, November-December 1994 (ill.).

Baltasar Porcel, VIURE A MALLORCA, 1994 (ill.).

RISK, January-February 1995 (ill.).
SCULPTURE 108, March 1995 (ill.).
Martine Buchet, The Taste of Provence, 1995 (ill.).
Achille Bonito Oliva in catalogue «Nutrimenti dell'Arte», 1995.
Massimo di Forti, IL MESSAGERO, 27-7-95 (ill.).
Jacques Lanzmann, «La Défense un Musée en Plein Ciel», 1995 (ill.).

YANNICK VU

«Réalisme abstrait», Pierre Mazars, LE FIGARO, 21-5-1982.
Art, Yannick Vu, LE POINT, 10-5-1982.
Yannick Vu, L'EXPRESS, 21-5-1982.
Art, Yannick Vu, Jean Louis Ferrier, LE POINT, 17-5-1982 (ill).
Yannick Vu, Catherine Millet, QUOTIDIEN DE PARIS, 7-5-1982.
Yannick Vu, Jean-Jacques Lévèque, NOUVELLES LIT-TERAIRES, 13-5-1982.
Pierre Jean Rémy in catalogue Galerie Isy Brachot, 4-1982.
Chez Isy Brachot, SOIR, 25-11-1982.
«Les bébés de Yannick Vu: c'est tout vu», Jean Pigeon, LIBRE BELGIQUE, 26-11-1982 (ill).
«Cinco pintores extranjeros exponen en Palma Obras de Ambiente Mallorquín», Basilio Baltasar, EL PAIS, 10-9-1983.
Joan Manresa in catalogue «Magia Mágica Mallorca», 8-1983.
Karl Heinz Roschitz, KRONENZEITUNG WIEN, 11-1983.
Anon, KURIER WIEN, 11-1983.
Hans Theodor Flemming in catalogue «Zu Bildern von Yannick Vu.»
Galerie Levy, Schreckliches, Ingrid Baas, HAMBURGER ABENBLATT.
«Una Muestra Recoge 50 años de Telas Pintadas en Deiá por Artistas de Todo el Mundo», Basilio Baltasar, EL PAIS, 17-4-1984.
«Cinquanta pintors, Cinquanta Anys de Deiá», CF, EL DIA DE BALEARES, 15-3-1984.
EL PAIS SEMANAL, with Ben Jakober, 13-3-1984 (ill).
«Yannick aux Trois Vues», Pierre Restany, 18-8-1984.
Guy Dumur in catalogue FIAC, October 1985.
«FIAC Luxe», Pierre Restany, FEMME, October 1985 (ill).
Hamburger Abendblatt, 19-9-1986.
«Stachlige Konturen vom Menschen», Hanns Theodor Flemming, DIE WELT, 19-9-1986 (ill).
«Die Frau, die von Kakteen lebt», Gisela Schütte, DIE WELT, 10-10-1986.
«Les Figuration de 1960 à Nos Jours», Gérard Xuriguera, éditions Mayer (ill).
«Le Cadre et le Socle dans l'Art du 20ème siècle», Enquête sur le cadre, Sylvia Lorant, Dijon, Université de Bourgogne; Paris, Musée National d'Art Moderne.
«Le Dessin dans l'Art Contemporain», Gérard Xuriguera,

éditions Mayer, (ill.).
Dr Dora Iliopolou-Rogan in catalogue «Minos Art Symposium», June 1988.
Octavio Zaya in catalogue, «Col.lecció Cryns», September 1988.
Betty Cryns «O cómo Iniciar una Colección de Arte», Maria Lluïsa Borràs, LA VANGUARDIA, 27-9-1988 (ill.).

BEN JAKOBER, YANNICK VU

Yolande Clergue, in catalogue «Vincent Van Gogh, Naissance d'une Collection», September 1988 (ill.).
José Luis Brea in catalogue, XLV Biennale di Venezia, June 1993.
Achille Bonito Oliva in catalogue «Il Cavallo di Leonardo», June 1993.
Francisco Calvo Serraller, EL PAIS, 5-6-93 (ill.).
Elisabetta Rasy, PANORAMA, 13-6-93 (ill.).
THE ART NEWSPAPER, June 1993 (ill.).
Maria Lluïsa Borràs, LA VANGUARDIA, 13-6-93.
ART PRESS, June 1993 (ill.).
Maria Lluïsa Borràs, LA VANGUARDIA, 18-6-93.
Alicia Murría, LAPIZ Num 93 (ill.).
RISK, June 1993 (ill.).
Lorella Pagnucco, EL GUIA, June, July, August 1993 (ill.).
Elisabeth Couturier, PARIS MATCH, July 1993 (ill.).
Furio Colombo, PANORAMA, 15-8-93 (ill.).
Franco Fanelli, IL GIORNALE DEL'ARTE, July 1993 (ill.).
Achille Bonito Oliva, ULISSE 2000, August 1993 (ill.).
Lucio Cabutti, ARTE, September 1993 (ill.).
MARCO POLO (ill.).
DOMUS (ill.).
Manuela Gandini, KANALSUD, (ill.).
Miranda MacPhail, ACHADEMIA LEONARDI VINCI, Volume VI, 1993 (ill.).
Achille Bonito Oliva in catalogue «Chtonian/Apollonian», May 1994.
Werner Krüger in catalogue «Chtonian/Apollonian», May 1994.
Fernando Schwartz in catalogue «Chtonian/Apollonian», May 1994.
Yannick Vu in catalogue «Chtonian/Apollonian», May 1994.
Cristina Ros, LA VANGUARDIA, 21-5-94 (ill.).
Fernando Schwartz, EL PAIS, 21-5-94 (ill.).
Andreu Manresa, EL PAIS, 3-6-94.
Maria Lluïsa Borràs, LA VANGUARDIA, 10-6-94 (ill.).
Francisco Amengual, ABC CULTURAL, 8-7-94 (ill.).
Carlos Canals, GALA, December 1994 (ill.).
In catalogue «Risarcimento», febrero 1995 (ill.).
Serge Bramly, VOGUE HOMMES, May 1995 (ill.).
Achille Bonito Oliva, «Lezioni di Anatomia Il Corpo dell'Arte», 1995 (ill.).
John Plowman, «The Encyclopedia of Sculpting Techniques», 1995 (ill.).